Für Jeschua

Stimmen zum Buch

Jeder, der bereit ist, sich auf dieses Meisterwerk einzulassen, wird die Gegenwart Gottes auf eine neue, tiefe Weise erfahren.

Aus einem transparenten Herzen heraus schreibt Ella behutsam und Schritt für Schritt ihre persönliche 40-tägige Wüstenreise auf, die sie unter der Führung des Heiligen Geistes durch das Buch Exodus führte.

Sie lädt uns ein, uns auf unsere eigene persönliche Reise zu begeben, um Widersprüche und Kämpfe in dem zu entdecken, was wir glauben zu sein, und offenbart dann liebevoll die Wahrheit und Tiefe der Liebe Gottes, welche die Macht hat, unser Leben zu verändern.

Dieses Buch ist ein wahrer Schatz für alle, die sich eine engere, vertrautere Beziehung mit Gott wünschen.

Carol Krum
Healing Rooms Ministries; Spokane, Washington

Was für eine tief beeindruckende und erfreuliche Lektüre! Ella Legan hat für ihre Leser ein Erlebnis geschaffen, in das sie einfach eintauchen können. Beim Lesen fühlt man sich in eine epische biblische Erzählung versetzt.

Die Autorin hat es meisterhaft verstanden, eine bekannte Geschichte persönlich und relevant zu machen – für jeden, der bereit ist, sich auf neue Begegnungen und eine tiefere Beziehung mit Gott einzulassen.

Von den vielen Büchern, die ich gelesen habe, ist mir dieses wirklich im Gedächtnis geblieben. Ich habe Jesus auf eine neue und intimere Weise kennengelernt und wurde immer wieder liebevoll daran erinnert, dass ich so sehr geliebt werde. Danke, Ella, dass du dich beim Schreiben vom Herrn leiten lässt!

Teresa Yancy
Autorin von *Unveiled By God*

Inhalt

Einleitung

Vielen Dank für die Zeit, die Sie mit dem Lesen dieses Buches verbringen werden. Ich bete für Sie, dass Ihnen Gott – der Vater, der Sohn und der Heilige Geist – durch diese Worte begegnet.

Da meine Geschichte in dieses Buch eingewoben ist, möchte ich mich Ihnen kurz in Gedichtform vorstellen und danach erklären, wie ich dazu kam, es zu schreiben.

Ich bin nur ein einfaches Mädchen,
vielleicht nur ein kleines Rädchen
in einer Welt, die sich immer schneller dreht,
wo kaum einer weiß, wie es dem anderen wirklich geht.

Ich ging durch Heilung, Täler und Tränen,
kämpfte mit Dunkelheit, Ablehnung und Ängsten.
Jedes Mal, wenn ich mich niedergeschlagen fühlte,
brachte Jeschua sein Licht herein, gab mir seine Krone.

Er hat mich von innen heraus verwandelt,
er ist der Arzt, der mich weiter behandelt.
Er sagte: Hör auf zu kämpfen,
ich will dich beschenken!

Lass mich dich einfach lieben,
meine Liebe bringt Heilung und Frieden,
sie erfrischt und erneuert, ist rein und gut,
Liebe in Fülle, mehr als genug.

Meine Wunden will ich dir zeigen,
meine Wunder mit dir teilen,
aber auch Gottes Freundlichkeit und Liebe bezeugen,
in allem Schmerz gibt es immer wieder Freuden.

Gott ist gut!
Wunder und Abenteuer gibt es mehr als genug,
bei einem Leben in seiner Gegenwart
wird nicht an Herrlichkeit gespart.

Mein Weg ist eine Einladung,
aber auch ein Versprechen,
dass das Leben weitergeht,
bis Freiheit und Heilung durchbrechen.

Nachdem ich mich vorgestellt habe, möchte ich dir gerne für unsere gemeinsame Wüstenreise das „Du" anbieten.

Meine Reise begann mit dem Beginn eines neuen Jahres. Wie jedes Jahr habe ich mich gefragt: Woher komme ich, und wohin gehe ich? In meinem Herzen fühlte ich eine tiefe Sehnsucht, mehr von Gott zu erfahren. Mein Alltagseinerlei war mir nicht genug. Ich hatte das Gefühl, dass es MEHR gibt, und nachdem ich mir die Mehr-Konferenz des Gebetshauses in Augsburg angeschaut hatte, ging ich auf die Knie und bat um mehr. Einige Wochen später gab der HERR mir eine Vision.

Es war ein stürmischer Tag, an dem es eine Unwetterwarnung für unsere Region gab. Wegen Orkanböen wurde dazu geraten, das Haus nicht zu verlassen. Normalerweise bin ich ein ängstlicher Mensch. Ich wohne im Dachgeschoss und der Sturm rüttelte heftig an dem Hausdach. Ich konnte die Vibrationen und das Wackeln spüren und sogar sehen. Aber statt Angst fühlte ich die Gegenwart Gottes. Er brachte Frieden mitten im Sturm, und selbst als die Mauern um mich herum wackelten, fühlte ich mich sicher in den Armen des Vaters.

Statt mich im Keller zu verstecken, blieb ich in meiner Dachgeschosswohnung und nahm in meinem alten, dunkelroten Ohrensessel Platz. In einer Hand hielt ich eine frisch gebrühte Tasse Tee und in der anderen meine Bibel. Ich hielt mein Herz Gott hin und betete: „Herr, hilf mir, heute in deiner Nähe zu bleiben, und bereite mich darauf vor, auf dich zu warten."

Ich fühlte mich in Gottes Wort zum Berg Horeb hingezogen, dem Berg, auf dem Mose Gott traf und die zehn Gebote empfing. Ich begann, das 2. Buch Mose (Exodus) von Anfang an zu lesen, bis zu der Szene, in der Mose Gott auf dem Gipfel des Berges begegnete.[1] Während der Sturm draußen alles erschütterte, konnte ich drinnen, in meinem Herzen, die Sehnsucht Gottes nach seinem Volk spüren. Er sehnte sich danach, es in seine Gegenwart zu führen. Es war, als würde der Herr mich auf seinen Berg in der Wüste einladen, um den brennenden Dornbusch zu sehen, an dem er Mose berief. In meinem Innersten wuchs meine Sehnsucht, den Herrn in seiner Herrlichkeit genauso zu schauen, wie es Mose getan hatte.

Als ich las, wie Mose sprach: *„Lass mich deine Herrlichkeit sehen!“* (2. Mose 33,18), wiederholte mein Herz diese alten Worte. Während ich Moses Gespräch mit dem allmächtigen Gott las, wurden genau diese Worte für mich lebendig.

Mose blieb vierzig Tage und Nächte in der Gegenwart des Herrn auf dem Berg Horeb. Ich spürte, wie kostbar die Worte waren, die Gott auf diesem Berggipfel sprach, und sie sind es noch immer – wie verborgene Schätze. Während der Sturm am Haus rüttelte, fühlte ich mich wie Mose, als die Gegenwart Gottes den Berggipfel erbeben ließ. Vielleicht ist jetzt die Zeit gekommen, in der Gott, der Herr, sein Haus, seine Gemeinde, erneut erschüttern wird. Ich glaube, er wird sein Volk einladen, aus der Sklaverei in die Wüste zu kommen, um ihn auf seinem Berg zu treffen.

Ich kann mir vorstellen, wie sehr er es liebt, unseren Ruf zu hören: „Lass mich deine Herrlichkeit sehen!“ Er möchte die erste Liebe in unseren Herzen neu entfachen, individuell in jedem Einzelnen und kollektiv im ganzen Leib Christi. Wie bei Mose will Gott uns auf dem Berggipfel begegnen.

In meiner Sturmvision fühlte ich die Heiligkeit in der Berggipfel-Begegnung zwischen Gott und Mose. Der Sturm draußen und in Gottes Wort war für mich zu einem mächtigen

---

[1] Vgl. 2. Mose 34.

Ausdruck seiner Gegenwart geworden. Am Nachmittag erinnerte mich der Herr an diesen kleinen, stillen Wind, den Elia auf demselben Berg erlebt hatte. Ich tauchte tief in 1. Könige 19 ein und begleitete auch Elia auf seiner Reise durch die Wüste zum Berg Horeb. Überrascht erkannte ich einige Parallelen in den Erfahrungen von Mose und Elia: Für beide waren vierzig Tage eine bedeutende Zeit gewesen, und der Berg Horeb war ein wichtiger Ort. Beide trafen den allmächtigen Gott auf dem Berggipfel und erhielten dort einen neuen Auftrag.

Mein stürmischer Visionstag endete mit dem Berg der Verklärung.[2] Es war schon Abend und der Sturm draußen hatte sich gelegt, aber mein Herz brannte. Ich hatte das Gefühl, dass der Heilige Geist mich einlud, mit Jesus und seinen Jüngern – Petrus, Johannes und Jakobus – auf einen anderen Berggipfel zu steigen, den Berg der Verklärung. Dort erschien der Vater wie auf dem Berg Horeb in einer Wolke. Die Jünger konnten sehen, wie der Herr mit Mose und Elia sprach, und sie konnten die Stimme des Vaters hören. Der Vater sagte, sie sollten auf seinen geliebten Sohn hören, und ich kann mir vorstellen, dass er dies genauso auch heute zu uns sagt.

Nach diesem Tag der Begegnung brannte mein Herz weiter und ich fühlte ein ständiges Drängen nach „Mehr“ in mir, aber ich verstand noch nicht alles, was Gott mir sagen wollte. Also nahm mich der Herr mit auf eine Reise: meine eigene, persönliche vierzigtägige Reise. Es war vierzig Tage vor Ostern bzw. Passah[3]. Wie so oft während der Fastenzeit fragte ich den Herrn, auf was ich verzichten sollte. Ich dachte an vierzig Tage ohne Schokolade oder ähnliches, aber der Herr sagte zu mir: „Ich möchte, dass du schreibst.“ Ich war sehr überrascht und

---

[2] Vgl. Matthäus 17.

[3] Passah ist das biblische Fest, an dem das Volk Israel aus der Sklaverei der Ägypter befreit wurde. Das Wort Passah leitet sich von dem hebräischen Wort „pasah“ ab und bedeutet „lahmen, hinken oder vorbeigehen“. Es erinnert an das Vorbeigehen des Todesengels an den Häusern der Israeliten, deren Türpfosten mit dem Blut des Lammes bestrichen waren. Vgl. Worterklärung AT der Elberfelder Studienbibel #6586 und #6587.

neugierig auf dieses Abenteuer und fragte den Herrn: „Wo soll ich anfangen?“ Seine Antwort war eindeutig: „Am Anfang.“ Plötzlich wusste ich, dass ich im Garten Eden anfangen musste. Danach führte er mich in die Wüste. Tag für Tag saß ich mit der Bibel vor meinem Computer und schrieb auf, wozu der Herr mich inspirierte.

Ich fühlte mich, als könnte ich tatsächlich mit Mose zum Berg Horeb gehen, und Gottes Wort wurde lebendig wie nie zuvor. Dann führte der Herr mich auf meinen täglichen Schreibabenteuern durch persönliche Erlebnisse, innere Heilung und Korrektur. Jeder Tag war ein Schritt vorwärts zum Berg Horeb, wo ich dann den Vater traf. Während ich schrieb, offenbarte mir der Herr die Abenteuer und Wunder aus dem 2. Buch Mose (Exodus) auf eine Weise, die mir so real vorkam wie nie zuvor. Ich spürte die Gegenwart des Herrn und seine Liebe zu seinem Volk auf eine intensive Art und Weise. Ich bin sicher, dass er dich durch diese schriftlichen Begegnungen segnen wird. Ich habe sie so gelassen, wie ich sie geschrieben hatte, in vierzig kurzen Kapiteln. Zwei Jahre später fügte ich einige Erklärungen aus meinem Alltag hinzu. Diese zusätzlichen Gedanken sind nur Beispiele für das, was mir auf meiner eigenen Wüstenreise geholfen hat. Ich habe sie „Wüstenblumen“ genannt, um dir zu verdeutlichen, dass es in jeder Wüste auch Blumen gibt.

Du kannst diese Kapitel in vierzig Tagen oder in deinem eigenen Tempo lesen. Wir werden gemeinsam in kleinen Schritten zum Gipfel des Berges gehen, um Gott zu begegnen. Der Herr zeigte mir die Besonderheit dieser vierzig Tage als eine Zeit gezielter Vorbereitung. Mose und Elia hatten vierzig Tage Zeit, um auf den Berg hinaufzusteigen und sich darauf vorzubereiten, noch mehr vom Herrn zu erleben. Jesus tat es ebenso. Er fastete vierzig Tage nach seiner Taufe und bevor er seinen irdischen Dienst begann.[4] Später sehen wir ihn verschiedene Berge besteigen, von denen einer der Berg der Verklärung war.

[4] Vgl. Matthäus 4,1-11.

In Gottes Wort symbolisiert die Zahl vierzig eine Zeit des Wartens, Prüfens und Vorbereitens. Unser tägliches Leben mit dem Herrn ist eine schrittweise Vorbereitung auf die Begegnung mit dem lebendigen Gott. Aber während wir gehen, werden wir erkennen, dass er unsere Herzen in kleinen Schritten verändern will. Oft habe ich auf diese eine große Gottesbegegnung gewartet, aber dann erkannte ich, dass der Herr dir und mir jeden Tag im Alltag begegnen möchte. Manchmal scheint unser „christlicher Lebensstil“ trocken und langweilig. Doch durch sein lebendiges Wort will er unser Leben in ein Leben voller persönlicher Abenteuer, Wunder und Begegnungen mit sich selbst, dem allmächtigen Gott, verwandeln.

Am Ende meines stürmischen Tages zeigte mir der Herr, dass Mose und Elia einen neuen Auftrag erhielten, als sie den Berggipfel verließen. Mose wurde berufen, sein Volk aus der Wüste in das fruchtbare Land zu führen, und Elia wurde berufen, einen neuen König zu salben sowie Elisa zu lehren, der neue Prophet für Gott zu werden. Jesus redete auf dem Berg der Verklärung mit Mose und Elia über seinen Ausgang[5]. Er würde den Willen (Auftrag) des Vaters erfüllen und für uns, am Kreuz sterben, um uns in die Freiheit der Kinder Gottes zu führen. So scheint jedes Ende ein neuer Anfang zu sein.

Wir sind jeden Tag auf der Reise, um dem lebendigen Gott zu begegnen, bis er wiederkommt. Lassen wir uns also von ihm und seiner Liebe vorbereiten und unser tägliches Leben in der Erwartung leben, ihm zu begegnen. Sei gesegnet, während du dich jetzt darauf vorbereitest, diese Reise durch die Seiten dieses Buches zu machen und gemeinsam mit Mose und meinem Freund Jeschua[6] (ich benutze am liebsten den hebräischen Namen von Jesus) in die Begegnungen einzutreten. Es gibt so viel, das er dir zeigen möchte – sich selbst und seine Herrlichkeit.

---

[5] Griech. „exodus“; vgl. Worterklärung der Elberfelder Studienbibel #1823.

[6] Jeschua ist ein hebräischer Name und bedeutet: „(Jahwe ist) Hilfe oder Rettung“. Vgl. Worterklärung AT der Elberfelder Studienbibel #3523. Es ist der ursprüngliche Name von Jesus, unserem Retter.

Wüstenblumen

Nie zuvor sah ich etwas so Schönes:
Wüstenblumen –
sie erinnern mich an meinen König.
Ich würde gerne eine pflücken und sie ihm bringen,
oder einen ganzen Strauß,
und vor seinem Thron singen.

Gott, mein König, ist der größte Künstler,
Seine Leinwand ist nicht leer,
die ganze Schöpfung ist sein Kunstwerk.
Er hat mich gelehrt,
im Winter vom Frühling zu singen,
und die Blumen, die ich fand, zur Erde zu bringen.

Ich drehte mich herum und wartete nicht lang,
tanzte zum himmlischen Klang,
sprang auf und ab, drehte mich im Kreis,
suchte, ob ich jemand fände, starr wie Eis,
frierend und einsam in der Wüstensonne sitzend,
innerlich leer, konnte er nicht einmal schwitzen.

Diesem einen Wüstenheld
bringe ich kein Geld oder Brotkrumen,
sondern eine meiner Wüstenblumen.
Wie ein lächelndes Kind
halte ich meine Blume im Wind,
halte sie dir im Wüstensturm hin.
Dieser Sturm ist wirklich schlimm …

... aber schau her und atme diesen himmlischen Duft!
Hör, wie der König dir zuruft:
Du bist mein Kunstwerk, mein bestes Stück!
Denk nicht gering von dir, du bist mein Glück!
Du bist mir wichtig
und wirst wieder aufgerichtet.

Ich segne dich, deinen Leib und deine Seele,
hebe deinen Kopf und lebe!
So wie die Wüstenblume mitten im Sand
findest du im Leben wieder festen Stand.

Schau auf diese Schönheit und Kraft,
die der himmlische Regen in ihr schafft.
Auch deine Wüste wird wieder grün,
auch du wirst wieder blühn!

Ich bete für dich,
mögest du neue Kraft finden
und nicht in der Wüste versinken,
sondern leben –
und dazu will ich dir meine Wüstenblumen geben.

Woche 1

Der Gott, der dich sieht, will dir am Dornbusch begegnen.

Mose aber weidete die Herde Jitros, seines Schwiegervaters, des Priesters von Midian. Und er trieb die Herde über die Wüste hinaus und kam an den Berg Gottes, den Horeb.

Da erschien ihm der Engel des HERRN in einer Feuerflamme mitten aus dem Dornbusch. Und er sah hin, und siehe, der Dornbusch brannte im Feuer, und der Dornbusch wurde nicht verzehrt.

Und Mose sagte sich: Ich will doch hinzutreten und diese große Erscheinung sehen, warum der Dornbusch nicht verbrennt.

Als aber der HERR sah, dass er herzutrat, um zu sehen, da rief ihm Gott mitten aus dem Dornbusch zu und sprach: Mose! Mose! Er antwortete: Hier bin ich.

Und er sprach: Tritt nicht näher heran! Zieh deine Sandalen von deinen Füßen, denn die Stätte, auf der du stehst, ist heiliger Boden! Dann sprach er: Ich bin der Gott deines Vaters, der Gott Abrahams, der Gott Isaaks und der Gott Jakobs. Da verhüllte Mose sein Gesicht, denn er fürchtete sich, Gott anzuschauen.

Der HERR aber sprach: Gesehen habe ich das Elend meines Volkes in Ägypten, und sein Geschrei wegen seiner Antreiber habe ich gehört; ja, ich kenne seine Schmerzen. Und ich bin herabgekommen, um es aus der Gewalt der Ägypter zu retten und es aus diesem Land hinaufzuführen in ein gutes und geräumiges Land, in ein Land, das von Milch und Honig überfließt, an den Ort der Kanaaniter, Hetiter, Amoriter, Perisiter, Hewiter und Jebusiter.

Und nun siehe, das Geschrei der Söhne Israel ist vor mich gekommen; und ich habe auch die Bedrängnis gesehen, mit der die Ägypter sie quälen. Nun aber geh hin, denn ich will dich zum Pharao senden, damit du mein Volk, die Söhne Israel, aus Ägypten herausführst!

Mose aber antwortete Gott: Wer bin ich, dass ich zum Pharao gehen und die Söhne Israel aus Ägypten herausführen sollte?

Da sprach er: Ich werde ja mit dir sein. Und dies sei dir das Zeichen, dass ich dich gesandt habe: Wenn du das Volk aus Ägypten herausgeführt hast, werdet ihr an diesem Berg Gott dienen.

Mose aber antwortete Gott: Siehe, wenn ich zu den Söhnen Israel komme und ihnen sage: Der Gott eurer Väter hat mich zu euch gesandt, und sie mich fragen: Was ist sein Name?, was soll ich dann zu ihnen sagen?

Da sprach Gott zu Mose: „Ich bin, der ich bin." Dann sprach er: So sollst du zu den Söhnen Israel sagen: Der „Ich bin" hat mich zu euch gesandt.

Und Gott sprach weiter zu Mose: So sollst du zu den Söhnen Israel sagen: Jahwe, der Gott eurer Väter, der Gott Abrahams, der Gott Isaaks und der Gott Jakobs, hat mich zu euch gesandt. Das ist mein Name in Ewigkeit, und das ist meine Benennung von Generation zu Generation.

2. Mose 3,1-15 ELB

Tag 1

Garten Eden – Wie du Ruhe finden kannst

Und Gott der HERR pflanzte einen Garten in Eden gegen Osten hin und setzte den Menschen hinein, den er gemacht hatte (1. Mose 2,8).

„Du musst dich sicher fühlen“, sagte Jeschua, „und du musst Ruhe finden.“ Ich nickte mit Tränen in den Augen. Es war ein typisch stressiger Tag. Oft fühlte ich mich von meinem Alltag überfordert. Es gab so viel zu tun, mehr als ich mit meiner geringen Zeit und Kraft bewältigen konnte. Erst am Nachmittag hörte ich zum ersten Mal seine Stimme. Während ich bei der Arbeit war, hatte ich, ehrlich gesagt, nichts von seiner Gegenwart gemerkt, obwohl er mir versprochen hatte, die ganze Zeit bei mir zu sein. Es gab immer zu viel zu tun. An den meisten Tagen wachte ich viel zu spät auf und war trotzdem immer noch müde, aber Jeschua kennt mich. Er weiß alles über mich: das Gute, das Schlechte und das Hässliche. Er kennt meine Stimmung am Morgen und erwartet in diesen ersten Momenten nie zu viel. Er wartet auf mich und begrüßt mich mit seinem wunderbaren Lächeln.

Oft kann ich jedoch weder sein Lächeln noch seine Umarmung wahrnehmen. So auch an diesem Morgen. Ich musste mich beeilen, um zur Arbeit zu kommen, aber immerhin nahm ich mir fünf Minuten Zeit, um die Bibel zu lesen. Doch seine Stimme hörte ich nicht. Ich fand keine Zeit, in Ruhe zu essen oder auch nur einen Moment innezuhalten. Dann übertrug ich, ohne es zu merken, meinen Stress auf meine Kollegen. Ja, ich erfüllte meine Arbeit, hatte aber keine Zeit, freundlich zu sein – bis mich jemand mit meinem Verhalten konfrontierte und mir spiegelte, wie es die Menschen um mich herum beeinflusste. Ich war schockiert und weinte vor Scham; und mit diesen bitteren Gefühlen kehrte ich später nach Hause zurück.

Nach einem späten Essen setzte ich mich für ein paar Minuten hin und versuchte, mich abzulenken. Ich fühlte einen Sturm von Emotionen in mir, der sich nicht beruhigen ließ. Ich wollte mich nicht so verhalten oder fühlen, und so bat ich Gott um Hilfe. Das war der Moment, in dem ich Jeschuas leise, sanfte Stimme hörte: „Du musst dich sicher fühlen, und du musst Ruhe finden."

In der Stille meines Wohnzimmers fragte ich: „Herr, wie finde ich Ruhe?"

Meine alte Bibel lag neben mir. Ich schlug die erste Seite auf und fing einfach am Anfang an zu lesen. Die Worte aus dem ersten Buch Mose berührten mein Herz, und plötzlich war es nicht mehr Adam, der mit Gott durch Eden ging. Zeit und Raum schienen sich zu verwandeln, und ich hatte das Gefühl, genau dort zu sein, mitten im Garten Eden, und meinen Tag neu zu beginnen.

Die erste Begegnung

Ach, was war es schön, im Garten seine Stimme zu hören – wie er mich, seinen Menschen, rief. So ging ich mit ihm im Morgentau spazieren. Nach einer Weile lichtete die Sonne den Morgennebel und ich konnte all die Schönheit sehen, die er geschaffen hatte. Wir kamen an einen See und ich ging erst einmal eine Runde schwimmen. Die Temperatur war genau richtig, so wie ich es mag. Das Wasser war erfrischend für meinen Körper und meine Seele. Die aufgehende Sonne gab mir das perfekte Licht, in das ich eintauchen konnte. Hier wollte ich sein.

Doch sah ich am Ufer einen gedeckten Tisch, der auf mich wartete. Alles war von seiner Hand liebevoll vorbereitet worden. All meine Lieblingsgerichte, frisch und schön anzusehen, und der Duft des Essens ... himmlisch! So rannte ich zum Strand und genoss diese besondere Zeit mit meinem besten Freund Jeschua.

Wir hatten uns an diesem Morgen viel zu erzählen. Er fragte mich, wie ich geschlafen hatte, und ich erzählte ihm meinen Traum von den fliegenden Pinguinen. Wir lachten beide herzlich über die Vorstellung.

Und da ihm nichts unmöglich ist, kam ein kleiner Pinguin um einen Felsen herum gewatschelt, sah mir direkt in die Augen und tauchte dann in den See. Hier war es schön, hier wollte ich verweilen. Warum sollte ich mich beeilen? Dieser Ort war Ruhe – und doch voller Leben, Licht und Liebe. Ich fühlte mich erfrischt von der harten Nacht, die hinter mir lag.

Seine Hand ruhte auf meiner Schulter und alles in mir füllte sich mit neuer Kraft. Voller Tatendrang wollte ich aufspringen, als sich eine neue, himmlische Gelassenheit auf mich legte. Ich hielt einen Moment inne und sah in seine Augen. Liebevoll war sein Blick, und leise hörte ich seine Stimme: „Was möchtest du, dass ich heute tue?"

Ich dachte nach und suchte nach meiner langen To-do-Liste mit all dem Schweren, Unerledigten. Wo hatte ich sie gestern nur hingelegt? Lächelnd hielt er sie in seinen Händen ... Aber sein Blick hatte auch etwas Trauriges. Auf seinem Gesicht lag der Ausdruck von tiefem Verständnis, und ohne ein Wort zu sagen, wusste ich, dass er sich um alles kümmern würde. Alles hier an diesem Ort mit ihm war so leicht. Tief und frei konnte ich durchatmen. Es gab nichts zu tun, als einfach nur bei ihm zu sein.

Ich sah mich um – die Schönheit eines neuen Tages, frisches Frühlingsgrün und Himmelblau, Sonnenlicht und fliederfarbene Blumen, Wellenrauschen und Vogelgezwitscher umgaben mich. Eine tiefe Freude erfüllte meine Sinne und mein Herz. Nach einem Moment der Stille flog ein orange-gelber Schmetterling über mir herab und ließ sich auf meiner Hand nieder. Irgendwie kitzelten mich seine Flügel, und wieder musste ich lachen. „Oh Herr, was hast du heute geplant?" Wir waren bereits in ein lebhaftes Gespräch verwickelt, und er erklärte mir verschiedene Dinge. Das, was ich vorher nicht gesehen hatte, half er mir zu sehen. Wir gingen einen neuen Weg. Ich kannte den Weg nicht, aber es war mir egal; ich wollte nur mit ihm zusammen sein.

~~~~~~~

Etwas überrascht legte ich meine alte Bibel hin. Ich konnte jetzt nicht aufstehen und meine To-do-Liste abarbeiten. Noch immer fühlte ich den Frieden von Eden – dem Ort des Ursprungs. So
~~~~~~~

soll es sein, dachte ich mir. So sollten meine Tage beginnen: einfach Zeit mit meinem besten Freund verbringen, miteinander reden und spazieren gehen.

Eden ist der Garten, den Gott für uns, seine geliebten Kinder, gepflanzt hat. Er schuf Adam, den ersten Menschen, und setzte ihn in den Garten. Wie Adam sind auch wir nach Gottes Ebenbild geschaffen. Gott wollte Zeit mit ihm verbringen, mit ihm in der Morgensonne oder am Abend spazieren gehen.

Kannst du dir Eden vorstellen? Gottes Freude war dieser schöne Garten der Gemeinschaft. Die Bedeutung von Eden ist „Lust" oder „Wonne"[1]. Das war Gottes Plan für uns. Aber die ersten Menschen beschlossen, Gott als dem guten Vater zu misstrauen und folgten stattdessen der Stimme des Durcheinanderbringers (des Teufels). Danach versteckte sich der Mensch vor Gott. Er suchte nicht wie am Anfang zuerst nach Gottes Angesicht. Die Menschheit musste den Garten verlassen, den Ort der glückseligen Gemeinschaft mit Gott, und der Eingang wurde verschlossen.

---

[1] Vgl. Elberfelder Studienbibel, Fußnote zu 1. Mose 2,8.

Wüstenblumen: Persönliche Schritte für dich

Jesus ist der Weg zurück zu diesem Ort der Vertrautheit mit Gott.

Der Garten ist der Ort, an dem der Vater voller Freude auf seine Kinder wartet. Er wartet auf dich und mich. Er möchte Zeit mit dir verbringen. Er lädt dich ein, sich an all der Schönheit zu erfreuen, die er geschaffen hat. Es gibt einen Platz im Garten, um wahre Ruhe zu finden. Setze dich einfach neben den Vater und erzähle ihm alle deine Pläne, Wünsche und Sorgen. Er hört zu.

Der Garten ist ein sicherer Ort.

In meiner Vorstellung konnte ich den Garten mit seinen wunderschönen Pflanzen sehen. Ich konnte das lebendige Wasser spüren und die Früchte riechen – ein Ort, an dem ich Ruhe und Erfrischung finden konnte. Ich muss mich darin üben, mich mit meinem Herzen und Verstand darauf einzulassen, in meinem Alltag in diesen Garten zu gehen – den Ort der ständigen Verbindung mit dem lebendigen Gott. Auf dieser Grundlage kann ich den ganzen Tag über friedlich „wandeln" und seine beständige Gegenwart erkennen. Auch wenn ich mich überfordert fühle, der Garten ist immer noch da. Ich muss nur eintreten. Regelmäßige Gartenzeiten werden uns verändern. Ich habe in den letzten Jahren gelernt, wie wichtig es ist, mitten im Alltag einen sicheren Ort zu haben – auch wenn es nur in meiner Vorstellung ist. Was auch immer in deinem Leben passiert ist, gerade passiert oder passieren wird: Niemand kann diesen inneren Ort stehlen oder zerstören. Niemand kann dir dort Schaden zufügen oder dich verletzen. Es ist ein Ort des Schutzes und der Freude, ein Wohnort voller Licht, ohne jegliches Übel.

Kennst du auch solche stressigen Tage? Versuche dir vorzustellen, in den Garten zu gehen. Wie sieht dein Garten aus? Was siehst du? Vielleicht hörst du etwas? Versuch mal die einengenden, religiösen Gottesbilder hinter dir zu lassen. Es ist wichtig, dass du dich sicher und wohl fühlst. Wenn deine Vorstellung von Gott nicht passt oder du ihn noch nicht als deinen Vater kennst, ist das in Ordnung. Ich brauchte Jahre, um ihn mit meinem Herzen als einen guten Vater zu sehen. Ich bete, dass dieses Buch dir dabei hilft, ihn als deinen liebevollen, beschützenden und guten himmlischen Vater immer besser kennenlernen.

Der Garten ist der Ort, an dem du deine To-Do-Liste ablegen kannst.

In meinem Alltag gibt es immer zu viel zu tun. Egal ob ich alles auf einen Notizzettel schreibe oder im Kopf sortiere, meine To-do-Liste ist immer noch zu lang. Ich versuche zu lernen, morgens alle meine „To-dos" dem Herrn zu übergeben, damit ich nicht mehr darüber nachdenken muss, was ich als nächstes tun soll, und ihm stattdessen einfach begegnen kann. Ich kann seine Stimme deutlicher hören und erkenne, was er für das Wichtigste hält.

Wenn er mir die Liste zurückgibt, weiß ich, wie ich Prioritäten setzen muss. Wenn du ähnliche Listen hast, versuche dir vorzustellen, wie du deine Liste im Garten dem Herrn übergibst. Was wird als Nächstes passieren? Hörst du irgendetwas, wo Gott dich eventuell herausfordert, etwas Bestimmtes zu tun oder zu lassen?

Gott segne dich! Und ich ermutige dich, dem Wort *„Alle eure Sorgen werft auf ihn, denn er sorgt für euch"* aus 1. Petrus 5,7 (GNB) neu Vertrauen zu schenken: Gott sorgt für dich!

Tag 2

Der Dornbusch – Begegne Gott in deinem Alltag

Als ich am nächsten Morgen aufwachte, beschloss ich, die Sorgen hinter mir zu lassen und erst einmal zuzuhören, um zu sehen, ob Gott mir etwas sagen würde. Ich nahm mein Tagebuch und schrieb: „Guten Morgen, Herr", und ich hörte ihn flüstern: „Ich sehe dich, Kind."

Diese wenigen Worte berührten mein Herz, und ich fühlte mich gesehen, beachtet und geliebt. In meinem Herzen wusste ich, dass er mich tatsächlich sieht. All die Arbeit, die ich erledigen musste, all meine inneren und äußeren Konflikte – er sieht all das. Ich fühlte seinen Frieden über mich kommen und erinnerte mich an die Worte aus Johannes 14,27 (TPT). Ich öffnete meine Bibel und las:

> *Ich hinterlasse dir das Geschenk des Friedens – meinen Frieden. Nicht die Art von zerbrechlichem Frieden, den die Welt gibt, sondern meinen vollkommenen Frieden. Gib nicht der Angst nach und sei nicht beunruhigt in deinem Herzen – sei stattdessen mutig!*

Jesus hinterließ uns seinen Frieden als Geschenk. Dann ging er nach Hause zum Vater, um einen Raum für uns vorzubereiten. Als ich das ganze Kapitel vierzehn aus dem Johannesevangelium las, konnte ich mich plötzlich selbst sehen: Ich schleppte viel Gepäck. Rechts und links trug ich Koffer und Taschen, die viel zu schwer für mich waren und mich nach unten zogen. Ich fragte mich: Werde ich so in meine himmlische Wohnung, die Jesus bereitet hat, eintreten – belastet und niedergedrückt?

Doch alles, was ich sehen konnte, war das lächelnde Gesicht meines Freundes Jeschua, genau wie am Tag zuvor.

Die zweite Begegnung

Mein Freund Jeschua ging mit mir durch dieses große, alte Gartentor hinaus. Ich erinnere mich noch an jenes Geräusch, als er es mit dem Schlüssel öffnete. Wir gingen nach draußen und er führte mich nach Kanaan. Ich dachte mir: Welch ein wunderschönes Land – anders als der Garten, aber auch beachtlich. Irgendwie war alles so üppig. Die Trauben im Weinberg, die Wasserströme und das Sonnenlicht – alles war groß und schön und leuchtend. In der Luft lag ein unwiderstehlicher Duft von Honig und Milch.

Er zeigte mir das Land und erzählte mir von seiner Sehnsucht nach seinem in Ägypten gefangenen Volk. Er erzählte mir von seiner großen Liebe und seinem Wunsch, die Menschen seines Herzens an diesen Ort zu rufen – den Ort der Freiheit und Versorgung, einen ruhigen Ort des Friedens und der Sicherheit. So oft hatte er hier gestanden und sie gerufen. Doch seine geliebten Menschen befanden sich in Gefangenschaft und mussten Tag für Tag schwere Lasten tragen.

Es war nur ein kurzer „Blick" in das Land namens Kanaan[1], bevor wir in die Wüste kamen. Ich fragte mich für einen Moment: „Was würde ich wohl in der Wüste finden?" Während ich darüber nachdachte, sagte er mir, ich solle im Hintergrund bleiben und abwarten. Vor uns lag ein hoher Berg, der Horeb hieß und zum Felsmassiv des Sinai-Gebirges gehörte.

Er versteckte sich in der Nähe in einem Dornbusch, und das erstaunliche war, dass man ihn tatsächlich nicht sehen konnte. Ich wusste, dass er da war, aber ich konnte ihn nicht sehen. Von Weitem hörte ich das Blöken einer näherkommenden Schafherde, und bald schon konnte ich den Hirten sehen, der in unsere Richtung zog. Die Wüste war karg, überall waren nur Steine. Wo sollten die Schafe hier Nahrung finden? Plötzlich brannte der Dornbusch und mir wurde

---

[1] Das Wort Kanaan leitet sich von dem hebr. Wort „kenaan" ab und bedeutet „Niederland". Es kommt von dem Wort „kana": sich beugen müssen oder auch sich demütigen. Vgl. Worterklärung AT der Elberfelder Studienbibel #3738 und #3736. Interessant dazu auch das Wort „kin ah" (#3737), das Bündel, Traglast oder Gepäck bedeutet.

ganz warm ums Herz. Der Hirte muss dasselbe gespürt haben, denn er kam näher und schaute neugierig den brennenden Busch an.

Jeschua hatte mir gesagt, ich solle nur zusehen, also versuchte ich, mich hinter einigen großen Steinen zu verstecken. Plötzlich rief eine Stimme mit Autorität den Namen des Hirten und befahl ihm, seine Schuhe auszuziehen, weil das Land, auf dem er stand, heilig sei.

Ich hatte konzentriert zugehört und schaute etwas beschämt auf meine eigenen dreckigen Schuhe. Schnell versuchte ich sie auszuziehen. Vielleicht waren diese Worte nicht nur für den Hirten bestimmt. Außerdem wollte ich nichts von dem Gespräch verpassen. Ich weiß nicht, wie ich es erklären soll. War es immer noch mein Freund Jeschua, der da sprach? Vielleicht jemand Größeres? Die Stimme war anders, aber gleichzeitig auch vertraut für mich.

Ich war tief beeindruckt von dieser Stimme. Und dann hörte ich den Namen dessen, dem die Stimme gehörte, die aus dem brennenden Dornbusch kam: *„ICH BIN, der ich bin.“*[2] Allein dieser Name erfüllte mich mit Ehrfurcht. Wie konnte ich ihn mir vorstellen – jemanden, der jeden Moment da war, da ist und da sein wird?

Der Schafhirte antwortete ängstlich: „Ich bin Mose, verheiratet, habe zwei Söhne und arbeite derzeit bei meinem Schwiegervater in der Schafzucht in dieser kargen Wüste.“[3] „Mose“ bedeutet „Der aus dem Wasser gezogen wurde.“ Seine Kindheit war traumatisch gewesen; viele Menschen hatten versucht, ihn zu töten. Er war ein wunderschönes Baby und hatte treue, liebevolle Eltern aus dem Stamm Levi. Aber Mose war von der Tochter des Pharao adoptiert worden und als wohlhabender Ägypter aufgewachsen. Doch tief in seinem Innersten wusste er, dass er in Wirklichkeit ein anderer war. So viel hatte er schon durchlebt. Er war ein Mörder, ein Flüchtling und ein

---

[2] Vgl. 2. Mose 3,14 (ELB).

[3] Mose war zu dieser Zeit wohl schon knapp 80 Jahre alt. Er starb mit 120 Jahren nachdem er zuvor 40 Jahre lang mit dem Volk Israel vom Berg Horeb aus durch die Wüste gewandert war (vgl. 5. Mose 34,7). Vermutlich hatte er 40 Jahre in Ägypten verbracht und 40 Jahre in der Wüste als Schafhirte.

Hirte. Er war verheiratet und Vater zweier Söhne. Einen von ihnen hatte er Gershom[4] genannt.

In meinem Versteck dachte ich mir: „Was für eine verrückte Familiengeschichte." Ich schüttelte den Kopf, aber im selben Moment dachte ich an meine eigene Familiengeschichte, meinen Lebenslauf und all das, was ich erlebt hatte, und konnte mich sofort mit Mose identifizieren.

Dieser Boden war tatsächlich heilig. Irgendwie war es wegen der intensiven Feuerflammen, die aus dem Busch kamen, noch heißer als sonst, und Mose schwankte leicht. Kreislaufprobleme in der Hitze ließen ihm einen heiß-kalten Schauer über den Rücken laufen, und noch etwas anderes brachte seine Knie ins Wanken. Es war so ein Gefühl der Ehrfurcht, die plötzliche Erkenntnis, dass etwas Großes geschah, das der Verstand nicht erfassen konnte.

Die Stimme aus dem Busch sprach weiter, er habe das Elend seines in der Fremde gefangenen Volkes gesehen. Er habe ihren Schrei gehört und kenne ihren Schmerz.

Endlich ist da jemand, der versteht, der hineinsieht in das Elend, und nicht darüber hinweg. Jemand, der den Schmerz kennt – den Schmerz der Gefangenschaft, der täglichen Last sowie den körperlichen Schmerz, wenn nichts mehr geht, wenn alles um uns herum zusammenbricht und aus dem Mund nur noch ein leiser Schrei zu kommen wagt. Es gibt jemanden, der diesen Schrei hört und darauf antwortet.

Dann sagte er, er sei gekommen, um sein Volk zu retten und sie aus dem Land der Gefangenschaft in ein neues, gutes, weites Land zu führen – in ein Land, in dem Milch und Honig fließen würden. Er sagte, es sei an der Zeit, aus der Bedrängnis und Bedrückung herauszukommen, hinein in die Freiheit und Weite, in die Fülle, ins Leben.

„Und du, Mose, du sollst zum Pharao gehen und mein Volk, meine Kinder, aus der Gefangenschaft führen."

Mose war sichtlich entsetzt: „Ich? Wer bin ich?"

Die Stimme gab ihm keine Antwort auf diese Frage. Aber er sagte ihm, dass er, der ICH BIN, der EWIG SEIENDE und EXISTIERENDE, bei

---

[4] Definition der Elberfelder Studienbibel zu 2. Mose 2,22: Gerschom = Fremder.

ihm sein würde, und dass sie sich hier, an demselben Berg, wieder treffen würden.

Langsam schien Mose an einen Punkt zu kommen, an dem er an „den Existierenden" glaubte. Er fand sich mit dessen realer Existenz ab und mit der Tatsache, dass er mit einem brennenden Dornbusch sprach, der versuchte, ihn davon zu überzeugen, dass er zurück nach Ägypten gehen solle – Ägypten, das Land, in dem er als Mörder mit Haftbefehl auf der Fahndungsliste stand. Gott sagte zu Mose, dass er zu seinem Stiefbruder (dem jetzigen Pharao) gehen und ihm sagen solle, dass fast hundert Prozent seiner besten Billiglohnarbeiter sein Geschäftsimperium verlassen würden, und dass er mit dem Bau der Pyramiden alleine weitermachen müsse.

Oh ja, und um Gottes Anweisungen noch zu vervollständigen, sollte Mose den Ägyptern sagen, dass sie dem Volk Gottes auch Gold und Silber und schöne Kleider für ihre Reise aus Ägypten mitgeben sollten. Wow!

Als Mose begann, das volle Ausmaß seiner Mission zu begreifen, fühlte er sich ermutigt, mit dem Ewig-Seienden auf eine neue Art und Weise zu sprechen – wie Freunde. Er teilte ihm alle seine Bedenken mit: „Die Hebräer werden mir nicht glauben. Die Ägypter werden mir bestimmt nicht gehorchen. Warum sollte uns der Pharao gehen lassen? Oh, und übrigens, ich kann nicht richtig sprechen!"

Der Ewig-Seiende hatte für alles eine Lösung. Zuerst fragte er Mose, was er in seiner Hand hielte. Mose dachte fast ein wenig zynisch: „Meinen Hirtenstab, natürlich." Dann erklärte ihm Gott, welche Wunder er damit vollbringen könne und solle. Und ehrlich gesagt war es echt krass, als der Stab zu einer Schlange wurde und dann wieder zu einem Stab. Oder als seine Hand zuerst widerlich voller Geschwüre und im nächsten Moment vollständig geheilt war, ein erstaunliches Wunder voller Hoffnung.

Mose stand staunend da und starrte auf seine Hand und dann auf den Stab. Langsam begann er zu begreifen, was er da in der Hand hielt, was Gott in seine Hand gelegt hatte. Sein Hirtenstab würde tatsächlich zu einem Wunderstab in seiner von Gott geheilten Hand werden. Und Moses sprachbegabter Bruder Aaron wurde von Gott dazu bestimmt, Mose bei seinem Sprachproblem zu helfen.

„Mach dir keine Sorgen, Mose; er ist schon unterwegs. Geh jetzt für eine Weile nach Hause, pack deine Sachen, und dann triffst du automatisch deinen Bruder hier am Horeb. Ich habe schon alles vorbereitet."

Mose war sprachlos, blickte auf seinen Hirtenstab und den Dornbusch und ging langsam, schweigend zurück zu seiner Herde.

Als Mose in der Wüstenlandschaft verschwand, sprang Jeschua aus dem Busch und rannte auf mich zu. „War das nicht genial?"

Ich fühlte mich, als hätte ich einen Film gesehen und vergessen zu atmen. Ich konnte nur nicken, sah Jeschua etwas scheu in die Augen und brachte nur mühsam hervor: „Du?"

Aber Jeschua wollte noch nicht darüber sprechen. Er schlug mir kameradschaftlich auf die Schulter und lud mich zum Essen ein. „Wir können uns ein bisschen mehr über Themen wie Identität und Berufung austauschen."

Nachdenklich setzte ich mich an den festlich gedeckten Tisch und nippte an dem Wein, den er mir aus einer Glaskaraffe einschenkte. Ja, wer war ich eigentlich? Wo kam ich her? Wo wollte ich hin? Meine Familiengeschichte, meine Prägungen, meine frühkindlichen Traumata, meine Ängste – er wollte alles wissen. Als Hauptgericht hatte er gebratene Wachteln vorbereitet.

~~~~~~~

Gebratenes Geflügel war auch mein Abendessen am Abend dieses zweiten Tages der Begegnung. Ich spürte immer noch die Last meines Alltags. Warum war alles so schwer für mich? In den Abendstunden des vergehenden Tages dachte ich über mein Leben nach. Es gab eine Menge an Altlasten, die ich immer noch mit mir herumtrug, wie das Gepäck, das ich mich selbst früh an diesem Morgen hatte tragen sehen. Jeder hat seine eigene Geschichte, sein eigenes Gepäck, das er ablegen muss. Mose hatte Gott seine Sorgenliste übergeben. Gott hatte und hat auch heute noch jedes Detail im Blick … so auch bei dir.
~~~~~~~

Wüstenblumen: Persönliche Schritte für dich

Was hindert dich daran, ein fruchtbares und freudvolles Leben zu führen?

Nachdem ich die ersten beiden Kapitel des 2. Buches Mose gelesen hatte, war es wie eine Einladung des Herrn, Teil dieser Geschichte zu werden. Auf der einen Seite gab es die Geschichte des Volkes Israel, das als Sklaven in Ägypten litt. Auf der anderen Seite die persönliche Geschichte von Mose, der sein Kindheitstrauma überwinden musste, im Palast des Pharaos aufgewachsen war und sich schließlich als Mörder auf der Flucht in der Wüste wiedergefunden hatte. Gott begegnete Mose in der Wüste in einer brennenden Flamme am Dornbusch und berief ihn, sein Volk aus Ägypten zu führen.

Der Weg zurück ist nicht einfach, aber das Ziel ist klar: Anbetung am Berg Horeb. Es gab Zeiten in meinem Leben, in denen ich zurückgehen und mich dunklen Erinnerungen stellen musste. Und woher kommst du? Kennst du solche schweren Lasten? Höre auf den Einen, der dich sieht und dich aus der Sklaverei in ein fruchtbares Land ruft. Versuche, einen Moment innezuhalten, um über deine eigenen Lebenserfahrungen nachzudenken. Ändere dann den Fokus und bleib vor dem brennenden Dornbusch stehen. Hör auf Gottes Stimme. Vielleicht ruft er dich heraus aus der Sklaverei, diesem Ort, an dem du dich in deinem Leben festgefahren fühlst. Wo immer du dich gerade in deinem Leben befindest, versuche auf Gottes Stimme zu hören, was er zu dir sagt.

> *Der Herr sagte zu ihm: „Ich habe gesehen, wie mein Volk in Ägypten unterdrückt wird. Und ich habe ihr Schreien gehört. Ich weiß, wie sehr es leidet“* (2. Mose 3,7 NLB).

Wo immer du auch stehst, Gott sieht dich – deinen Schmerz und dein Leiden. Er hat dich nicht vergessen. Du bist nicht alleine.

Wurzeln der Vergangenheit

Manchmal verletzt mein Verhalten andere Menschen und auch mich selbst, anstatt gute Früchte zu tragen. Wenn ich zum Beispiel Druck statt Frieden verbreite, wird mein Herz hart und schwer. Oft kann ich nicht gut mit Stress umgehen. Dann bin ich nicht freundlich, liebenswert, sanft oder bescheiden. All das ist das Ergebnis der „Sklaverei". Ich versuchte immer wieder, mich zu befreien, konnte es aber nicht aus eigener Kraft. Bevor ich zu Bett ging, betete ich zum Herrn und sprach mit ihm über meine schwere Last. Dann spürte ich seine Einladung in die Freiheit.

Es geht nicht um Religion oder den Versuch, alleine besser zu werden. Es geht darum, als Kind zu leben, nicht als Sklave. Ein Kind geht mit seinen zerbrochenen Spielsachen zum Vater und bittet ihn, sie zu reparieren. Ziemlich oft komme ich mit leeren Händen zum Vater, weil ich außer mir selbst nichts bringen kann. Da ist nur meine Zerbrochenheit. Es gab eine Zeit, da wollte der Vater meine Zerbrochenheit heilen und bat mich, mit ihm zurück zu einer längst vergangenen Erinnerung zu gehen, an den Ort, wo ich einmal verletzt worden war.

> *Gott antwortete: „Ich werde dir beistehen. Und das ist das Zeichen, an dem du erkennst, dass ich dich beauftragt habe: Wenn du das Volk aus Ägypten herausgeführt hast, werdet ihr mir an diesem Berg Opfer darbringen und mich anbeten"* (2. Mose 3,12 GNB).

Manchmal wird eine Wurzel der Bitterkeit in eine Wunde gepflanzt, und wir handeln aus dieser Wurzel der Bitterkeit heraus und verletzen dann auch andere Menschen. Aber wenn Gott die Wurzel der Bitterkeit aus meinem inneren Garten zieht, dann wird mein Herz frei. Vergebung ist dazu das passende

Gartenwerkzeug. Seine Liebe macht mich frei zu vergeben. Und von diesen alten Wurzeln frei zu werden, erfüllte mich mit Anbetung. Erst als mein Herz frei war, war auch ich frei, ihn anzubeten. Vielleicht kannst du dich mit meinen Erfahrungen identifizieren. Ich bete, dass du Freiheit erfährst, wo immer du dich gebunden fühlst. Ich bete, dass wir ihn am Ende unserer Reise am Berg Horeb gemeinsam anbeten, wenn wir die Sklaverei hinter uns gelassen haben.

ICH BIN, DER ICH BIN

Gott stellt sich vor als „Ich bin, der ich bin", der „Ich bin da, bei dir". Er ist immer da. Sein Charakter ändert sich nie. Er ist ewig. Er hat dich erschaffen. Er kennt dich mit Namen, deinem Wesen. Er liebt dich. Er wird dich aus der Sklaverei heraus- und in seine Freiheit hineinführen.

> *Da sprach Gott zu Mose: „Ich bin, der ich bin." Dann sprach er: So sollst du zu den Söhnen Israel sagen: Der „Ich bin" hat mich zu euch gesandt* (2. Mose 3,14 ELB).

Ich bete, dass du dem ICH BIN begegnest.

Tag 3

Heiliger Boden – Vom Umgang mit Schuld

Die Geschichte von Mose hatte mich den ganzen Abend beschäftigt. Es gibt so viel darin zu entdecken. Mose wuchs in zwei verschiedenen Kulturen auf. Er wurde als Hebräer geboren, wuchs aber als Ägypter heran. Seine hebräischen Verwandten waren als Sklaven in Gefangenschaft, aber als Gläubige treu geblieben.

Der Name seines Vaters, Amram, bedeutet „Das Volk ist hoch", von „erhaben sein"[1], und ist ein Hinweis auf ihre Erwartungen. Obwohl sie Sklaven waren, verloren sie ihre Bestimmung nicht aus den Augen. Sie waren wertvoll in Gottes Augen. Der Name seiner Mutter, Jochebed, bedeutet „Der Herr ist Herrlichkeit[2]", was zeigt, dass sie Gott trotz ihrer schlimmen Umstände vertraute.

Der Pharao war ein König, aber er hielt sich auch für Gott. Er hatte zur Zeit von Moses Geburt die Tötung aller neugeborenen hebräischen Jungen angeordnet. Doch Moses Eltern hatten ihn in einen Korb (hebräisch „Kasten" bzw. „Kästchen"[3]) gelegt und im Schilfgras am Nil ausgesetzt. Der Korb erinnert an Noahs Arche (im Hebräischen dasselbe Wort) und ist ein Symbol der Hoffnung. Moses Eltern vertrauten darauf, dass Gott ihren Sohn retten würde. Seine Schwester Miriam beobachtete, wie die Tochter des Pharaos Mose fand. Sie war mutig und sprach mit dieser berühmten Frau und bot ihr an, eine Frau aus dem Volk der Hebräer zu finden, die das Kind stillen konnte. Diese Taten des Glaubens und Vertrauens auf Gott mündeten in das erste Wunder in Moses Leben. Er konnte seine frühe Kindheit bei seiner Geburtsfamilie verbringen,

---

[1] Vgl. Worterklärung AT der Elberfelder Studienbibel #6138.

[2] Vgl. Worterklärung AT der Elberfelder Studienbibel #3197.

[3] Vgl. Worterklärung AT der Elberfelder Studienbibel #8587.

während alle anderen Jungen in seinem Alter getötet worden waren.

Nach einer Weile wurde Mose wie versprochen zur Tochter des Pharaos gebracht. Dort wuchs er wie einer der Königssöhne auf. Vielleicht war er verunsichert über seine Identität, vielleicht hat er sich gefragt, zu welcher Kultur oder Religion er gehört.

Als junger Erwachsener sah er zu, wie ein Ägypter einen hebräischen Arbeiter schlug. Er fühlte die Ungerechtigkeit der Situation, verurteilte und tötete den ägyptischen Sklaventreiber. Er versuchte seine Selbstjustiz zu verbergen, aber seine hebräischen Brüder hatten ihn beobachtetet. Was er heimlich im Dunkeln zu tun gedacht hatte, kam ans Licht. Für die Hebräer und die Ägypter galt er nun als Mörder, und er musste sein Leben als ägyptischer Königssohn aufgeben und in die Wüste fliehen.

Bevor ich ins Bett ging, fragte ich mich: Was bedeutet diese Geschichte für mich? Hat das in irgendeiner Weise auch mit meinem Leben zu tun? Und wieder war ich mit meinem Freund Jeschua in der Wüste.

Die dritte Begegnung

Er fragte mich, was das Schlimmste sei, das ich je getan hatte – etwas, das ich bereute, etwas, dessen ich mich schämte, oder etwas, das ich lieber begraben würde. Eine tiefe Röte stieg meinen Hals hinauf und in mein Gesicht, als ich unbeholfen zu Boden schaute. Stille breitete sich aus, aber die Stille war nicht anklagend oder unangenehm, sondern nur mehr ein Raum, um darüber nachzudenken, was mich plagte. Nach einer Weile konnte ich aufblicken und sah in seinen Augen, dass er mich nicht verurteilte. Mit einem Blick voller Liebe und Mitgefühl sagte er mir: „Es ist okay, du bist okay." Und dann konnte ich es tatsächlich aussprechen, und ich spürte, wie eine Last von meinen Schultern fiel. Ich saß jetzt etwas aufrechter am Tisch. Wieder klopfte er mir auf die Schulter und stand auf, um den Nachtisch zu holen: Honigwaffeln.

Unser Gespräch ging weiter, und er wollte wissen, was ich beruflich bereits gemacht hatte. Er erklärte mir, als ich über meinen Lebenslauf nachdachte, wie wichtig es sei, sich bewusst zu machen, was ich in der Hand hielte. Mit dieser Frage entließ er mich in die Nacht.

Meine Träume in dieser Nacht drehten sich um das, was ich am vergangenen Tag erlebt hatte:

Ich ging durch eine endlose Wüste; Dürre umgab mich. Kein Grün spross aus dem trockenen, rissigen Boden hervor, nur Geröll, Steine und staubiger Lehm bedeckten ihn. Jeder Schritt war mühsam, und ich bewegte mich in Zeitlupe auf einen großen, brennenden Busch zu. Weit und breit war außer einem gewaltigen Felsmassiv nur dieser Busch zu sehen. Dornen ragten daraus hervor, und das Feuer flackerte in kleinen und großen Flammen im Buschwerk.

Das Feuer blieb im Busch und ließ dieses, in der Wüste sonst tote Gestrüpp nun lebendig erscheinen. Die Feuerzungen bewegten sich darin wie in einem Tanz. Der Busch brannte, verglühte aber nicht. Als ich so nah war, dass ich die Hitze des Feuers auf meinem Körper spüren konnte, hörte ich jemanden meinen Namen rufen, erst einmal, dann zweimal.

Wem gehörte die Stimme, die mich rief? Sie klang so kraftvoll, voller Autorität. Plötzlich war es, als hätte das Brennen mein Innerstes berührt, mein Herz ergriffen, und ich antwortete: „Hier bin ich!"

Ich konnte gar nicht anders, als der Stimme zu antworten. Ich war dem Rufenden meine Antwort schuldig. Der Rufende im brennenden Dornbusch wollte meine ganze Aufmerksamkeit, und ich wandte mich den Flammen zu.

Auf einmal spürte ich etwas so Mächtiges, dass ich mein Gesicht abwenden musste. Die Hitze, die von dem Busch ausging, war so intensiv, dass ich es nicht einmal körperlich aushielt, meinen Blick ins Feuer zu richten. Sogar meine Gesichtshaut wurde ganz heiß und meine Lippen spröde. Ich wollte schon einen Schritt zurückweichen, als mich die Stimme aufforderte, meine Schuhe auszuziehen. Heiliger Boden ...

Der Staub an meinen Sandalen, all der Schmutz des Tages haftete noch daran und ebenso mancher Mist, der mir begegnet war. Also zog ich meine Schuhe aus und stand mit bloßen Füßen vor dem

Feuer des Dornbuschs. Sogar der Boden fühlte sich heiß an. Und hinter dem Dornbusch erstreckte sich das Felsmassiv in gewaltiger Höhe.

Heilig. Heiliger Boden, heiliges Land. Ich spürte die Besonderheit dieses Augenblicks von Kopf bis Fuß und wusste, dass ich diesen Ort nur betreten konnte, wenn ich der Stimme Folge leisten würde. Das Betreten war hier erlaubt, aber zuerst musste ich zusammen mit meinen Schuhen den Schmutz des Tages ablegen, um der Heiligkeit am Fuße des Berges begegnen zu können.

Eine alles durchdringende Wärme erfasste zuerst meine Füße und dann meinen ganzen Körper. Der Boden „zog" mich zu sich hin, und meine Hände berührten den erhitzten Lehm- und Steinboden, dann meine Knie, bis ich mit ausgestreckten Armen auf dem Bauch lag. Das Brennen in mir hatte sich beruhigt und ich spürte nur noch angenehme Wärme, die der Boden an mich abgab; ein tiefer Friede durchströmte mich.

Mit einem leisen Seufzen wachte ich auf. Jeschua musste ein Zelt über mir aufgeschlagen haben, als ich eingeschlafen war. Wieder war er vor mir auf den Beinen und hatte das Frühstück zubereitet. Er sagte mir, ich solle eine Weile hierbleiben. Der Staub und die brennende Sonne hießen mich in der frühmorgendlichen Wüste willkommen.

~~~~~~

Das Morgenlicht schien durch mein Schlafzimmerfenster. Dieser Traum kam mir wie ein echtes Abenteuer vor. Ich musste mich nicht mehr fragen, was die Geschichte von Mose für mein Leben bedeutete.
~~~~~~

Wüstenblumen: Persönliche Schritte für dich

Vergebung

Immer wieder empfand ich Bedauern und Scham, wenn ich mit Sünde kämpfte. Ich war dankbar für meine engen Freunde oder andere Menschen, wie Pastoren oder Seelsorger, denen ich vertrauen konnte. Es tat gut, Menschen zu begegnen, die mich annahmen, mir einfach zuhörten, die für mich und mit mir beteten. Nie werde ich den Moment vergessen, in dem mir bewusst wurde, was es für mich bedeutet, dass Jesus mir tatsächlich vergeben hatte. Ein für alle Mal hat er meine Sünde getragen. Er ist für mich gestorben und hat mich frei gemacht.

Hören wir uns die Worte aus Jeremia 31,34 an:

Und es wird keiner den andern noch ein Bruder den andern lehren und sagen: „Erkenne den HERRN", denn sie sollen mich alle erkennen, beide, Klein und Groß, spricht der HERR; denn ich will ihnen ihre Missetat vergeben und ihrer Sünde nimmermehr gedenken.

Meine blinden Flecken – Was sind deine?

Manche Fehler sind mir gar nicht aufgefallen, aber ich bin dankbar, auch wenn es manchmal weh tut, Menschen zu finden, die mir meine blinden Flecken zeigen. Diese täglichen Fehltritte sind wie schmutzige Schuhe. Ich muss meine Schuhe ausziehen, bevor ich auf heiligem Boden gehen kann. Gott ruft mich, mich ihm zu nahen. Er lädt mich ein, nicht nur meine Sorgen hinter mir zu lassen, sondern auch meine Sünde. Gottes Heiligkeit ist ein Ort, an dem ich mich sehe, wie ich wirklich bin. Das Feuer in diesem brennenden Busch war wie ein Licht, das ohne Anklage oder Scham in die Dunkelheit scheint.

Als Mose zum ersten Mal den brennenden Dornbusch sah und erfuhr, dass Gott zu ihm sprach, bedeckte er sein Gesicht. Jesus Christus, Gottes Sohn, wurde Fleisch wie alle Menschen, aber ohne Sünde. Er starb am Kreuz für unsere Sünden und schenkte uns seine Heiligkeit. Dieser Tausch ist für mich manchmal noch kaum vorstellbar ... Aber ich habe seine Liebe und volle Annahme erfahren. Vielleicht möchtest auch du deine Schuhe ausziehen und deine Fehler bekennen. Ich möchte dich einladen, alles zu Jesus ans Kreuz zu bringen und ihn um Vergebung zu bitten. Manchmal hilft es, einen Zeugen zu haben, der dir die Vergebung zuspricht. Ich möchte dich ermutigen, dich an jemanden zu wenden, der dir zuhört und dir in Liebe begegnet. Du bist nicht alleine. Niemand ist ohne Sünde, außer Jesus.

Manchmal sind deine Schuhe so alt

Vielleicht sind dir einige Leute auf die Füße getreten, manchmal ohne es zu merken, und haben dich verletzt. Du kannst auch diese schmerzhaften, drückenden Schuhe ausziehen und hier zurücklassen.

> *„Komm nicht näher!“, befahl Gott ihm. „Zieh deine Sandalen aus, denn du stehst auf heiligem Boden“* (2. Mose 3,5 NLB).

Ich bete für dich, dass Jesus dich in seiner Heiligkeit und Liebe umarmt. Ich bete, dass du frei wirst, das Alte hinter dir zu lassen, und deinen Weg findest, um mit den richtigen Schuhen weiterzugehen. Ich bete, dass du das Geschenk der Vergebung als einen befreienden Akt der Liebe erfahren kannst.

Tag 4

Der Hirtenstab – Was hältst du in deiner Hand?

Manchmal fühlt sich mein Alltag wie eine Mischung aus Stress und etwas langweiliger Routine an. Dann frage ich mich: Ist das das Leben, das ich leben möchte? Ist das der Ort, für den ich geschaffen bin? Manchmal vermisse ich die Freude in meinem Leben und fühle mich leer.

Müde von meinem Arbeitstag ging ich nach Hause. Ich war so beschäftigt gewesen, dass ich keine Zeit gefunden hatte, etwas zu essen, und ich hatte auch nicht all die Arbeit erledigt, die ich hatte erledigen wollen. Ich zog meine Schuhe aus, wurde aber meine Unruhe nicht los. Mein roter Ohrensessel ist mein Ruheort, so nahm ich Platz und atmete tief durch.

Wieder schrie ich zum Herrn: „Wann werde ich die Freiheit und den Frieden spüren, die du versprochen hast? Wo ist dieses fruchtbare gelobte Land?"

Ich war so müde, doch hörte ich dieses leise Flüstern, wie eine Einladung des Herrn, mit ihm weiter durch die Wildnis zu gehen. Als ich meine Augen schloss, konnte ich ihn wieder sehen, meinen Freund Jeschua, mitten in der Wüste.

Die vierte Begegnung

Irgendwie hatte Jeschua es heute eilig. Er wies mich an, ein paar Honigwaffeln für den Weg einzupacken und meine Schuhe wieder anzuziehen. Heute würden wir eine Wanderung machen! Ehrlich gesagt war mir nicht danach. Ich hatte auf dem steinigen Boden nicht so gut geschlafen; das sagte mir zumindest meine schmerzende Rückenmuskulatur. Außerdem war es meiner Meinung nach ein bisschen zu heiß für eine Wanderung. Gab es nicht vielleicht eine kleine Oase mit einem schönen Fluss, wo ich meine Füße ein wenig abkühlen und im Schatten einer Palme träumen konnte? Darauf hatte ich heute eher Lust.

Aber Jeschua war bereits fertig. Er hatte seinen Rucksack aufgesetzt und streckte mir nun lächelnd einen Wanderstock entgegen. Ich suchte meine Schuhe, die in einiger Entfernung vor dem Dornbusch standen, der heute einfach nur ein Dornbusch war. Langsam richtete ich mich auf und ergriff den Wanderstock.

Irgendwie durchströmte mich in diesem Moment eine belebende Spannung, die meine restliche Müdigkeit vertrieb und mich in Bewegung setzte. Ich musste mich beeilen, denn Jeschua hatte ein schnelles Tempo vorgegeben und war mir schon weit voraus. Ich rief ihm zu, er solle warten. Er lächelte und sagte, ich brauchte ihm einfach nur zu folgen.

Der Weg war steinig, die Sonne brannte gnadenlos und alles sah irgendwie gleich aus: überall trockenes Gebüsch. Der harte Lehmboden ging in einen feinsandigen Untergrund über. Es war nicht so einfach, hier vorwärtszukommen. Die Sonne blendete und ich konnte meinen Freund kaum noch erkennen. Ich konzentrierte mich nur auf den nächsten Schritt. Jetzt war ich dankbar für den Wanderstock, auf den ich mich stützen konnte, der mir Halt gab, wenn meine Füße auf dem sandigen Weg ins Straucheln gerieten.

Meine Gedanken schweiften ab, und ich grübelte über die Frage nach, die der Ewig-Seiende, der „ICH BIN“, an Mose gerichtet hatte: „Was hältst du in deiner Hand?“ Sein Stab war in dieser Wüste das Einzige, worauf er sich stützen konnte.

Ich fühlte das knöchrige und raue Holz meines Wanderstocks. Sturm, Wind und Hagel hatten im Laufe der Jahre Unebenheiten auf dem Holz hinterlassen; wie kleine Narben ragten sie an den Stellen hervor, an denen kleine Äste durch die Urgewalten abgerissen waren. Plötzlich hörte ich hinter mir ein kehliges Knurren und wagte nicht, mich umzudrehen.

Im Augenwinkel sah ich einen Schatten, der sich schnell auf mich zu bewegte. Es war das lautlose Eilen eines Geparden, der mich eingeholt hatte. Nervös schlich er vor mir auf und ab, sein Blick fixierte mich und seine Zähne blitzten weiß. An seiner schmächtigen Statur sah ich, dass er keineswegs satt war, sondern vielmehr großen Hunger zu haben schien.

Vor Angst gelähmt, konnte ich keinen Schritt vorwärts tun. Mein Herz schlug so heftig – als wollte es aus meiner Brust springen. Ich hörte meinen eigenen Herzschlag in meinen Ohren rauschen und konnte kaum atmen. Jeder Atemzug schien mir der letzte zu sein. Weit und breit sah ich keinen Ausweg und verspürte schreckliche Angst, wohl wissend, dass ich diesem hungrigen Raubtier, das im Kampf ums Überleben zu allem fähig wäre, hilflos ausgeliefert war.

Ich wollte nach Jeschua rufen, aber ich brachte keinen Ton heraus. Meine Zunge klebte trocken an meinem Gaumen und mein angespannter Kiefer hielt meine Zähne fest aufeinandergepresst. Doch da hallte die Frage „Was hältst du in der Hand?" in mir nach, und ich wusste, dass dieser Stab meine einzige Chance war, lebend aus dieser Situation herauszukommen. Wenn ich jetzt nicht den Mut aufbringen würde, meinen Arm mit dem Stab zu heben, würde ich schon bald meinen letzten Atemzug getan haben und in dieser Wüste qualvoll sterben.

Die Sonne brannte. Die Luft schien vor Hitze zu vibrieren. Plötzlich sprang der Gepard auf. In einem kurzen, spannungsgeladenen Augenblick schnellte er mir entgegen. Fast gleichzeitig gewann ich meine Beweglichkeit zurück – und meine Stimme. Ich schrie wie noch nie zuvor, laut und kehlig, ein Kriegsschrei aus meinem tiefsten Inneren. Der Schrei hallte laut von dem Felsmassiv in der Ferne wider und umgab mich als vielfaches Echo. Gleichzeitig riss ich meinen Arm mit dem Stab hoch. Wie einen Speer hielt ich ihn dem Angreifer entgegen. Woher auch immer ich die Kraft nahm, der Gepard prallte tatsächlich daran ab. Trotz der Wucht des Aufpralls behielt ich mein Gleichgewicht und stieß das Raubtier zu Boden.

Noch immer schrie ich laut; vollgepumpt mit Adrenalin schwang ich meinen Stab wie ein Schwert vor mir hin und her. Dann hörte ich Jeschuas vertraute Stimme ganz nah an meiner Seite. Er hatte meinen Arm ergriffen und hielt mich einfach nur fest. Ich spürte, wie mein ganzen Körper vor Zittern bebte. Und erst jetzt registrierte ich, dass der Gepard mit eingezogenem Schwanz davonlief. Meine Muskeln verkrampften sich vor Anspannung, und der Schmerz in meinen Waden ließ mich kraftlos auf dem Wüstenboden zusammensacken. Ich war am Ende.

~~~~~~~

Mit einem Mal war ich hellwach. Diese Begegnung erschien mir so real. Ich spürte immer noch die Gefahr des Angriffs, aber auch, wie die Anspannung in meinem Körper langsam nachließ. Doch eine Mischung aus Angst, Erschöpfung und Überreizung blieb in mir.

Ich stand von meinem Stuhl auf und ging durch den Raum. War es gefährlich, ein unerfülltes Leben zu führen? Würde mich jemals ein wildes Tier an meinem Schreibtisch bei der Arbeit angreifen? Plötzlich musste ich schmunzeln. Aber dann schlich sich eine Traurigkeit ein. Hätte ich nur inneren Frieden, würde mir mein Alltag nicht falsch erscheinen. Friede war die Antwort, und es schien mir, dass ein Leben vollständiger, furchtloser Hingabe der Weg zu diesem Frieden war. In diesem Moment wünschte ich mir, ich wäre so mutig wie in der Begegnung und würde wie ein Krieger schreien. Ich wollte aus meinem „Alltag" ausbrechen in ein neues Abenteuer mit Gott und mich ihm ganz neu ausliefern. Immer wieder wollte ich alles loslassen: meine Sicherheiten, meine Träume und Pläne, denn ich wusste, dass er immer noch etwas Besseres für mich bereithielt. Das war es. Vielleicht war dieser kleine Gedanke von Gott, der mich noch einmal fragte: „Was hältst du in deiner Hand, Ella?"

Ich schnappte mir meine Bibel und las die Worte aus 2. Mose 4,2 (GNB):

„Was hast du da in deiner Hand?", fragte der Herr.
„Einen Stock", sagte Mose.
~~~~~~~

Wüstenblumen: Persönliche Schritte für dich

Definiere deinen Hirtenstab

Mose war ein Hirte, als ihm Gott am Dornbusch begegnete. Sein Hirtenstab war eine Waffe gegen Angriffe in der Wildnis; tagaus, tagein wanderte er mit diesem Stab und konnte sich darauf stützen, wenn er müde wurde. Mose musste seine eigene Antwort auf Gottes Frage finden. Als er sagte, „einen Stab", zeigte ihm Gott seinen göttlichen Plan. Der Stab wurde zu etwas Neuem. Er war nicht länger nur ein Stock. Er war Gottes Vorsorge für den Sieg. Gibt es etwas, das Gott dir in die Hand gelegt hat? Halte einen Moment lang inne und sieh dir an, was er dir bereits gegeben hat. Was sind deine Interessen, deine Fähigkeiten, was hast du bereits gelernt? Was würdest du auf seine Frage antworten: „Was hast du da in deiner Hand?"

Autorisiert

Mose wurde von dem allmächtigen Gott bevollmächtigt, sein geliebtes Volk wie eine Schafherde zu hüten. Gott gab ihm den Stab als Zeichen, falls die Israeliten nicht glauben konnten, dass Mose berufen war, sie in die Freiheit zu führen. Mit dem Stab konnte Mose die große Macht Gottes demonstrieren. In Ägypten erfüllte er die Wunder, die Gott bereits geplant und vorbereitet hatte. Mose war berufen, auf Gott zu hören und zu sehen, was der Herr bereits getan hatte. Als Moses Hirtenstab zu einer Schlange wurde, versuchte er wegzulaufen, aber der Herr sagte zu ihm: „Ergreife sie am Schwanz!" Dabei wurde die Schlange wieder zu seinem Stab.

Wenn ich an dieses Wunder denke, frage ich mich, wie auch ich diese stressigen Teile in meinem Leben anpacken könnte! Wo ist das richtige Ende, um die Angriffe abzuwehren und sie in einen Segen für andere zu verwandeln? Vielleicht würden dann die Schwere und die Müdigkeit verschwinden, genauso wie der Gepard in der Wüste verschwunden war. Am

Ende meiner vierten Begegnung wurde mein Wanderstock zu einer Waffe, die mir das Leben rettete.

Wie kannst du deine von Gott gegebene Autorität in Zeiten von Angriffen nutzen? Vielleicht kannst du die Worte aussprechen, die unser Herr Jesus den Jüngern in Lukas 10,19 (HFA) gegeben hat: *„Ich habe euch die Vollmacht gegeben, auf Schlangen und Skorpione zu treten und die Gewalt des Feindes zu brechen. Nichts wird euch schaden."*

Wunden auf dem Holz

Bei der Begegnung konnte ich die „Wunden" auf dem Holz spüren, die Sturm und Unwetter dem Baum zugefügt hatten, bevor er zum Wanderstock geworden war. Kannst du dir vorstellen, dass sich eine Wunde in etwas Hilfreiches verwandeln kann? Was hast du in den schweren Zeiten deines Lebens gelernt? Was bleibt aus dieser Zeit in deiner Hand zurück, und wie könnte es für dich oder andere nützlich sein?

Ich bete für dich, dass du siehst, was der Herr in deine Hand gelegt hat. Ich bete, dass du die Angst überwinden kannst und das Wort unseres Herrn als Waffe benutzen lernst, um gegen den Feind zu kämpfen. Werde dir bei jedem Angriff bewusst, dass Jesus den Kampf bereits für dich gewonnen hat. Er kämpft für dich und wird auch in Zukunft für dich kämpfen. Er wird dich niemals allein lassen. Er hat dir seine Autorität gegeben. Ich bete um deinen Schutz und das Bewusstsein deiner von Gott gegebenen Autorität und segne dich mit den Worten des Apostels Petrus:

> *Seid nüchtern und wacht; denn euer Widersacher, der Teufel, geht umher wie ein brüllender Löwe und sucht, wen er verschlinge. Dem widersteht, fest im Glauben, und wisst, dass ebendieselben Leiden über eure Brüder und Schwestern in der Welt kommen. Der Gott aller Gnade aber, der euch berufen hat zu seiner ewigen Herrlichkeit in Christus, der wird euch, die ihr eine kleine Zeit leidet, aufrichten, stärken, kräftigen, gründen. Ihm sei die Macht in alle Ewigkeit! Amen* (1. Petrus 5,8-11).

Tag 5

Der Brunnen – Brauchst du Hilfe in der Wüste?

Als ich am nächsten Tag aufstand, fragte ich mich: Was bedeutet es für mich, die Schlange am Schwanz zu packen? Zu Moses Zeiten war die Schlange ein Symbol der königlichen und göttlichen Macht, ein Emblem auf der Krone des Pharaos. Mose wurde vom lebendigen Gott, vom großen ICH BIN, berufen und autorisiert, nach Ägypten zurückzukehren, um sich dem Pharao, diesem falschen, selbst ernannten Gott entgegenzustellen. Ich brauche Weisheit, um diese falschen Götter in meinem Leben zu erkennen. Ich möchte lernen, dass es einen Unterschied gibt zwischen dem, wie Gott Macht ausübt, und dem, wie eine gottlose Autorität ihre Macht zur eigenen Ehre missbraucht; und ich möchte wissen, wie ich damit umgehen kann. Was ist gut, gerecht und vor Gott akzeptabel? Manchmal sind wir schnell dabei, andere zu be- oder verurteilen.

Aber was soll ich tun, wenn ich in der Wüste meines Alltags gottlose Gedanken oder Einstellungen entdecke? Gut zu wissen, dass ich alles direkt zum Herrn bringen und mit ihm darüber sprechen kann. Manchmal hilft es mir auch, mit einer engen Freundin zu sprechen und sie um Gebet oder Rat zu bitten. So kann ich die Schlange am Schwanz packen und in meiner von Gott gegebenen Autorität reagieren. Der Herr hat mir Autorität und Verantwortung für meine Gedanken und meine Worte gegeben.

Die fünfte Begegnung

Er war da und setzte sich einfach neben mich auf den staubigen Wüstenboden. Meine Anspannung ließ ein wenig nach und ich spürte nur noch den Schmerz von der intensiven Begegnung mit dem Raubtier in meinen Muskeln.

„Kleine Massage gefällig?", fragte er mit einem Lächeln. Ich sah ihn etwas entsetzt an. Wie konnte er jetzt lächeln? Ich war gerade so dem Tod von der Schippe bzw. dem Geparden vom Frühstückstisch gesprungen. Aber sein Lächeln war entwaffnend und verursachte auch in meinem Herzen ein befreiendes Lachen, das der Situation nicht ganz angemessen schien. Saßen wir doch noch immer mitten in der sengenden Sonne im Wüstensand, und er fragte mich tatsächlich, ob ich eine Massage gebrauchen könne ...

Ich wollte aufstehen, merkte aber schnell, dass meine Beine unter mir nachgaben. Ich konnte keinen Halt finden; meine Standfestigkeit war verschwunden. Im gleichen Moment bemerkte ich einen Schatten über mir, auch wenn ich nicht wusste, woher die schattenspendende Wolke plötzlich aufgetaucht war.

Den ganzen Tag hatte die Sonne gnadenlos auf uns niedergebrannt. Aber nun hatte sich am ansonsten strahlend blauen Himmel eine winzige Wolke vor die Sonne geschoben. Mein Lachen hatte ein paar Tränen auf meiner Wange hinterlassen, die ein wenig salzig schmeckten, und nun bekam ich auch noch Schluckauf. Jeschua öffnete seinen Rucksack und schob mir ein Taschentuch und eine Flasche Wasser herüber. Ich trank wie eine Verdurstende und spürte, wie das Wasser die Nachwirkungen des Gepardenangriffs wegspülte. Wasser, lebendiges Wasser. Ich weiß nicht, warum mir dieses Wasser so frisch vorkam, als käme es direkt aus einer Bergquelle geflossen. Ich genoss es und kam langsam zur Ruhe.

Mit dem Taschentuch wischte ich mir den Schweiß von der Stirn und die Tränen von meiner Wange. Aus einem Reflex, der mir im Nachhinein etwas peinlich war, gab ich ihm das tränennasse und schweißgetränkte Tuch zurück. War es doch ein weicher Leinenstoff, der seine Initialen trug! Hätte ich das Taschentuch nicht waschen sollen, bevor ich es ihm zurückgab? Aber jetzt war es zu spät, und er legte es, als ob es ihm nun besonders kostbar sei, gefaltet zurück in seinen Rucksack.

Dann zog er eine Flasche Öl heraus, goss es einfach über meine Waden und begann, meine Beine zu massieren. Auch das war mir etwas peinlich, aber es tat so gut, und ich spürte, wie neue Kraft in meine müden Glieder kam. Während er meine Beine massierte, summte er leise eine Melodie. Der Klang dieser Melodie hatte etwas Beruhigendes und weckte in mir die Assoziation einer Mutter, die ihr Baby sanft hin und her wiegt, bis es einschläft.

Um den Bezug zur Realität nicht zu verlieren, sagte ich, dass es mir schon viel besser ginge und wir unsere Wanderung fortsetzen könnten. Irgendwie war Jeschuas Blick ein wenig traurig, und ich hatte das Gefühl, mich selbst um eine weitere Wohltat betrogen zu haben. Ich bin, so scheint es, ein wenig zu stolz, um meine Schwäche auch nur einen Moment länger als nötig zu zeigen und Hilfe von anderen anzunehmen, wenn ich sie brauche.

Durch das Wasser, die Ruhe und die Massage fühlte ich mich jetzt etwas besser. Aber gerade als ich aufstand, war das „Geschenk" der schattenspendenden Wolke verschwunden und mir wurde etwas schwummerig. Ich denke, dass ich bei der Hitze des Tages auch viel zu wenig getrunken hatte. Jeschua schien zu bemerken, wie es mir ging und hielt mir meinen Wanderstock hin, auf den ich mich stützen konnte. Diesmal lief er nicht voraus, sondern passte sich meinen langsamen, schwankenden Schritten an und blieb neben mir.

Ich war echt ganz schön fertig. Ich hatte nicht einmal bemerkt, wie lange ich vor dem Gepardenangriff schon durch die Wüste gelaufen war. Es müssen Stunden gewesen sein, denn der Stand der Sonne hatte sich – ebenso wie meine Kraft – verändert. Jeschua sagte mir, dass es nicht mehr weit sei bis zu einem Brunnen, wo wir uns ausruhen könnten. Vielleicht müssten wir auch dort übernachten, denn für den Rückweg sei es heute zu spät.

„Ein Brunnen hier in der Wüste?" Es klang etwas unrealistisch, aber heute schien alles möglich. Ich lebte schließlich noch! Und tatsächlich sah ich in der Ferne zwischen ein paar Palmen einen Brunnen auftauchen. Ich konnte meinen Augen kaum trauen, die sich wieder mit Tränen füllten, Tränen der Dankbarkeit und Freude.

Als ich den Kloß in meinem Hals herunterschluckte, musste ich zugeben, dass der heutige Tag seine Spuren hinterlassen hatte. Wir hatten den Brunnenplatz erreicht und Jeschua hängte eine Hängematte für mich und eine für sich selbst zwischen den Bäumen auf. Ich konnte nur staunen, was er alles in seinen Rucksack gepackt hatte.

Ich ging zum Brunnen, um zu trinken, und bemerkte eine in Stein gemeißelte Inschrift:

„El Roi – Dies ist der Brunnen des Lebendigen, der mich sieht."[1]

Ich schöpfte frisches, kaltes Wasser aus den Tiefen des Brunnens. Zum ersten Mal an diesem Tag durchströmte mich ein wunderbarer Friede. Ich schlenderte in der untergehenden Sonne zu meiner Hängematte. Jeschua hatte ein Lagerfeuer angezündet und Fladenbrot gebacken. Mir fiel ein, dass ich heute Morgen seinen Rat vergessen und nichts zu essen mitgenommen hatte. Aber er sorgte für mich; er hatte mich nicht vergessen. Unterwegs, als ich in Todesgefahr war, war er einfach da, an meiner Seite. Er hatte sich zu mir in den Staub gesetzt, mich mit Wasser versorgt und Öl auf meine müden Beine gegossen. Er hatte meine Tränen gesehen, meinen Angstschweiß gerochen und hatte sich nicht abgewandt.

Als ich noch einen Bissen von dem fertigen Fladenbrot nahm, sah ich ihn an und sagte: „Danke, danke, dass du da bist."

Er nickte mir nur zu und sagte: „Gern geschehen."

Dann ließ ich mich in meine Hängematte sinken und schaute in den Sternenhimmel. So viele unzählige Sterne glitzerten über mir. Ich war hier an einem Ort namens El Roi. Genau das hatte ich erlebt: Ich wusste mich von Gott gesehen.

~~~~~~~

Meine Unruhe hatte sich verändert. Frieden breitete sich in meinem Herzen aus. El Roi, der allmächtige Gott, sieht mich. Er kennt mich so gut. Ich musste in meinem Leben so viel erkämpfen, dass ich oft vergesse, dass es an der Zeit ist, damit aufzuhören.

---

[1] Vgl. 1. Mose 16,13-14.
~~~~~~~

Wüstenblumen: Persönliche Schritte für dich

Beende den Kampf und ruh dich eine Weile aus!

Manchmal denke ich immer noch, ich müsse alles alleine schaffen. Vielleicht sind das gottlose Gedanken, denn ehrlich gesagt kann ich nichts alleine tun. Auch hier darf ich umkehren und diese Schlange der Unabhängigkeit am Schwanz packen und sie zu Gott und manchmal vielleicht auch zu anderen bringen und um Hilfe bitten.

Es gab viele Momente in meinem Leben, in denen mir klar wurde, dass meine Hände leer waren – kein Hirtenstab, nichts –, nur meine Kapitulation. Das fühlt sich am Anfang nicht gut an, aber am Ende ist es wahre Freiheit. Gott sieht mich und dich in diesem Moment der Hingabe. Er wacht über uns auf dem Weg und lädt uns ein, Ruhe zu finden.

> *Und sie nannte den Namen des HERRN, der mit ihr redete: Du bist ein Gott, der mich sieht. Denn sie sprach: Gewiss hab ich hier hinter dem hergesehen, der mich angesehen hat. Darum nannte man den Brunnen: Brunnen des Lebendigen, der mich sieht. Er liegt zwischen Kadesch und Bered* (1. Mose 16,13-14).

Es gibt einen Brunnen in der Wüste

Dieser Ort wurde etwa vierhundert Jahre vor Mose erwähnt, weit zurück in der Zeit Abrahams. Auch Hagar, die Magd von Abrahams Frau Sarah, kämpfte mit ihrem Alltag. Frustriert floh sie in die Wüste, aber der Herr suchte sie und führte sie zu einer Wasserquelle. Er stellte ihr zwei Fragen: Woher kommst du, und wohin willst du gehen? Sie musste die Antwort selbst finden: Ich laufe weg.

Aber danach gab ihr der Engel des Herrn die Anweisung, nicht mehr wegzulaufen und zurückzugehen, und er segnete sie und sagte ihr, sie solle ihren Sohn „Ismael" nennen, was bedeutet: „Gott hat gehört"[2]; denn der Herr hatte ihren Hilferuf gehört. Diese Begegnung in der Wildnis veränderte Hagar. Sie erkannte, dass Gott sie wirklich sieht; und diese Erkenntnis ermöglichte es ihr, genau wie Mose, in ihre schwierige Situation zurückzukehren.

Wenn ich in meinen Alltag zurückkehre, nachdem ich Zeit mit Gott verbracht habe, gehe ich hoffentlich verändert zurück, weil ich weiß, dass der lebendige Gott mich sieht. Bevor ich zurückgehe, muss ich dieselben Fragen beantworten wie Hagar. Wie würdest du dem Herrn antworten, wenn er dich fragt: Wo kommst du her, und wo willst du hin?

Gesehen

Ich bete, dass du, was auch immer du gerade durchlebst, weißt, dass du von Gott gesehen wirst. Ich bete, dass du das erhältst, was er für dich vorbereitet hat. Möge er dich dort stärken und segnen, wo du gerade jetzt bist. Du bist nicht allein. Er kümmert sich um dich. Er wird bei dir sein. Möge er dich an einen Ort führen, an dem du Ruhe und Erfrischung für deinen Körper und deine Seele findest.

Ich segne dich mit den Worten Jesu aus Matthäus 11,28 (TPT):

> *Bist du müde und trägst eine schwere Last? Dann komm zu mir. Ich werde dein Leben erfrischen, denn ich bin deine Oase.*

[2] Vgl. 1. Mose 16,11.

Tag 6

Wirbelwind – Negative Gefühle überwinden

Gestern habe ich über die Fragen „Wo komme ich her und wo will ich hin?“ nachgedacht. Ich habe alle Jobs aufgeschrieben, die ich bisher hatte und was ich in diesen Jobs gelernt habe. Zum Beispiel habe ich vor einigen Jahren als Gehilfin bei Vermessungsarbeiten gelernt, Grenzsteine zu setzen. Es war ein harter Job, aber die Erinnerung an das, was ich gelernt habe, ist geblieben. Der Vermessungstechniker sagte uns, wo genau wir die Grenzsteine platzieren sollten. Wie leicht oder schwer der große Stein in den Boden ging, hing zum einen vom Boden, und zum anderen von meiner Technik ab, mit dem Hammer darauf zu schlagen, ohne zu viel Kraft zu verlieren. In meinen ersten Tagen im Job wurde ich belächelt, weil ich zu schwach war, um den großen Hammer zu halten. Aber nach einer Weile habe ich gelernt, den richtigen Schwung auszunutzen.

Viel von dem, was ich dort gelernt habe, könnte ich mit meiner Lebensreise vergleichen. Ich erinnere mich noch genau an die Bilder, wie man Grenzsteine in den Boden setzt. Dieser Job ist längst vorbei, aber ich nutze die Lektionen daraus immer noch in meinem täglichen Leben. Ich muss mir oft überlegen, wo ich als Grenzstein ein festes „NEIN“ setzen soll. Bei jedem kleinen Job, den ich gemacht habe, habe ich etwas Wertvolles gelernt, und es kommt immer noch so viel dazu.

Die andere Frage war: Wo will ich hin? Als Antwort habe ich meinen Traum aufgeschrieben, wo ich in zehn Jahren sein möchte. Ich dachte über den Weg zu diesem Ziel nach und brachte es als Gebet zu Gott. Er zeigte mir, was ich auf dem Weg dahin lernen kann und welche Früchte er in mir wachsen lassen möchte.

Ich las über die Frucht des Geistes aus Galater 5,22-23:

Der Geist Gottes dagegen lässt als Frucht eine Fülle von Gutem wachsen, nämlich: Liebe, Freude und Frieden, Geduld, Freundlichkeit und Güte, Treue, Bescheidenheit und Selbstbeherrschung. Gegen all dies hat das Gesetz nichts einzuwenden (GNB).

Als ich den Herrn bat, diese Früchte in mir wachsen zu lassen, spürte ich, wie er mich zurück in die nächste Begegnung zog.

Die sechste Begegnung

Stille umgab mich. Die Kälte der Wüstennacht wich langsam einer frischen Morgenbrise, die mich sanft in meiner Hängematte hin und her schaukeln ließ. Ich hoffte nur, dass es keinen Sandsturm geben würde. Die Sonne ging auf und stand goldgelb am Horizont. Also wollte ich auch aufstehen, ein Feuer machen und Jeschua ein frisches, heißes Getränk zubereiten. Es schien, als würde er immer noch in seiner Hängematte schlafen. Ich reckte und streckte mich und bemerkte einen leichten Muskelkater in meinen Gliedern.

Dann ging ich zum Brunnen und wusch mein Gesicht. Im Morgenlicht sah ich mein Spiegelbild auf der Wasseroberfläche, und eigentlich gefiel mir nicht, was ich sah. Dann suchte ich Brennholz. Trockene Sträucher, die der sanfte Wind durch die Wüste vor sich hertrug, gab es hier reichlich. Ich musste mich nur bücken und aufheben, was er mir vor die Füße legte. Mit Ästen beladen kehrte ich zu unserem Lagerplatz zurück und war sichtbar enttäuscht, als ich Jeschua vor dem bereits flackernden Feuer sitzen sah. Ich wollte doch etwas für IHN tun, ihn überraschen und ihm etwas geben. Als ob er meine Gedanken schon kennen würde, bot er mir eine heiße Tasse Tee an.

Der heiße Wasserdampf hing noch in der Luft, als er mich einlud, neben ihm am Feuer zu sitzen. Er meinte, die Wärme würde uns beiden wohltun und er habe mir einiges zu sagen.

Die Nacht war tatsächlich überraschend kalt gewesen. Ich ließ meine gesammelten Werke ein wenig trotzig vor seine Füßen fallen und streckte meine Hände nach dem wärmenden Feuer aus. Als er mir immer noch mit ausgestrecktem Arm die dampfende Tasse hinhielt, nahm ich sie schließlich doch dankbar aus seiner Hand. Seine Freundlichkeit brachte mich ein wenig in Verlegenheit, weil ich bisher nichts zu geben gehabt hatte. Immer noch ein wenig mürrisch drückte ich genau dieses Gefühl aus.

Wie oft hatte ich meine Gedanken und Gefühle für mich behalten, und es grummelte in mir, bis ich wie ein Vulkan mit glühender Lava explodierte? Lava, die nur anderen schadete und mich keineswegs glücklicher machte, auch wenn ich Recht hatte.

So hatte ich meinen Mut zusammengenommen und es einfach ausgesprochen, dass ich mich wertlos fühlte, wenn ich nichts zu geben hätte und nichts leisten konnte. Geben ist seliger als Nehmen, aber wenn er mir keine Chance dazu gab ...? Meine Gedanken purzelten aus mir heraus, völlig unsortiert, zusammen mit den verbundenen Gefühlen von Wut und Scham und einer Spur von Selbstgerechtigkeit. Schweigend hörte er mir zu.

Ich wollte bei dieser Wüstenreise doch nur alles irgendwie richtig machen. Jeschua runzelte leicht die Stirn und sagte mir, dass er mich und meine Gefühle verstehe, aber dass ich noch eine Weile in meiner Hängematte hätte bleiben können. Er erklärte mir, wie wichtig es für mich sei, mich zu erholen und auszuruhen, besonders nach dem gestrigen Erlebnis.

Dann sah er sich um und zeigte auf einen Stapel Gestrüpp, das der Wind zusammengetragen hatte. Ich hätte wirklich nichts tun müssen. Jetzt war ich ehrlich frustriert. Alles umsonst: früh aufstehen, Holz sammeln – alle meine Versuche, etwas Wertvolles zu leisten, waren gescheitert. Dieses Gefühl war schwer zu ertragen: alles umsonst ...

Er schüttelte den Kopf und sah mich liebevoll an. Er erklärte mir, ich könne lernen, meine Kräfte ein bisschen besser einzuteilen, und diese Wüstenreise könne mir helfen, nicht auf meine Stärke oder meinen Verstand, sondern auf seine Kraft zu vertrauen.[1] Er lud mich ein, mit ihm zu arbeiten – wir beide zusammen –, aber ich verstand nicht, was er meinte. Es schien mir, dass er meine Hilfe gar nicht wollte. Ich fühlte mich völlig leer, niedergeschlagen, nichtsnutzig. Und langsam wurde ich wütend: „Dir kann man nichts recht machen.

[1] Vgl. Sprüche 3,5.

Ich könnte auch dem Hirten mit seinen Schafen helfen; er würde meine Hilfe vielleicht zu schätzen wissen."

Ich war genervt und brauchte Abstand. Dann stand ich einfach auf und ging erhobenen Hauptes in die Wüste. Es war mir egal, was er in diesem Moment dachte. Ich brauchte einfach nur meine Ruhe. Ich war wütend, meine Schritte wurden immer schneller und ich begann zu rennen, bis schließlich die Wut in mir ein wenig nachließ.

Aber warum war ich so wütend? Hatte es wirklich etwas mit meinem Freund zu tun? Oder kam die Wut, die Enttäuschung nicht von irgendwo ganz tief in mir? Hatte ich heute Morgen nicht das wahre Problem gespürt, als das Brunnenwasser meinen säuerlichen Gesichtsausdruck widerspiegelte? Ja, es schien eher ein Herzensproblem, ein Selbstwertproblem zu sein.

Ich war inzwischen eine beträchtliche Strecke davongelaufen, aber ich hatte weder den Hirten noch ein einziges Schaf getroffen – stattdessen hatte ich die Orientierung verloren. Hier sah alles irgendwie gleich aus; nur der Wind hatte zugenommen. Wohin ich auch blickte, sah ich kleine „Windwirbel" durch die Wüste tanzen, wie einzelne Strudel, die mich nur noch weiter nach unten ziehen wollten. Innerlich kannte ich den Namen dieser Strudel: Selbstmitleid.

Der innere Wirbelsturm hatte schon mit dem Wunsch begonnen, Jeschua zu helfen. Aber jetzt war ich am Boden dieses Strudels gefangen und alles drehte sich um mich. Langsam wurde mir klar, dass diese Erkenntnis nur möglich war, weil er etwas anderes, etwas viel Besseres für mich wollte. Er wollte meine Denkweise herausfordern. Wenn ich in der Lage gewesen wäre, ihm zu helfen – so wie ich dachte, dass er Hilfe brauchte – wäre ich jetzt trotzdem in diesem Wirbelsturm, in dessen Zentrum ich mich gerade befand, aber nicht in ihm, in seiner Gegenwart. Langsam fing ich an zu verstehen, und jetzt wollte ich mit ihm darüber reden. Er hatte ja auch mit mir reden wollen, aber jetzt stand ich mitten in der Wüste und brauchte wieder einmal seine Hilfe.

Zu Beginn unserer Reise hatte er mir einmal gesagt: „Rufe mich in deiner Not, und ich werde dich retten." Warum hatte ich nicht gleich daran gedacht? Also rief ich immer wieder seinen Namen: „Jeschua, hilf mir!"

Plötzlich hatte ich das Gefühl, nicht mehr allein in der Wüste zu sein. Obwohl ich noch wenige Augenblicke zuvor völlig in meinen dunklen Gedanken versunken war, sah ich ihn in der Ferne auf mich zukommen.

Endlich war ich nicht mehr allein. Ja, mit den eigenen Gedanken und Gefühlen allein in der Wüste zu sein, kann ziemlich beängstigend sein. Jeschua streckte seine Hand nach mir aus und zog mich hoch, dabei sagte er nur: „Shalom." Frieden. Ja, Frieden, das wollte ich auch und umarmte ihn spontan.

Schweigend gingen wir nebeneinanderher. Plötzlich stieß er mir in die Seite und sagte liebevoll: „Ich weiß doch, du hast es gut gemeint. Und ich habe mich auch darüber gefreut, was du für mich tun wolltest; aber heute Morgen wollte ich nur mit dir am Lagerfeuer sitzen und sehen, wie die Sonne aufgeht, und dir sagen, wie wertvoll du bist – einfach so, ohne dass du etwas tust."

Dann hatten wir unser Ziel auch schon erreicht. Wir verbrachten diese Nacht wieder am Brunnen, der als *El Roi* bekannt ist – der Ort, „an dem Gott mich sieht", an dem er mein ganzes Herz sieht.

~~~~~~~

Wieder saß ich in meinem roten Sessel. Ich hatte den Eindruck, dass der Herr mir durch dieses neue kleine Abenteuer etwas Besonderes zeigen wollte.
~~~~~~~

Wüstenblumen: Persönliche Schritte für dich

Versuche ich, anderen zu gefallen?

Ich habe oft versucht, Menschen zu gefallen, sei es meinen Kollegen, meiner Familie oder meinen Freunden. Manchmal habe ich sogar versucht, Gott zu gefallen. Es gibt immer noch viele Dinge, die ich aus eigener Kraft tue, anstatt bei Jesus zu sitzen und einfach Ruhe in ihm zu finden. Bei meiner Begegnung war mir nicht klar, dass es nicht nötig war, morgens Brennholz zu sammeln. An manchen Tagen würde es zwar erforderlich sein, etwas zu tun, aber nicht an diesem bestimmten Tag.

Der Herr wollte, dass ich mich nach dem vorausgegangenen Angriff des Gepards ausruhe. In meinem Alltag musste ich lernen, mich selbst zu lieben, so, wie ich bin, und für das, was ich bin. Wie sollte ich jemand anderen lieben können, wenn ich mich selbst nicht liebte? Wenn ich mich zuerst um meine Bedürfnisse kümmere und die Gegenwart des Herrn suche, wird er mich mit seiner Liebe erfüllen und mich wieder stärken; erst danach kann ich „nützlich" sein und erkennen, wie und wozu er mich gebrauchen will.

Lerne „NEIN" zu sagen!

Ich musste lernen, zu diesen alten Früchten der Selbstgerechtigkeit und des Handelns aus eigener Kraft NEIN zu sagen. Ich musste NEIN sagen zu diesem religiösen Geist, der versucht, Gott und anderen zu gefallen. NEIN sagen zu mieser Laune, Vorwürfen und Selbstmitleid. Es ist gefährlich, diese kleinen Gedankenspiralen, wie Selbstmitleid oder Schuldzuweisung gegen andere Menschen oder sogar gegen Gott, zuzulassen. Ich möchte lernen, mir dieser kleinen „Windstrudel" bewusst zu werden und rechtzeitig zu erkennen, was versucht mich runterzuziehen. Wenn ich es erkenne, kann ich den Herrn anrufen! Hast du vielleicht schon einmal etwas Ähnliches erlebt?

Gott sieht mich, mein ganzes Herz und deins. Er ist da, mit seiner aufrichtenden Kraft. Er weiß genau, wo wir uns auf unserer Reise befinden, und mit bedingungsloser Liebe ist er immer bereit, uns aus Schwierigkeiten herauszuziehen.

Manchmal kann man nichts leisten

Es gab eine Zeit in meinem Leben, in der ich mich aus gesundheitlichen Gründen so erschöpft und schwach fühlte, dass ich nicht arbeiten konnte. Diese Zeit war hart. Ich fühlte mich nutz- und wertlos, weil ich nicht produktiv war. In unserer Leistungsgesellschaft ist der Anspruch an Leistung sehr hoch. Es war ein langer Prozess, herauszufinden, was der Herr mit mir, mit meiner kleinen Kraft, die er mir gegeben hat, vorhat. Manchmal kämpfe ich immer noch mit seiner Einladung, Ruhe zu finden.

Kennst du solche Erfahrungen auch? Ich bete, dass du hören kannst, wie er dir sagt, wie wertvoll du bist – so wie du bist, ohne etwas zu leisten.

Tag 7

Wüstensturm – Stürme des Lebens überwinden

Manchmal ändert sich das Leben von einem Tag auf den anderen, wie das Wetter. Ein plötzlicher Tod, eine Krankheit, der Verlust des Arbeitsplatzes oder andere Stürme können unser Leben völlig unerwartet treffen. Plötzlich ist alles anders. Ich habe diese Erfahrung gemacht, als ich in meinem erlernten Beruf nicht mehr arbeiten konnte. Eine Krankheit brachte das Ende meiner Karriere. Ich versuchte, stark zu sein, aber ich konnte den Stürmen, die um mich herum tobten, nicht mehr standhalten. Mein Sturm riss mich nieder. Ich habe über Jahre mit diesem Verlust gekämpft. Für mich war es nicht nur der Verlust eines Arbeitsplatzes; es war ein Verlust meiner Identität.

Während ich über meinen Verlust nachdachte, erinnerte mich der Herr an den Tag, an dem ich meine Arbeitskleidung, meine Uniform, ablegen musste. Mit Tränen in den Augen musste ich jedes Stück loslassen und fühlte mich dadurch noch schwächer und verletzlicher. Der letzte Rest meiner Kraft war dahin. In meinen leeren Händen war nichts mehr. Wer war ich ohne diesen Job? Ich spüre noch heute die Traurigkeit von damals. Mit dieser Erinnerung schaute ich aus dem Fenster und beobachtete, wie der Himmel dunkler wurde. Donner grollte. Und plötzlich war ich wieder in der Wildnis.

Die siebte Begegnung

Etwas hatte sich über Nacht verändert – in mir und an diesem Ort. Was gestern noch ein sanftes Schaukeln war, war heute ein Ziehen und Zerren an meiner Hängematte und an meinen Nerven. Vor lauter Unruhe hatte ich kaum geschlafen. Die Sonne war noch nicht einmal aufgegangen, aber Jeschua stieß mich bereits an: *„Wach auf, wach auf, zieh an deine Stärke!“*[1]

Was sollte das denn jetzt? Gestern sollte ich ausschlafen und den Tag ganz entspannt angehen, aber heute weckte er mich noch vor dem Morgengrauen! Ich fühlte mich erschöpft und versuchte, meine verklebten Augen zu öffnen. Jeschua stand vor mir, diesmal ohne dampfende Tasse, und es brannte auch kein Feuer. Er sah besorgt aus und trieb mich zur Eile an. Es war auch keine Sonne zu sehen, obwohl es nicht mehr Nacht war. Irgendwie war es, als läge ein grauer Schleier in der Luft. Ein unbarmherziger Wind blies mir die feinen Sandkörner ins Gesicht, sodass ich husten musste. Na, der Tag fing ja wirklich großartig an.

Ich sprang aus meiner Hängematte und bemerkte, dass Jeschua bereits alles eingepackt hatte. Und schon machten wir uns auf den Weg. Ich war eigentlich noch gar nicht richtig wach und spürte wie ich all meine Kraft aufbringen musste, um gegen den stärker werdenden Wind anzukämpfen. Wo gestern kleine Windwirbel gewesen waren, hatte sich über Nacht ein Wüstensturm zusammengebraut. Jeschua blieb stehen und sah mir ernst in die Augen. Was er mir nun sagen werde, sei heute überlebenswichtig für mich. Wir hatten ein klares Ziel heute: zurück zum Berg Horeb. Dort gebe es eine Höhle, in der wir Schutz vor dem Sturm finden würden.

Der Weg dorthin werde allerdings einige Zeit in Anspruch nehmen, teilte er mir mit. Er nahm ein weißes Tuch aus seinem Rucksack, legte es mir um den Kopf und sagte: *„Ich kleide dich mit Stärke. Meine Kraft ist in den Schwachen mächtig.“*[2]

Ich verstand nicht ganz, doch ahnte ich, dass der Stoff den Staub und den körnigen Sand, der meine Haut bereits wie unzählige Nadelstiche gerötet hatte, von meinem Gesicht fernhalten würde.

„Versuche, nur durch den Stoff zu atmen. Atme langsam ein und aus, sonst kommt zu viel Sand in deine Lunge“, erklärte er.

„Okay, und was noch?“, fragte ich.

---

[1] Vgl. Jesaja 52,1.

[2] Vgl. 2. Korinther 12,9.

„Bleib ganz dicht hinter mir! Ich kenne den Weg; du musst mir nur folgen!"

Und schon waren wir wieder unterwegs. Der Himmel war grau, als wäre es schon Abend. Der Wind nahm zu, und es fiel mir schwer, meine Augen offen zu halten, so sehr stachen die Sandkörner wie Insekten auf mich ein. Immer wieder musste ich anhalten und mir die Augen reiben, mich kurz nach vorne beugen und durchatmen. Das Tempo, das Jeschua vorgab, war ziemlich hoch, und ich hatte Probleme, ihm zu folgen und ihn zu sehen. Aber dann hörte ich seine Stimme; er sang mit seiner lauten Baritonstimme ein Lied. Es klang wie ein Siegeslied, bedeutungsvoll und sehr melodisch. Er sang für mich, damit ich ihm folgen konnte.

Ich versuchte, nicht auf meine müden Beine zu achten, sondern in seiner Nähe zu bleiben. Als ich ganz nah hinter ihm war, spürte ich, dass es leichter wurde, weil ich in seinem Windschatten gehen konnte – der Wind traf mit seiner vollen Wucht nicht mehr mich, sondern ihn, und die scharfen Sandkörner prallten an ihm ab und drangen nicht mehr zu mir durch.

Er ertrug den Schmerz, ohne zusammenzuzucken. Er ging vor mir her – sein Siegeslied singend – durch den Sturm, durch den Schmerz, damit ich verschont bliebe. Trotzdem war es auch für mich noch anstrengend, im Sturm unterwegs zu sein, und nur mit letzter Kraft kam ich in seinem Windschatten in der Höhle am Berg Horeb an. Aber jetzt verstand ich, was er meinte – dass ich in meiner Schwäche auf seine Stärke vertrauen sollte. Es war lebenswichtig gewesen, ihm dicht zu folgen, denn er hatte mich sicher ans Ziel gebracht.

Wir ließen uns beide einfach auf den Boden der Höhle fallen und ruhten uns ein wenig aus. Heute dürfe ich gerne das Feuer machen und mich ums Essen kümmern, sagte Jeschua müde. Bevor ich antworten konnte, war er bereits eingeschlafen. Wieder einmal war ich überwältigt von dem, was er heute für mich getan hatte. Ich weiß, dass ich ohne ihn nie hier angekommen wäre, und wenn mich gestern, als ich allein losgezogen war, so ein Sturm getroffen hätte, läge ich nun unter dem Wüstenstaub begraben.

Ich beeilte mich, in der Höhle nach trockenen Ästen zu suchen, und schaffte es nach einer Weile, ein angenehm wärmendes Feuer für uns zu entfachen. Dann nahm ich seinen Rucksack, um nach etwas Essbarem zu suchen, und stieß dabei auf die Flasche mit dem Öl. Ich hielt sie einen Augenblick in meinen Händen, als mir eine Idee kam. Mutig öffnete ich die Flasche und roch daran. Es roch nach Fichtennadeln und etwas sehr Kostbarem. Dann nahm ich ein paar Tropfen und rieb sie einfach auf seine wunden Wangen, seine zersprungene Haut und seine gerötete Stirn – wie Balsam auf seine Wunden.

Er öffnete kurz seine Augen und sagte müde: „Danke", bevor er wieder einschlief. Irgendwie war dieser Moment kostbar, heilig. Stille umgab mich und ich fühlte einen tiefen Frieden in mir. Von diesem Frieden erfüllt, begann ich, vor mich hin summend, etwas zu essen zuzubereiten, Stockbrot von einem Rest Teig aus dem wundersamen Rucksack, und etwas Warmes zu trinken. Beides brachte ich zu Jeschua, als er sich wieder regte.

Ich hatte unsere Matten am Feuer ausgebreitet, wir saßen da und schauten schweigend in die Flammen. Heute brauchten wir keine Worte mehr. Das, was er für mich getan hatte, würde in meinem Herzen bleiben. Hoffentlich würde ich es nicht vergessen, wenn wieder ein Sturm in meinem Leben aufkommen würde.

Als wir dort saßen, unsere Beine zum Feuer ausgestreckt, den Blick in den Flammen verlierend, sagte er doch noch etwas zu mir: „Morgen werden wir einen ruhigen Tag verbringen. Einfach mal entspannen, abschalten, keine Abenteuer, keine Eile – nur Ruhe."

In dieser gemütlichen Kaminfeueratmosphäre klang das Wort „Ruhe" gar nicht so schlecht, und ich ließ mich vom Schlaf überwältigen.

~~~~~~~

So führte mich mein Freund durch die Stürme meines Lebens. Ich musste lernen, meine eigene Kraft loszulassen und dem Herrn in meiner Schwäche zu vertrauen. Oft, wenn ein Sturm aufzieht, bin ich zuerst verwirrt. Ich möchte stark sein ... Aber was ist wirkliche Stärke?

Der Apostel Paulus sagte: *„Wenn ich schwach bin, bin ich stark."*[3] Er wollte nicht, dass andere aufgrund der Offenbarung,

[3] Vgl. 2. Korinther 12,10b.
~~~~~~~

die er erhielt, mehr von ihm denken. Seine Schwäche war das, worauf er stolz war, weil der Herr Jesus durch seine Schwäche geleuchtet hat.

Für mich war es ein langer Weg, und ich bin immer noch nicht fertig damit, mit meiner Schwäche zu ringen. Wie heißt dein Sturm? War es ein Verlust? Mit welchen schwierigen Zeiten siehst du dich jetzt gerade oder warst du in der Vergangenheit konfrontiert?

Wüstenblumen: Persönliche Schritte für dich

„Wach auf, wach auf, kleide dich mit Stärke!"

Dieser erste Ruf, mich mit Stärke zu kleiden, war für mich schwer zu verstehen gewesen. Es dauerte so lange, bis ich erkannte, dass Gott nicht meine eigene Kraft meinte. Ich war von starken und gesunden Menschen umgeben, aber der Herr sagte mir, dass meine Schwachheit ausreicht. Ich muss nicht stark sein. Er kennt meine Schwäche. Er weiß, woher ich komme und was ich durchgemacht habe.

Und er kennt dich und möchte dich aufwecken und dich mit seiner Kraft bekleiden. Seine Stärke ist so anders als unsere. Seine Macht wurde am Kreuz erfüllt, als er sein Leben für uns gab. Und auch, als sich das Grab öffnete und er vom Tod auferstand. In seinem Leiden und seiner Auferstehung liegt die Kraft, die er uns geben will. Er will mit seiner Kraft in unserer Schwachheit leben.

Das ist meine Stärke geworden, seit dem Tag, an dem ich mein Leben Jesus übergab, und später, als ich meine Uniform ablegte. Und sie wird es wieder sein, morgen, wenn ein weiterer Sturm mein Leben erschüttern mag. Die Wahrheit ist: Nicht mehr ich lebe – sondern Christus lebt in mir. Es dreht sich alles um ihn.

Wie fühlst du dich? Stark oder schwach? Der Herr möchte dich aufwecken und mit Stärke kleiden – mit seiner Kraft. Mein Gebet ist, dass wir jede Scham, verwundbar zu sein, ablegen. Lasst uns den allmächtigen Gott für das verherrlichen, was er bereits für uns getan hat.

„Bleib bei mir! Ich kenne den Weg; du musst mir nur folgen!"

Bei der Begegnung sah ich mich selbst hinter dem Herrn hergehen. Je näher ich hinter ihm ging, desto mehr spürte ich seinen Schutz. Als ich in meinem alten Beruf nicht mehr arbeiten konnte, kam es mir vor, als würde ich in ein dunkles Loch fallen. Ich hatte die Richtung in meinem Leben verloren. In meiner Schwäche wurde mir jeder Tag zur Last. In meinem Leiden musste ich lernen, alles loslassen. Doch sein Leiden wurde mir zum Trost. Mir wurde neu bewusst, dass nur er wusste, wie ich mich fühlte. Er trug mich durch. Meine Wunden wurden seine, und als ich ihn am Kreuz sterben sah, erkannte ich, dass seine Liebe mein Leiden durchdrang.

Wo auch immer du gerade stehst, was auch immer du durchgemacht hast, da ist jemand, der dich vollständig versteht: Jesus Christus. Er wird dich niemals fallen lassen. Vertraue ihm und bleibe nahe bei ihm. Ich bete, dass wir ihn hören, wie er sein Siegeslied über uns singt. Er ist auferstanden. Er ist der auferstandene König, der im Himmel regiert, wo weder Schmerz noch Tränen sein werden.[4] Ich bete, dass du seinen Trost in dem Lied des Einen spürst, der allen Schmerz, den Tod und jedes Leiden überwunden hat.

Das Öl

Als ich diesen Teil der Begegnung mit dem Öl schrieb, fragte ich den Herrn zuerst um seine Erlaubnis. Es hat mich tief berührt, bei dieser Begegnung dieses besondere Öl auf seine Wunden zu gießen. Wenn ich mir vor Augen halte, was er am

---

[4] Vgl. Offenbarung 21,4.

Kreuz für mich getan hat, wenn ich mir seine Wunden vorstelle und dass ich seinen Körper berühre, der für mich gelitten hat, kann ich wieder diese Heiligkeit spüren.

Es gibt ähnliche Begegnungen in der Bibel, die mich inspiriert haben. Da ist zum Beispiel die Frau, die dieses wertvolle und teure Öl ausgoss, bevor Jesus gekreuzigt wurde; sie war voller Liebe zu ihrem Erlöser.[5] Ich möchte meine Liebe zu ihm in meinem täglichen Leben immer wieder neu ausgießen. Ich will nie vergessen, was er für mich getan hat. Ich will nicht zurückhalten, was mir wichtig und kostbar ist. Alles gehört ihm – meine Vergangenheit, meine Gegenwart und meine Zukunft.

Wie fühlst du dich, wenn du dir vorstellst, dein kostbarstes Öl auf seine Wunden zu gießen? Gibt es etwas, das du bisher zurückgehalten hast und ihm heute geben möchtest? Du musst nicht! Schütte nur aus, was dir auf dem Herzen liegt! Er weiß es bereits; er kennt dein ganzes Herz, und er liebt dich so sehr!

[5] Vgl. Johannes 12,3

Woche 2

Der Herr hat ein Lamm vorbereitet, um dich aus der Gefangenschaft zu führen

Die Einsetzung des Passafestes

Der HERR aber sprach zu Mose und Aaron in Ägyptenland: Dieser Monat soll bei euch der erste Monat sein, und von ihm an sollt ihr die Monate des Jahres zählen. Sagt der ganzen Gemeinde Israel: Am zehnten Tage dieses Monats nehme jeder Hausvater ein Lamm, je ein Lamm für ein Haus. Wenn aber in einem Hause für ein Lamm zu wenige sind, so nehme er's mit seinem Nachbarn, der seinem Hause am nächsten wohnt, bis es so viele sind, dass sie das Lamm aufessen können. Ihr sollt aber ein solches Lamm nehmen, an dem kein Fehler ist, ein männliches Tier, ein Jahr alt. Von den Schafen und Ziegen sollt ihr's nehmen und sollt es verwahren bis zum vierzehnten Tag des Monats. Da soll es die ganze Versammlung der Gemeinde Israel schlachten gegen Abend.

Und sie sollen von seinem Blut nehmen und beide Pfosten an der Tür und den Türsturz damit bestreichen an den Häusern, in denen sie's essen, und sollen das Fleisch essen in derselben Nacht, am Feuer gebraten, und ungesäuertes Brot dazu und sollen es mit bitteren Kräutern essen. Ihr sollt es weder roh essen noch mit Wasser gekocht, sondern am Feuer gebraten mit Kopf, Schenkeln und inneren Teilen. Und ihr sollt nichts davon übrig lassen bis zum Morgen;

wenn aber etwas übrig bleibt bis zum Morgen, sollt ihr's mit Feuer verbrennen.
So sollt ihr's aber essen: Um eure Lenden sollt ihr gegürtet sein und eure Schuhe an euren Füßen haben und den Stab in der Hand und sollt es in Eile essen; es ist des HERRN Passa. Denn ich will in derselben Nacht durch Ägyptenland gehen und alle Erstgeburt schlagen in Ägyptenland unter Mensch und Vieh und will Strafgericht halten über alle Götter der Ägypter. Ich bin der HERR. Dann aber soll das Blut euer Zeichen sein an den Häusern, in denen ihr seid: Wo ich das Blut sehe, will ich an euch vorübergehen, und die Plage soll euch nicht widerfahren, die das Verderben bringt, wenn ich Ägyptenland schlage (2. Mose 12,1-13).

Der Tod der Erstgeburt

Und zur Mitternacht schlug der HERR alle Erstgeburt in Ägyptenland vom ersten Sohn des Pharao an, der auf seinem Thron saß, bis zum ersten Sohn des Gefangenen im Gefängnis und alle Erstgeburt des Viehs. Da stand der Pharao auf in derselben Nacht und alle seine Großen und alle Ägypter, und es ward ein großes Geschrei in Ägypten; denn es war kein Haus, in dem nicht ein Toter war.
Und er ließ Mose und Aaron rufen in der Nacht und sprach: Macht euch auf und zieht weg aus meinem Volk, ihr und die Israeliten. Geht hin und dient dem HERRN, wie ihr gesagt habt. Nehmt auch mit euch eure Schafe und Rinder, wie ihr gesagt habt. Geht hin und bittet auch um Segen für mich (2. Mose 12,29-32).

Der Aufbruch Israels

Und die Ägypter drängten das Volk und trieben es eilends aus dem Lande; denn sie sprachen: Wir sind alle des Todes.
Und das Volk trug den rohen Teig, ehe er durchsäuert war, ihre Backschüsseln in ihre Mäntel gewickelt, auf ihren Schultern.

Und die Israeliten hatten getan, wie Mose gesagt hatte, und hatten sich von den Ägyptern silberne und goldene Gefäße und Kleider geben lassen. Dazu hatte der HERR dem Volk Gunst verschafft bei den Ägyptern, dass sie ihnen willfährig waren, und so nahmen sie es den Ägyptern weg.
Also zogen die Israeliten aus von Ramses nach Sukkot, sechshunderttausend Mann zu Fuß ohne die Frauen und Kinder. Und es zog auch mit ihnen viel fremdes Volk, dazu Schafe und Rinder, sehr viel Vieh (2. Mose 12,33-38).

Tag 8

Hängemattenort – Lass dich nicht aus der Ruhe bringen!

In der vergangenen Nacht hatte ich wieder zu wenig geschlafen. Ein Gewitter hatte mich wachgehalten. Als ich morgens aufstand, fühlte ich mich erschöpft und müde. Ich erinnerte mich an den Sturm in der vorherigen Begegnung und an das, was ich gelernt hatte: Ich darf mich nicht auf meine eigene Kraft verlassen. Es dreht sich alles um ihn, den auferstandenen König. Es geht um seine Macht und seine Herrlichkeit.

Auf der Suche nach der richtigen Kleidung, die zu meinen Gefühlen passt, stehe ich morgens oft vor meinem Kleiderschrank und weiß nicht, was ich anziehen soll. Heute war es anders; den ganzen Tag über dachte ich an die Kleider des Königs. Was auch immer ich las, es hatte das gleiche Thema: Leg deine alten Kleider ab und zieh die neuen an, die der Herr dir gibt.

„Okay, Herr“, sagte ich schließlich, „was soll ich heute anziehen? Vielleicht meine Sonntagskleider – meine allerbesten?“ Ich wollte mich auf meinen geliebten Freund vorbereiten. Während ich mein Äußeres vorbereitete, bereitete er mich im Inneren vor …

Die achte Begegnung

Am nächsten Morgen wachte ich früh von Vogelgezwitscher auf. Die Höhle ließ das morgendliche Sonnenlicht noch nicht herein. Und in mir regte sich die Vorfreude auf einen neuen Tag, als ich hinausschlenderte, der Sonne entgegen. Sie war gerade aufgegangen und schenkte dem neuen Tag ihr schönstes Gesicht in zartgoldenen Orangetönen, die mein Herz erwärmten. Die Kühle eines neuen

Morgens umfing mich, als ich mich auf einem bankähnlichen Felsvorsprung niederließ und mein Gesicht der Sonne zuwandte.

Was für ein schöner Tag! Der Himmel war blau, die Sonne angenehm und in der Höhle würde ich die nötige Kühle finden, falls mir die Wüstensonne zu viel würde. Ich streckte entspannt meine Beine aus, als aus dem Gestrüpp neben meinem rechten Fuß eine glitschige, grün-gelbliche Schlange zischelnd geradewegs auf mich zuschoss. Mein Herz war vor Schreck wie versteinert, und ich schreckte zurück. Im gleichen Augenblick zielte Jeschua mit dem Wanderstock in der Hand auf den Unruhestifter und sagte nur: „Verschwinde!", und tatsächlich trollte sich die Schlange davon.

Lächelnd wünschte er mir einen guten Morgen und sagte: „Von der lassen wir uns nicht den Tag verderben!" Heute würden wir uns Zeit zum Ausruhen nehmen. Er hatte sogar schon die passenden Bäume für unsere Hängematten gefunden. Zeit zum Innehalten ...

Wir hatten ja schon viel zusammen erlebt in der vergangenen Zeit, und es war wichtig, das Gute zu bewahren. Heute kam mir das Frühstück fast so schön vor wie am Anfang unserer Reise im Garten. Ich weiß nicht, woher sie kamen, aber auf unserem provisorischen Frühstückstisch aus Stein lagen frische Früchte, frisch gebratene Wachteleier und Honigwaffeln. Es schmeckte fantastisch, und während wir das Essen genossen, ließen wir alles noch einmal an unseren inneren Augen vorbeiziehen: den brennenden Dornbusch, meinen Traum, der mir die Schuhe auszog, den Gepardenangriff in der Wüste, den Brunnenort von *El Roi,* meine Wut, die mich in der Wüste einholte, er, der mich dort rausholte, und schließlich unsere Wanderung durch den Wüstensturm.

Vom Frühstückstisch ging es mit vollem Magen direkt zu den Hängematten. Ein kleines Nickerchen würde jetzt guttun. Wir wollten einfach nur zusammen abhängen, da war dies doch der perfekte Ort an einem perfekten Tag.

~~~~~~~

Ist der Sturm vorübergegangen, müssen wir uns in Gottes Gegenwart erfrischen und ausruhen. Diese Einladung erinnert mich an den siebten Tag in der Heiligen Schrift, den Tag der
~~~~~~~

Ruhe. Als Gott seinen Schöpfungsprozess beendet hatte, ruhte er. Heute ist der siebte Tag unserer Reise. Genau wie in meiner letzten Begegnung, versucht die Schlange uns zu stören. Der Feind versucht uns davon abzulenken, Ruhe zu finden. Was lenkt dich ab?

Wüstenblumen: Persönliche Schritte für dich

Zeit zum Ausruhen

Das Akzeptieren von Schwäche ist schwierig, daher ist es auch nicht einfach, sich auszuruhen. Kannst du die Arbeit des Alltags loslassen und einfach mal nichts tun? Manchmal bin ich an einem Sonntag mit meiner Arbeit der Woche noch nicht fertig. Es ist nicht einfach, sich in diesem unvollendeten Zustand auszuruhen. Ich weiß, dass ich noch etwas tun könnte, aber ich weiß auch, dass es an diesem siebten Tag der Sabbatruhe einen besonderen Segen gibt. Nicht jeder kann sich an einem Sonntag entspannen. Aber ich möchte dich ermutigen, einen Tag pro Woche auszuruhen; es ist notwendig für die Gesundheit und das Wohlbefinden.

Stille sein

Kennst du den Stress von zu vielen großartigen Möglichkeiten? Diese Art von Druck habe ich oft erlebt, und ich finde es viel komplizierter, zum Guten NEIN zu sagen. Familie, Freunde, Abenteuer draußen – alles an sich ist gut, aber ich habe gelernt, wie wichtig es ist, genügend Zeit für meine Beziehung zum Herrn zu haben, Zeit mit ihm in der Stille zu verbringen.

Wir können wertvolle Zeit mit Familie und Freunden verbringen, aber es ist nicht dasselbe, wie Zeit allein mit dem Herrn zu verbringen. Ich denke, wir brauchen beides. Aber vielleicht können wir es ausprobieren, nur mit ihm zusammen zu sein und ihm unsere ungeteilte Aufmerksamkeit zu schenken. Wenn ich zuerst ihm mein ganzes Herz zeige, ohne es vorher mit jemand anderem zu teilen, entsteht ein Raum, Gott neu in der Stille zu begegnen. Auch Jesus suchte immer wieder Momente der Stille in der er sich von den Jüngern zurückzog und Zeit mit dem Vater verbrachte.

Aber wie kann es in Gemeinschaft mit anderen Menschen möglich werden, in diese enge Begegnung mit dem Herrn zu kommen? Ich persönlich erlebe solche kostbaren Momente des gemeinsamen Schweigens bei Stille-Tagen oder Exerzitien. Aber auch in der Gemeinde oder mit Freunden ist es ein besonderes Geschenk, Stille nicht nur auszuhalten, sondern einzuüben, gemeinsam schweigend vor Gott zu treten, um ihm zu begegnen. Ich bin dankbar für Menschen, mit denen ich einen Selah-Moment teilen darf, wo es des gesprochenen Wortes nicht mehr bedarf. Ich atme ein und aus, Gott ist da.

Eine Mahlzeit und eine Hängematte

Was ist wirklich wichtig? Wir können so viel von unseren jüdischen Freunden lernen, ohne die religiösen Regeln der jüdischen Religion zu übernehmen. Sie bereiten das Sabbatmahl einen Tag früher vor; sie nutzen nichts Unnötiges: kein Auto, keine Elektrizität usw. Vielleicht ist uns ein solcher Lebensstil nicht möglich, aber wir können Stress reduzieren und die unwichtigen Dinge loslassen. Es ist wichtig zu essen und zu schlafen. Wenn du magst, kannst du auch fasten und versuchen, deine Ruhezeit einmal ohne Essen zu verbringen, musst es aber nicht. Ich weiß, dass es dem Herrn gefällt, mit uns zusammenzusitzen und zu essen, wie er es mit den Jüngern tat. Wir dürfen uns an dem Guten erfreuen, das er für uns bereitet hat.

Wie findet man Momente der Ruhe wie im Garten? Vielleicht kannst du versuchen, dir diesen Hängemattenort vorzustellen und dieses Bild in eine stressige Woche mitzunehmen, damit du diesen inneren Ruheplatz finden kannst, wo immer du bist.

Tag 9

Bergauf – Wenn Gott weit weg zu sein scheint

Die Ruhepause hatte mich auftanken lassen. Mit neuer Energie wachte ich auf, um eine neue Woche zu beginnen. Es gab eine Menge zu tun. Wie ich auf meiner Reise gelernt hatte, wollte ich alles direkt zu Gott bringen; so schrieb ich meine To-do-Liste auf und gab sie ihm. In meinem Gebetstagebuch fügte ich die Frage hinzu: „Und was ist dein Plan?" Ich saß eine Weile da, starrte auf die leere Seite und hörte nichts. Etwas frustriert machte ich mich auf den Weg zur Arbeit.

Die neunte Begegnung

Ein neuer Tag hatte begonnen und mit ihm eine neue Chance, das Gute zu empfangen. Langsam hatte ich mich daran gewöhnt, morgens aufzustehen und ein fertiges Frühstück vorzufinden. So war ich überrascht, als nichts auf unserem bereits bewährten, steinernen Esstisch stand. Wo war Jeschua an diesem Morgen? Hatte ich etwas verpasst, das er mir gesagt hatte, was wir heute tun wollten? Ich wollte nicht alleine losrennen, um Feuerholz zu sammeln. Diese Lektion hatte ich bereits gelernt. Aber frisches Brot wäre auch ganz nett an diesem Morgen, dachte ich, und schon knurrte mein Magen. Ich sah mich suchend um. Wo hatte er gestern nur all die guten Sachen gefunden? Wo konnte ich Nahrung finden? Ohne mein Frühstück war ich ungenießbar, wahrscheinlich lag das an meinen Blutzuckerwerten. Ich grummelte vor mich hin und rief seinen Namen. Missmutig kickte ich mit meinem rechten Fuß einen Stein vor unserer Höhle weg.

Der Tag fing ja schon gut an: ohne Frühstück und ohne meinen Freund! Ich hatte mich daran gewöhnt, dass er da war. Besonders nach der gestrigen Erfahrung, als wir so eine gute Zeit zusammen hatten, vermisste ich ihn. Da hörte ich plötzlich seine Stimme in meinem Inneren: *„Wenn du mich suchst, werde ich mich finden lassen."*[1]

Na prima! Wollte er jetzt mit mir Verstecken spielen? Wo sollte ich ihn suchen? Ich rannte zurück in die Höhle und rief seinen Namen. Nichts. Dann zu unserem Hängemattenplatz von gestern. Wieder nichts. Dann zu der Stelle, wo er sich vor ein paar Tagen im Dornbusch versteckt hatte. Nichts.

Etwas ratlos setzte ich mich auf einen Stein. Das Kinn auf die Faust gestützt, musste ich erstmal nachdenken: Wo könnte er sein? Ich schaute nach oben und mein Blick blieb am Felsmassiv des Horeb hängen. Ja, das war sein Berg, hatte er gesagt. Wollte er mich dort am frühen Morgen treffen? Heute? Jetzt? Dazu war es doch noch viel zu früh? Aber irgendwie fühlte ich mich von diesem Berg magisch angezogen und stand auf. Ich ging zurück in die Höhle, um meinen Wanderstock zu holen. Und um ehrlich zu sein, wollte ich auch noch einmal kurz nachschauen, ob er nicht doch darinsaß.

Dann nahm ich den nächstgelegenen Pfad bergauf. Der Aufstieg war mühsam. Die Luft wurde irgendwie immer dünner, sodass ich in der Hitze nach Luft schnappen musste. Von Zeit zu Zeit hielt ich inne, um durchzuatmen, und hoffte, dass das Seitenstechen endlich aufhören würde. Frühmorgens ohne Frühstück auf einen Berg zu steigen, war nichts für Ungeübte. Meine Kraft wurde weniger, so auch meine Motivation. Ich überlegte, ob ich zurück in die Höhle gehen und etwas ausruhen oder einfach erschöpft hierbleiben sollte.

Als wäre plötzlich ein Nebel aufgezogen, umgab mich jetzt eine undurchsichtige, baumwollweiße „Wattewand". Ich wusste nicht, ob ich aufstehen sollte. Ich wusste nicht, wohin ich mich wenden sollte. Wieder war ich verzweifelt. Nebel auf einem unbekannten Berg konnte auch tödlich sein. Oder war es vielleicht eine Wolke, die sich auf dem Berg niedergelassen hatte? Da hörte ich seine Stimme, die mir schon so vertraut war. Ich rief laut seinen Namen, immer wieder, bis er durch den Nebel drang und sich neben mich setzte. Er freute sich sehr, mich zu sehen, und umarmte mich. Dann zog er mich

---

[1] Vgl. Jeremia 29,11-14.

hoch und hielt meine Hand so lange fest, bis wir zusammen durch den Nebel oben auf dem Berggipfel angekommen waren.

Der Aufstieg war, milde gesagt, krass. Ohne jede Übertreibung; ich hätte es nie gewagt, bei diesen schlechten Sichtverhältnissen auch nur einen Schritt vor den anderen zu setzen. Hin und wieder schien mir der Abgrund so nah, dass ich mich verzweifelt an ihn klammerte. Seine Hand musste von meinem panikartigen Griff komplett zerquetscht sein. Aber er bewegte sich irgendwie fast leichtfüßig stets weiter bergauf. Da, wo mein Fuß fast gestrauchelt wäre,[2] zog er mich wieder hoch, damit ich nicht weiter abrutschen konnte. Er hielt mich fest, ganz fest, mit all seiner Kraft, und gab mir seinen Halt. Langsam wurde ich mutiger, weil ich wusste, dass ich ihm vertrauen konnte. Er hatte es mir immer wieder zugeflüstert, wenn ich mutlos geworden war: „Vertrau mir! Ich bin da. Ich kenne den Weg. Vertrau mir! Hab keine Angst! Ich halte dich fest. Vertrau mir; wir schaffen das – zusammen. Vertrau mir!"

Ich werde nie den Moment vergessen, als sich der Nebel lichtete, die wärmende Sonne uns umfing und uns den Blick auf die andere Seite des Berges freigab. Es war atemberaubend. Ich konnte die Sonne untergehen sehen und merkte erst jetzt, wie viel Zeit vergangen war. Das restliche Sonnenlicht färbte die vor uns liegenden Felsen goldbraun. Stille umgab uns. Wir saßen schweigend zusammen auf dem Gipfel des Berges und genossen einfach den Ausblick.[3] Immer wieder hallten seine Worte in mir nach: „Vertrau mir!"

Es hatte sich gelohnt.

Danke!

~~~~~~

Mit dankbarem Herzen fand ich den Weg zurück in meinen Alltag. Diese Begegnungen hatten mich von innen heraus verändert. Auch wenn ich immer noch keine Antworten auf manche meiner Fragen bekommen hatte, fühlte ich einen tiefen Frieden

---

[2] Vgl. Psalm 91.

[3] Vgl. Psalm 121.
~~~~~~

in meinem Herzen – was für ein Geschenk, Zeit mit ihm zu verbringen!

Ich bin mir nicht sicher, ob du solche Zeiten kennst, in denen Gott weit weg zu sein scheint, und du seine Stimme nicht hören kannst. Solche Momente erfordern größeres Vertrauen ... und Jesus selbst als vertrauenswürdigen Freund.

Wüstenblumen: Persönliche Schritte für dich

Gott will nicht Verstecken spielen

In Psalm 27,8 können wir diese Worte lesen:

> *Herr, als du zu mir sagtest: „Suche mein Angesicht“, antwortete mein Inneres: „Ich suche dein Angesicht von ganzem Herzen.“ Also verstecke dich nicht, Herr, wenn ich dich finden will!* (TPT).

Jesus verbringt gerne Zeit mit uns. Er liebt es, wenn wir ihn suchen. König David hatte diese Worte als Zitat aus 5. Mose 4,29 geschrieben. Es war, als würde er zum Herrn sagen: „Hier steht geschrieben, was du uns versprochen hast. Ich halte an deinem Wort fest.“ Vielleicht könnte dies eine Einladung an uns sein, auch an Gottes Verheißung festzuhalten, in dem Wissen, dass wir ihn finden werden, wenn wir sein Angesicht suchen.

Nebel

Nebel ist gefährlich und frustrierend. Wenn es draußen neblig ist, können wir weder den Weg noch die Gefahren sehen, die uns umgeben, weder die Schönheit der Landschaft noch die Sonne. Bist du schon einmal durch den Nebel gefahren? Kannst du dich an dieses Gefühl erinnern, dich langsam vorwärtszubewegen, ohne genau zu wissen, was als Nächstes kommt? Manchmal sieht das Leben genau so aus, und alles, was du tun möchtest, ist anzuhalten und aus der Situation auszusteigen. Wie sieht der Nebel in deinem Leben aus? Vielleicht brauchst du Klarheit bei gesundheitlichen Entscheidungen wegen einer Krankheit oder über deine berufliche Zukunft. Vielleicht brauchst du göttlichen Rat, um einen Konflikt in einer Beziehung zu lösen.

Ich möchte dich einladen, dir vorzustellen, wie du im Nebel sitzt und dieser sanften und doch so vertrauten Stimme zuhörst, die in deiner ganz persönlichen Situation zu dir spricht: „Vertrau mir! Ich bin da. Ich kenne den Weg. Vertrau mir! Keine Angst! Ich halte dich fest. Vertrau mir; wir schaffen das zusammen. Vertrau mir!“ Versuch dir vorzustellen, wie es sich anfühlt, seine Hand zu halten. Versuch dir vorzustellen, wie er dich führt, bis der Nebel verschwindet und du all das Schöne sehen kannst, das er geschaffen hat. Ich bete, dass du seine Gegenwart erfahren und seine Stimme hören kannst und dass der Nebel verschwindet und du wieder frei durchatmen kannst.

Vertrau mir!

In solchen nebligen Situationen brauchen wir es so sehr, den Klang seiner Stimme zu hören. Wir brauchen diese Umarmung. Wir brauchen die starke und ruhige Hand, die uns hält und uns führt. All das finden wir in Gottes Wort. Ich hatte Zeiten, in denen ich keine Kraft hatte, viel zu lesen, manchmal nur einen einzigen Vers eines Psalms.

Es gibt Zeiten, in denen wir diese einfachen Dinge so lange wiederholen müssen, bis sie vom Kopf ins Herz fallen. Dann hören wir plötzlich seine Stimme, wie sie durch den Nebel zu uns durchdringt. Es gibt so viele unterschiedliche Arten, wie er zu uns spricht, sei es durch sein Wort, einen Freund oder auf eine andere Art. Heute möchte ich dich mit diesem kleinen Gedicht ermutigen:

Vertraue dem Einen,
dem, der vor dir geht.
Er ist der Weg.
Er führt dich.
Er ist das Licht.
Auch wenn du nichts sehen,
nichts verstehen kannst
im Nebel.

Das Undurchschaubare hat er durchschaut,
und er fragt dich, ob du ihm vertraust.
Er reinigt die Luft,
bis sich der Nebel lichtet.
Er ist da,
hat dich längst gesichtet.
Manches kannst du nicht verstehen,
aber vertrau ihm, er kann sehen.

Tag 10

Gewitter – Aus Gnade gerettet

Wie geht es dir nach der gestrigen Bergwanderung? Hast du nach dem Nebel Klarheit gefunden und möchtest mit mir weiterziehen auf dieser Reise? Manchmal scheint das Leben an uns vorbeizurasen und wir finden nicht genug Zeit, um neue Erkenntnisse tiefer zu durchdenken und im Alltag umzusetzen.

Nimm dir Zeit. Wenn du willst, kannst du gedanklich in eine Begegnung zurückgehen, bis du für dich und deine Situation klar siehst und hörst. Du musst dich nicht beeilen. Du hast den Gipfel des Berges bereits erreicht. Lass uns gemeinsam beobachten, was als Nächstes passiert.

Die zehnte Begegnung

Der Abstieg sei bei Dunkelheit zu gefährlich, meinte Jeschua. Die Dunkelheit kam schnell. Die Sonne war schon untergegangen, aber wir saßen immer noch auf dem Gipfel, hatten uns noch nicht gerührt. Ehrlich gesagt hatte ich heute auch keine Kraft mehr und hätte den Abstieg nicht geschafft. Ich war müde und hungrig.

Und da Jeschua um diese meine Grundbedürfnisse zu wissen schien, stand er auf, um uns eine Abendmahlzeit zuzubereiten. Irgendwie fand er immer das richtige Essen zur richtigen Zeit. Ich vertraute ihm und war doch sehr gespannt, was er sich dieses Mal einfallen lassen würde. Schon war er im Dunkel des Berges verschwunden. Vor Hunger und Erschöpfung war ich kaum noch in der Lage, klar zu denken. Mein Magen knurrte laut ... oder war es ein Donnergrollen? Ein Gewitter konnten wir hier oben wirklich nicht gebrauchen. Ich war etwas misstrauisch wegen der Wetterverhältnisse, die sich in den Bergen schnell ändern konnten. Bei Gewitter sollte man nicht einfach auf einem Berggipfel sitzen, sondern Zuflucht suchen. Ich wurde unruhig, als das Donnern näher zu kommen schien. Offensichtlich war es also doch nicht mein hungriger Magen.

Mit wackeligen Beinen stand ich auf und ging nachtblind in die Richtung, in die Jeschua gegangen war. Hier oben war es inzwischen ungemütlich. Ein kalter Wind zog auf, und ich wusste nicht, wohin meine Füße traten. Falls sich vor mir der Abgrund auftäte, der uns bei Sonnenlicht noch so einen herrlichen Ausblick geboten hatte, wäre ich verloren. Ich ging, oder besser gesagt, ich kroch auf allen Vieren den Grat entlang, immer noch auf der Suche nach Jeschua. Der Weg vor mir schien nun etwas breiter zu werden, und ich meinte, einen Strauch vor mir zu erkennen. Doch das Gewitter war so rasch nähergekommen, dass ich erschrak, als ein Blitz nur wenige Meter von mir entfernt einschlug.

Der Blitz erleuchtete die Nacht, plötzlich wurde es taghell und ich erkannte die Gestalt meines Freundes. Durch das grellweiße Licht sah auch er jetzt fast weiß aus, irgendwie strahlend. Und obwohl ich Angst hatte, um mich und ihn, war ich gleichzeitig von diesem Anblick überwältigt. Er sah – ich suchte nach einem passenden Wort – einfach majestätisch aus. Voller Glanz und Schönheit strahlte sein Gesicht, und er lächelte mir zu, trotz Donnergrollen und Gewitter. Er schien hier oben überhaupt keine Angst zu haben. Er sah mir direkt in die Augen, und sein Blick war so liebevoll, so vertraut und ermutigte mich, meinen Weg in seine Richtung fortzusetzen. Meine Schritte wurden fester, und als ich ihn endlich erreicht hatte, war auch das Gewitter verschwunden, so schnell wie es gekommen war.

Ich war immer noch sehr aufgeregt, zitterte vor Angst und mir wurde kalt. Er zog mich um einen Felsvorsprung herum, und ich sah das einladende Feuer, über dem ein Lamm briet. Er hatte es wohl in dem Strauch gefunden, in den vorhin der Blitz eingeschlagen hatte. Interessant! Erstaunlich! Unglaublich, was auf diesem Berg geschah! Ich setzte mich an das wärmende Feuer und er reichte mir eine Decke, die ich mir um die Schultern legte. Wir saßen schweigend da, und ich fragte mich, wie er hier oben ein Lamm hatte finden können.

Dann sah er mir wieder in die Augen und erzählte mir von einem Lamm, das die Sünde der Welt trug.[1] Ein kleines Lamm, aber makellos. Es musste sterben – wurde geopfert –, damit die Sünder das

[1] Vgl. Johannes 1,29.

Leben finden konnten. Genauso wie der Blitz auf dem Gipfel eigentlich mich hätte treffen müssen, weil ich am höchsten Punkt des Berges gestanden hatte, aber ich war unverletzt. Und jetzt saßen wir hier und aßen Lammfleisch. Dieser Moment machte mich traurig, und obwohl ich Hunger hatte, konnte ich nicht mehr weiteressen.

„Komm und iss", sagte Jeschua und reichte mir ein weiteres Stück Fleisch. Er sah mich an und nickte mir zu: „Es ist okay."

Ich konnte nicht anders, als das Fleisch des Lammes aus seiner Hand zu nehmen und zu essen. Aber dieses Mal zögerlich, nachdenkend und erahnend, was Jeschua mir sagen wollte. Dann nahm er eine Flasche Wein aus seinem Rucksack, goss davon etwas in einen wunderschönen Kelch und reichte mir auch diesen. Irgendwie wurde mir ganz warm, als ich den Kelch nahm und davon trank.

„Wie das Blut des Lammes", sagte er leise. „Das Blut des Lammes wird Erlösung schenken."

Ich verstand nicht, was er meinte, aber ich spürte die Heiligkeit des Augenblicks, die es mir fast unmöglich machte zu atmen. Ich traute mich auch nicht, ihn anzuschauen. Was war hier gerade passiert? Er, mein Freund, war so anders, so stark, und doch ging ein tiefer Friede von ihm aus. Stärke und Ruhe fanden auch in meinem Inneren Raum, und dann konnte ich ihn wieder anschauen.

Jeschuas Blick war voller Liebe und Sehnsucht. Er holte tief Luft und erzählte mir, was sein geliebtes Volk in diesem Moment erlebte. „Du weißt, dass Mose zum Pharao geschickt wurde, um ihm zu sagen, er solle mein Volk ziehen lassen. Zehn Mal war er zum Pharao gegangen, doch dessen Herz war hart wie Stein, leblos. Zehnmal sagte Mose: ‚Lass sie ziehen!' Und zehnmal sagte der Pharao: ‚Nein!' Obwohl die Ägypter Krankheiten oder andere Plagen erlitten, wollte er das Volk Israel nicht ziehen lassen. Erinnerst du dich an den Stock, mit dem Mose Wunder vollbringen konnte?"

Ich nickte und hörte zu. Jeschua erklärte mir jedes Wunder, das in Ägypten geschehen war. Das letzte Wunder war das des Lammes. Jeder Haushalt sollte ein Lamm schlachten und den Türrahmen seines Hauses mit dessen Blut bestreichen. Das war das Zeichen von Gott, um sein Volk zu beschützen. Alle Erstgeborenen in Ägypten wurden in dieser Nacht getötet, aber der Todesengel ging an den gekennzeichneten Häusern seines kostbaren Volkes vorüber.

„Das Blut des Lammes hat mein geliebtes Volk geschützt, und es auch befreit. Der Pharao war wegen des Todes in seinem Haus so verzweifelt, dass er mein Volk ziehen ließ. Befreit konnten sie durch die mit Blut markierten Türen ihrer Häuser gehen und Ägypten verlassen. Ein kleines Lamm ist also der Schlüssel, um die Sklaverei zu verlassen und in die Freiheit zu gehen. Bald, sehr bald, wird mein Volk frei sein!", sagte Jeschua zu mir, und ich konnte seine Liebe, aber auch seinen verzweifelten Schmerz spüren, seine Sehnsucht nach seinem Volk.

Ich konnte nicht das ganze Bild, das er beschrieb, sehen, aber etwas in meinem Herzen bekam eine Ahnung davon, dass ein Lamm für sein Volk und auch für mich gelitten hatte, damit ich leben konnte.

Jeschua zeigte mir eine kleine Höhle, in der wir übernachten konnten; noch tief in Gedanken versunken, zog ich mich dorthin zurück.

~~~~~~~

In den letzten Tagen gab es in unserer Gegend viele Gewitter. Ich konnte die Blitze schon von Weitem sehen. Als ich versuchte, mir die Begegnung mit Jesus und seinem strahlenden Gesicht auf dem Berggipfel während eines Gewitters vorzustellen, erinnerte mich das an den in Matthäus 17 beschriebenen „Berg der Verklärung", auf den Jesus mit drei seiner Jünger ging. Ein strahlendes Licht, so hell wie die Sonne, ergoss sich über sein Gesicht. Und seine Kleidung wurde leuchtend – „schillernd wie ein Blitz" (TPT). Die gleiche Beschreibung von Jesus steht auch in der Offenbarung des Johannes:

> *Und sein Gesicht leuchtete wie der Glanz der blendenden Sonne!* (Offenbarung 1,16 TPT).
~~~~~~~

Wüstenblumen: Persönliche Schritte für dich

Die Heiligkeit des Strahlenden

In meinem täglichen Leben spreche ich mit Jesus wie mit einem engen Freund, meinem vertrauten Begleiter. Diese Freundschaft begann in meiner Kindheit. Ich konnte meinen kindlichen Glauben an Gott wie einen Schatz in meinem Herzen bewahren, ganz gleich, was später in meinem Leben passierte. Er ist mein Freund, der mich nie verlassen hat, aber er ist auch der Sohn Gottes, der Heilige, der König der Könige. Diese Offenbarung ist zu großartig für mich. Ich kann nur in Ehrfurcht dastehen und seine Schönheit betrachten. Es gibt keine Worte mehr, nur noch eines: Heilig. Das Buch der Offenbarung zu lesen ist für mich, als würde ich die Tür zum Himmel öffnen und einen Blick auf die Heiligkeit des auferstandenen Königs erhaschen. Ich möchte dich einladen, Kapitel vier aus der Offenbarung zu lesen und darüber nachzudenken.

Kannst du dir vorstellen, das himmlische Reich zu betreten? Kannst du dir den Thron des Herrlichen vorstellen? Kannst du die Farben und Edelsteine sehen, die denjenigen beschreiben, der auf dem Thron regiert? Kannst du den Gesang der vier lebendigen Wesen vor dem Thron hören? Was ist deine Reaktion? Gibt es für dich eine neue Erkenntnis über Jesus, seinen Thron oder seine Heiligkeit, die du gerne in deinem Herzen behalten möchtest?

Ein kleines Lamm als Schlüssel aus der Sklaverei

Bei der Begegnung wäre es möglich gewesen, dass mich der Blitz getroffen hätte. Viele Jahre hatte ich Angst vor Gewittern, Angst, vom Blitz getroffen zu werden, weil ich Gottes geheimnisvolle, souveräne Majestät fürchtete. Ich dachte, Gott sei der Gerechte, der seine Kinder für ihre Sünden bestrafen würde. Es dauerte Jahre, bis ich die Angst vor Gewittern und auch die Angst vor Gott überwunden hatte. Er zeigte mir das Leiden seines geliebten Sohnes, meines Freundes, Jesus. Er wurde für mich zum Lamm Gottes, das meine Sünde trägt.[2]

Im Alten Testament musste das Volk ein Lamm schlachten, um Vergebung zu finden. Bevor die Israeliten die Freiheit erlangten, mussten sie ein Lamm schlachten und das Blut des Lammes an die Türpfosten ihrer Wohnungen streichen, als Zeichen dafür, dass der Todesengel vorüberziehen sollte. Die erstgeborenen Ägypter wurden getötet, weil sie nicht unter dem Zeichen des Blutes des Lammes standen. Aber das Volk Israel machte den ersten Schritt aus Ägypten heraus – heraus aus der Sklaverei.

Erinnerst du dich an den Tag, als du entdecktest, was Jesus als das Lamm Gottes für dich getan hat? Vielleicht ist das neu für dich und du möchtest darüber nachdenken, was es für dich bedeutet, dass er als Lamm für dich gelitten hat. Ich bete dafür, dass Gottes Liebe neu und frisch in dein Herz kommt und er dir offenbart, was er für unsere Erlösung und unsere Befreiung aus der Sklaverei getan hat.

Kommt und esst

Bei der Begegnung lädt Jeschua uns ein, das Fleisch des Lammes zu essen und den Wein zu trinken, der das Blut des Lammes symbolisiert. Diese beiden Zeichen der Vergebung sind mächtige Waffen für uns, um Widerstände in unserem täglichen Leben zu überwinden. Als Jesus am Kreuz starb, vergoss er sein Blut, das ein Zeichen der Freiheit wurde, genau wie für das Volk Israel in Ägypten.

Ich möchte dich einladen, über diese kostbaren Zeichen nachzudenken, die der Herr uns gegeben hat, wenn wir das Abendmahl feiern. Nicht nur die Sünden unseres Alltags sind abgewaschen, sondern wir sind jetzt auch frei, ein Leben als Kinder Gottes zu führen, nicht länger als Sklaven. Wir können unser Leben in Einheit mit dem auferstandenen König leben,

---

[2] Vgl. Johannes 1,29.

ohne Angst vor Strafe. Wir können die Heiligkeit und die Freundschaft des Herrn erfahren. Wenn wir das Abendmahl zu uns nehmen, gibt es viel zu entdecken: Heilung durch sein Leiden, Vergebung durch sein Blut, Dankbarkeit für die Errettung und Triumph über den Feind und den Tod. Das alles ist Teil von Gottes Vorsorge. Wir müssen nicht sterben; er starb unseren Tod. Sein Tod ist unser Leben, sein Leben ist unsere Hoffnung.

Wenn wir diese erstaunliche Gnade entdecken und unser Leben aus seiner Liebe heraus leben, werden wir auch Gott als unseren Versorger kennenlernen. Was hast du im Abendmahl schon entdeckt? Ich bete dafür, dass wir seine kostbaren Worte „Kommt und esst, kommt und trinkt!" als Einladung verstehen, näher zu ihm zu kommen und den dreieinen Gott noch besser kennenzulernen.

Tag 11

Die Höhle – Wenn alles zusammenbricht

Vielleicht fühlst du dich ein bisschen überfordert mit all diesen Abenteuern, aber ist es im realen Leben manchmal nicht genauso? Ich bevorzuge ruhige Zeiten und Tage mit Stabilität und Sonnenschein wie in diesen schönen Filmen mit fantastischen Landschaften, in denen der eine große Konflikt in 120 Minuten gelöst wird. Das wirkliche Leben ist jedoch oft anders. Hattest du schon mal einen Traum, in dem du das Gefühl hattest zu fallen und dann aufgewacht bist? Ich hatte diese Träume in einer Zeit meines Lebens, in der alles um mich herum dunkel erschien.

Die elfte Begegnung

Ich träumte davon zu fallen, tiefer und tiefer. Der Boden unter mir hatte sich wie ein großes Loch aufgetan; die Erde schwankte. Schweißgebadet wachte ich in der Höhle auf. Der Boden unter mir bewegte sich tatsächlich. Die Angst, die ich im Traum empfunden hatte, nahm schlagartig weiter zu. Ich sah mich um, suchte nach Jeschua, aber sein Lagerplatz war leer. War er wieder vor mir aufgewacht? Vielleicht war er aufgestanden, um das Frühstück vorzubereiten – was sonst sollte er in den frühen Morgenstunden eines neuen Tages tun?

Ich wollte mich irgendwo festhalten und kroch zur Höhlenwand hinüber, als ich merkte, dass die Wand zu vibrieren begann und sich die ersten Steine lösten. Wie in einem Steinbruch nach einer Explosion fielen kleine und größere Gesteinsbrocken von den Wänden. Noch schlimmer war, dass sie direkt vor den Höhleneingang fielen. Es ging alles so schnell – ein ohrenbetäubender Lärm, das Beben des Bodens, das Krachen der Steine und eine Staubwolke, die mich husten ließ. Ich spürte nackte Angst. Wie versteinert kauerte ich auf dem Boden. Meinen Kopf zwischen meinen Knien, hatte ich meine Arme schützend um mich geschlungen. Ich wagte es kaum, mich zu bewegen, zu atmen.

Was, wenn ich hier begraben und von einem Felsbrocken erschlagen würde? Warum nur hatte er mich nicht gewarnt? Warum hatte er mich nicht aus der Höhle herausgeholt, bevor das Erdbeben kam und bevor der Berg seine Wut an mir ausließ? Warum hatte Jeschua mich nicht vor diesem Unglück bewahrt? Warum saß ich hier ausgeliefert, dem Tod preisgegeben?

Meine Gedanken kreisten um die eine Frage: „Warum?" und mein Herz zitterte vor Angst, genauso wie der Boden unter mir. Ich war verloren. Tränen liefen mir über das Gesicht, als ein weiteres Beben den Berg und meinen Körper erschütterte. Dann war es still. Ich hörte nur hier und da etwas wie kleine Kieselsteine auf den Boden rieseln, sah aber nichts vor lauter Staub und Dunkelheit. Der Höhleneingang war nicht mehr zu sehen. Es war wie eine finstere Nacht um mich her, obwohl ich wusste, dass bereits ein neuer Tag begonnen hatte. Eine Decke von Dunkelheit und Stille lag über mir. Ich war verschüttet.

Meine Atmung war flach; der Staub brannte in meiner Lunge. Ich versuchte, mich langsam zu bewegen, testete, ob mich ein Stein getroffen hatte oder ob ich verletzt worden war. Immerhin hatte mich kein Felsbrocken eingeklemmt, und das erschien mir nach dem Ausmaß des Bebens wie ein großes Wunder. Auf meiner Stirn spürte ich etwas Nasses und Klebriges. Ich riss ein Stück von meinem Hemd ab und drückte es auf meine Wunde. Dann versuchte ich aufzustehen, aber ich konnte nichts sehen. Ich versuchte, mit meiner linken Hand den Höhlenrand zu ertasten, auszumachen, wie viel Raum mir noch blieb. Plötzlich wäre ich fast über etwas gestolpert. Ich tastete den Boden ab und fand etwas Weiches, Leinenes – Jeschuas Rucksack! Ich hockte mich hin und klammerte mich fest an diesen Hinweis seiner Gegenwart.

Ein paar Tränen rollten über mein Gesicht, bevor sich ein tiefer Schluchzer aus meinem Innersten löste: „Warum hast du mich verlassen, als ich dich so dringend brauchte?" Ich fühlte mich einerseits verlassen, aber auch irgendwie getröstet, als ich den Rucksack fand. Wie viel Gutes hatte er mir daraus schon geschenkt? Wie viel Liebe war aus ihm geflossen, als er das Öl auf meine müden Beine goss? Wie viel Kraft hatte er mir schon durch das Brot geschenkt, und wie erfrischend war das Wasser, das er mir gegeben hatte? In Erinnerung an all das Gute saß ich in der Dunkelheit meiner Höhle und tastete nach der Öffnung des Rucksacks. Meine Hände zitterten immer noch etwas, aber schließlich konnte ich den Verschluss lösen. Tastend suchte ich den Inhalt ab und fand zuerst eine Flasche. Ich zog sie heraus und öffnete sie.

Bevor ich trank, prüfte ich den Geruch des Inhalts – ich wollte nicht aus Versehen das Öl trinken. Ich war überwältigt von dem frischen Duft des Wassers, besonders in dieser stickigen Höhle. Dann nahm ich einen tiefen Schluck, und mit ihm beruhigte sich mein Herz ein wenig. Es war eine kleine Erfrischung für meine verschüttete, von Angst gequälte Seele. Und zum ersten Mal traute ich mich, ein bisschen tiefer durchzuatmen. Dabei bemerkte ich, dass es ruhiger geworden war und sich der Staub ein wenig gelegt hatte.

Obwohl ich in der Dunkelheit immer noch nichts sehen konnte, fühlte ich mich plötzlich nicht mehr so allein. Sein Rucksack gab mir irgendwie ein Stück Halt. Ich suchte weiter seinen Inhalt ab.

Meine Finger berührten etwas Scharfes. Als mich ein stechender Schmerz durchfuhr, zog ich meine Hand zurück – ich hatte mich an etwas geschnitten. Hatte er ein Schwert in den Rucksack gepackt? Wieder riss ich ein Stück von meinem Hemd ab und wickelte es um meinen blutenden Daumen. Dann tastete ich mich etwas vorsichtiger vor. Tatsächlich befand sich in dem Rucksack ein zweischneidiges, scharfes Schwert.[1] Ich war etwas verwundert. Ich zog es heraus und fühlte mich ein wenig sicherer. Es war, als würde die Stärke des Schwertes meinen Körper durchströmen, eine Stärke, die ich in der Dunkelheit der Höhle verloren hatte.

Als Nächstes fand ich ein Stück trockenes Brot und steckte es direkt in meinen Mund. Irgendwie war es tröstlich, als es auf meiner Zunge zerging, obwohl es trocken war. Ratlos, aber etwas gestärkt und getröstet, saß ich nun da. Es war ganz still und dunkel. Wie sehr sehnte ich mich nach dem Licht des Tages, nach der Sonne. Wie sehr sehnte ich mich danach, frei zu sein! Mein Herz wollte schon vor Verzweiflung „zerfallen", so wie die Steine dieses Berges auseinandergefallen waren.

---

[1] Vgl. Hebräer 4,12 und Offenbarung 1,16.

Plötzlich hörte ich irgendwo in der Stille ein schabendes, kratzendes Geräusch, und mein erster Gedanke war, dass ein Tier in der Nähe lauerte. Ich griff nach meinem Schwert und spürte, wie sich die beunruhigenden Gedanken verflüchtigten und mich neue Zuversicht erfüllte. Sicher würde Jeschua nach mir suchen. Er wusste, dass ich hier in der Höhle saß, verschüttet und verschollen. Er würde mich befreien. Je länger ich das Schwert fest in der Hand hielt, desto sicherer wurde ich in dieser Überzeugung. Jeschua würde mich hier herausholen. Er würde mich nicht im Dunkel sitzen lassen. Er wusste, wie er mich aus der Dunkelheit befreien konnte. Er würde kommen und mich retten. Das wusste ich ganz sicher. Ich wusste nicht, wann, aber ich wartete zuversichtlich mit dem Schwert in meiner Hand. Er würde mich aus der Dunkelheit ins Licht bringen.

~~~~~~~

Heute sitze ich nicht mehr in einer Höhle. Ich habe diese dunklen Zeiten überwunden, aber ich weiß immer noch, wie ich mich gefühlt habe. Vielleicht kennst du diese Zeiten auch, oder vielleicht bist du gerade in einer solchen Zeit. Wie sieht deine Höhle aus? Ist es dein Arbeitsplatz oder der Druck der Universität? Wie ist es für dich, wenn dein Alltag plötzlich über dir zusammenbricht wie die Wände einer Höhle? Was kann helfen, wenn uns Dunkelheit umgibt und wir das Licht nicht mehr sehen können?
~~~~~~~

Wüstenblumen: Persönliche Schritte für dich

Warum nicht „Warum" fragen?

Viele Leute sagten mir, ich solle nicht nach dem „Warum" fragen, und deshalb habe ich lange Zeit nicht gefragt. Aber heute frage ich: „Warum nicht?"

In der Bibel können wir zum Beispiel lesen, wie David sein Herz vor dem Herrn ausschüttet. Oder im Buch der Klagelieder dachte Jeremia über die schrecklichen Dinge nach, die in Jerusalem geschehen waren. Ich habe in meiner dunkelsten Zeit gelernt, mit meiner Schwäche und meinem Schmerz ehrlich vor Gott zu sein. Gott weiß bereits, wie ich mich fühle. Tagebuchschreiben war in diesen Zeiten hilfreich für mich, und es gab Tage, an denen ich nur dieses eine Wort aufschrieb: „Warum?"

Ich wandte mich mit meiner Frage an den Herrn. Oft bekam ich keine Antwort, aber er gab mir ein Zeichen seiner Gegenwart – wie den Rucksack in der Höhle. Ich möchte dich ermutigen, ehrlich zu Gott zu sein und ihm dein Herz auszuschütten.

Der Rucksack

Für mich war der Rucksack ein Zeichen der Gegenwart Gottes, als würde er mir sagen: „Du bist nicht allein!" Er erinnerte mich an die Zeiten, in denen ich Gottes Gnade bereits erfahren hatte. Ich habe gelernt, wie kraftvoll es ist, mich an die Wunder zu erinnern, die ich bereits erlebt habe.

Immer wieder schreibe ich alles auf eine Liste – die kleinen und die großen Dinge – wie den Tag, an dem ich erkannte, dass Jesus mich gerettet hat. Das hat mein Denken verändert, und ich kann diese Liste an einem dunklen Tag lesen und wieder ermutigt werden. Die Dankbarkeit für alles, was er für mich getan hat, wird mich wieder zum Lobpreis führen. Wenn du bereits eine solche Liste hast, lies sie und lobe Gott für die guten Dinge, die er in deinem Leben getan hat. Wenn du jetzt gerade in einer Höhle sitzt, möchte ich dich daran erinnern: Du bist nicht allein!

Wasser, Brot und eine Waffe

Diese drei Dinge fand ich in dem Rucksack: Wasser zur Erfrischung, Brot zur Stärkung und ein Schwert. Jesus selbst hat gesagt: *„Wer aber von dem Wasser trinkt, das ich ihm geben werde, der wird niemals mehr Durst haben"* (Johannes 4,14 NLB). Wie können wir von Jesus trinken? Ein erster Schritt könnte sein, ihn um etwas zu trinken zu bitten. Du musst nicht dafür bezahlen, z. B. mit guten Werken, Bittgebeten oder gutem Benehmen. Es ist umsonst. Wie das geht? Frag einfach! Ich habe es erlebt, als ich in meiner Höhle saß und betete. Auch wenn es um mich herum dunkel war, fühlte ich mich in diesen Momenten erfrischt. Das ist mein Gebet für dich heute – dass du dich von diesem lebendigen Wasser erfrischt fühlst.

Jesus ist nicht nur das Wasser. Er ist auch das Brot, und das Brot ist das Wort. *„Der Mensch braucht mehr als nur Brot zum Leben. Er lebt auch von jedem Wort, das aus dem Mund Gottes kommt"*, sagte Jesus (Matthäus 4,4 NLB).

Ich möchte dich einladen, den Herrn um frisches Brot zu bitten. Er ist das Brot, das in Stücke zerbrochen wurde. Er wird dir in deiner Zerbrochenheit begegnen und dir neue Kraft geben – seine Kraft. Ich möchte dich einladen: Komm und teste, wie freundlich der Herr ist.

Ich habe die Macht des Schwertes schon oft erlebt. Vor allem, wenn ich „im Dunkeln saß" und Gottes Wort laut las. Ich spürte, wie sich entweder die Situation änderte oder ich einen tiefen inneren Frieden fand. Es ist wichtig, an Gottes Wort festzuhalten. Halte das Wort fest wie ein Schwert. Lass es nicht los, lege es nicht beiseite, halte daran fest, auch wenn es nur ein Vers ist.

Psalm 23,4 ist solch ein Vers, an den du dich halten kannst:

Und ob ich schon wanderte im finstern Tal,
fürchte ich kein Unglück; denn du bist bei mir,
dein Stecken und Stab trösten mich.

Tag 12
Dunkelheit – Überleben

Gestern haben wir darüber gesprochen, wie es sich anfühlt, wenn alles um einen herum zusammenbricht. Es kann so aussehen, als würden die Wände einer Höhle über uns zusammenbrechen. Wir fühlen uns vielleicht sogar wie in einer Höhle gefangen, ohne einen Ausgang. Es ist eine Schocksituation.

Heute werden wir einen Blick in diese Höhle werfen und hinspüren, wie es sich anfühlt, von Dunkelheit umgeben zu sein. Für mich ist es ein Blick zurück in eine dunkle Zeit meines Lebens, in der ich nicht in der Lage war, klar zu sehen. Ich konnte weder sehen, was mich gefangen hielt, noch wie ich einen Ausweg finden konnte.

Die zwölfte Begegnung

Ich war völlig erschöpft und dachte: „Wie lange sitze ich schon in dieser Höhle fest, gefangen und im Dunkeln?" Ich wusste nicht, ob es Tag oder Nacht war oder wie viele Stunden bereits vergangen waren. Hin und wieder war ich kurz eingenickt. Jedes Mal, wenn ich meine Augen öffnete, war es immer noch so dunkel wie vorher. Ich war durstig und suchte nach der Flasche mit Jeschuas kostbarem Wasser. Schluck für Schluck trank ich, und es schmeckte seltsamerweise immer noch frisch. Noch seltsamer war, dass die Flasche nicht leer zu werden schien. Ich hatte immer noch genügend Wasser. Im Dunkel der Höhle reduzierte sich mein Denken aufs Überleben. Was war in dieser Situation lebenswichtig?

Genug zu trinken schien ich zu haben, auch etwas zu essen fand ich in dem Rucksack. Immer wieder schien ein kleiner Happen Brot meinen Hunger gerade lange genug zu stillen. Mit jedem Bissen spürte ich neue Kraft. Aber ich sehnte mich auch so sehr nach meinem Freund, nach seiner Gegenwart, nach dem wärmenden Licht des Tages. So kam es mir vor, als säße ich allein in der dunkelsten

Nacht, gefangen. Doch ich hatte das Schwert immer noch fest umklammert, denn es gab mir Kraft, meine Hoffnung nicht zu verlieren. Und ich erinnerte mich immer wieder an die Worte, die Jeschua zu mir gesagt hatte. „Vertrau mir!" waren zwei dieser Worte. Und ja, ich vertraute ihm immer noch, auch wenn ich nicht wusste, wie viel Zeit vergangen war. Ich vertraute ihm, dass er mich hier rausholen würde.

Irgendwann schlief ich ein und wurde von einem unbekannten Geräusch geweckt. Dann hörte ich seine Stimme, die meinen Namen rief – zuerst dumpf, aber unverkennbar. Ich rief laut: „Hier bin ich! Hier! Hilf mir, ich sitze fest!" Ich konnte nicht aufhören zu schreien. Ich war nun hellwach und völlig außer mir. Er hatte mich gefunden, endlich! Ich konnte Jeschuas Stimme kaum verstehen, aber ich glaube, er sang wieder sein Siegeslied. Dann hörte ich auch wieder die schabenden, kratzenden Geräusche. Ich wusste, dass er einen Stein nach dem anderen abtragen würde, bis er mich gerettet hatte und ich zu ihm ins Licht hinauskönnte.

Ich war immer noch müde, aber jetzt war ich auch voller Zuversicht. Ich konnte zwar nicht die Hand vor Augen erkennen, aber jetzt konnte ich hören, dass er da war, ganz in meiner Nähe. Nur eine Steinwand trennte uns. Fieberhaft überlegte ich, was ich machen konnte, um zu helfen. Langsam kehrte das Leben in meine müden Glieder zurück. Wenn ich nur nahe genug an die Stelle herankäme, an der er arbeitete, dann könnte ich versuchen, die Steine meines Gefängnisses von innen zu entfernen.

Wenigstens wusste ich jetzt, wo mein Ausweg war. Wenn ich nur seiner Stimme folgte, würde ich die Freiheit finden. Also kroch ich dorthin, wo seine vertraute Stimme am lautesten zu sein schien, und versuchte, vielleicht ein paar lose Steine wegzubekommen. Ich musste vorsichtig sein, damit hier nichts ins Rutschten kam und ich doch noch verschüttete wurde. Ich hörte seine Melodie immer klarer, stimmte ein, sang mit. Ich sang immer lauter, weil ich wollte, dass auch er mich hörte.

Es war schwer, manchen Stein zu bewegen. Sie saßen teilweise so fest, waren ineinander verkeilt, und ich konnte ja nichts sehen. Tastend bewegte ich mich vorwärts, Stein um Stein. Manchmal nahm ich auch das Schwert, um einen festsitzenden Stein zu lösen. Es war Schwerstarbeit, aber würde ich das durchstehen, wäre ich frei.

Mit jedem Stein, der sich löste, löste sich auch die Bedrückung. Es schien mir, als würde ein Hauch von Licht irgendwo in die Dunkelheit eindringen. Es war nur so eine Ahnung. Ich riss meine Augen auf und blickte in die Richtung seines Gesangs. Ja, es wurde ein wenig heller. Die gleichmäßigen Geräusche seiner Arbeit wurden auch immer lauter, als würde er die Steine mit schwerem Gerät bewegen; aber ich wusste, dass er hier oben auf dem Berg nichts anderes als seine Hände hatte. Ich dachte an seine Hände, die mich beim Aufstieg auf den Berg festgehalten hatten – dieselben Hände kämpften nun für meine Freiheit. Ich versuchte, mich auf seine Melodie zu konzentrieren und mitzusingen. Die Worte waren nicht wichtig, nur dass er meine Stimme hörte und ich seine. Wir arbeiteten beide stundenlang. Mittlerweile war ich völlig erschöpft und wollte aufgeben. Kraftlos sackte ich zu Boden.

Dann hörte ich ihn rufen: „Vorsicht!"

Reflexartig wich ich zurück und kroch weiter nach hinten. Ein paar Felsbrocken krachten auf den Boden und wirbelten Staub auf. Ich hielt meine Hände schützend vor mein Gesicht. Doch dann sah ich, wie ein Lichtschein durch den Steinberg drang und alles erhellte. Es war nur ein winzig kleines Loch, aber es war so hell, dass ich meine Augen schließen musste. Dieses kleine Licht brachte alle meine Ängste und Sorgen zum Verstummen. Endlich konnte ich sehen. Ich konnte nun die Höhle sehen, in der ich eingeschlossen war. Ich konnte sehen, wie viel Platz ich noch hatte, um mich zu bewegen, und ich konnte sehen, wie groß der Berg von Steinen war, der den Ausgang immer noch versperrte.

Meine Augen schmerzten ein wenig und ich musste sie wieder schließen. Jetzt konnte ich Jeschuas Stimme viel deutlicher hören. Er rief nach mir und wiederholte immer wieder diese Worte: „Halte durch – ich hol dich da raus. Hab keine Angst; bald bist du frei. Ich beeile mich und werde dich in die Freiheit führen."

Ich war so gerührt, dankbar, aber auch erschöpft. Einen Moment lang verharrte ich unbewegt in derselben Position. Dann endlich öffnete ich meine Augen wieder und kroch zurück zum Steinberg. Jetzt konnte ich besser mitarbeiten, denn ich konnte die Steine sehen, die ich noch bewegen musste. Es würde eine Weile dauern, aber wir arbeiteten zusammen. Ich konnte Jeschuas Stimme hören und das Licht sehen, das immer ein bisschen heller zu werden schien. Das gab mir Hoffnung und Kraft, weiterzumachen.

Wenn du lange Zeit im Dunkeln gesessen hast, verlierst du jedes Zeitgefühl. Ohne Licht weißt du nicht mehr, ob es Tag oder Nacht ist. Ich habe diese Dunkelheit erlebt, in der ein Tag wie der andere aussah. Ich konnte nicht mehr arbeiten und verlor meine Tagesstruktur und damit auch meine Freude. Das Einzige, was ich tun konnte, war, mich darauf zu konzentrieren, am Leben zu bleiben.

Wüstenblumen: Persönliche Schritte für dich

Was ist wichtig?

Gestern haben wir über das tägliche Brot gesprochen, das der Herr gibt, und dass er das lebendige Wasser ist. Wenn du in der Dunkelheit sitzt, dich gefangen und allein fühlst, vergisst du vielleicht zu essen und zu trinken – oder du entwickelst sogar ungesunde Essgewohnheiten. Essen und Trinken ist für dein ganzes Sein wichtig – die Seele ist ein Teil davon.

Das hebräische Wort nefesh[1] für „Seele" ist mit dem Wort für „Kehle" verwandt. Wenn du nicht genug Wasser trinkst, bricht dein Körper zusammen. Ältere Menschen vergessen oft

[1] Vgl. 1. Mose 2,7; vgl. Worterklärung AT der Elberfelder Studienbibel #5401 („näpäs"): „Seele, Verlangen, Leben, Selbst, Lebewesen. Das von näpaš (#5400), Atem schöpfen, abgeleitete Wort … hat die Grundbedeutung Atem, Hals und Kehle … näpäs bezeichnet keine unsterbliche Seele im griechischen Sinn, keinen separaten Teil im Menschen, sondern den ganzen Menschen."

zu trinken und dehydrieren deshalb. Manchmal, wenn ich Kopfschmerzen bekomme und mich nicht konzentrieren kann, merke ich, dass ich nicht genug Wasser getrunken habe. Für unser Wohlbefinden brauchen wir natürliches Wasser, aber auch geistiges, lebendiges Wasser. Meine Seele kann austrocknen, wenn ich vergesse, von Gottes Gegenwart zu trinken, wie David es in den Psalmen ausdrückt.

In Psalm 42 können wir über die Sehnsucht der Seele nach dem lebendigen Gott lesen:

> *Meine Seele dürstet nach Gott, nach dem lebendigen Gott. Wann werde ich dahin kommen, dass ich Gottes Angesicht schaue? Meine Tränen sind meine Speise Tag und Nacht, weil man täglich zu mir sagt: Wo ist nun dein Gott?* (Psalm 42,3-4).

Wenn du nicht genug von Gottes Gegenwart trinkst, trocknet deine Seele aus, und das tiefe, schwarze Loch in dir wird noch tiefer. Das Lesen der Psalmen hat mir geholfen, nicht auszutrocknen; es stillte den Durst und den Hunger meiner Seele. In der ersten Phase des Schocks ist es vielleicht nicht möglich zu essen. Wie in diesem Psalm geschrieben steht, können Tränen zu deiner Nahrung werden. Aber es wird wichtig sein, aus der dunklen Höhle herauszukommen, damit du wieder anfangen kannst zu essen.

Unser Körper ist die Wohnstätte Gottes. Wir können Gott ehren, wenn wir uns auf gesunde Weise um unseren Körper kümmern. Regelmäßige Mahlzeiten gaben meinem Tag eine Struktur, eine Routine, die meinen Körper und meine Seele stärkte. Die Wahrheit, die ich in dieser 12. Begegnung erfahren habe, ist: Es gibt immer einen Überschuss an lebendigem Wasser und täglichem Brot, das uns zur Verfügung steht. Gottes Vorrat geht nie zur Neige.

Deshalb möchte ich dich heute ermutigen, das zu essen und zu trinken, was der Herr – natürlich und geistlich – für dich zubereitet hat, zu deinem Besten und zu seiner Ehre.

Stimm ein und sing mit ihm sein Siegeslied

Ich weiß, dass es vielleicht unpassend und menschlich unmöglich scheint zu singen, wenn du in einer „dunklen Höhle“ gefangen bist. Wenn du nur Dunkelheit siehst, ist dir sicher nicht nach Singen zumute, aber es gibt auch andere Lieder als Lieder der Freude. Die Psalmen sind geschriebene Lieder, oft mit einem Schrei aus einer tiefen Not heraus.

In meinen dunkelsten Zeiten hat mir Musik geholfen. Oft hörte ich Lieder mit voller Lautstärke und Kopfhörern. Es gibt so viele Lieder der Ermutigung. Wenn ich nicht in der Lage war, selbst zu singen, hörte ich mir die Siegeslieder von anderen an. Manchmal sang ich sie in meinem Herzen mit, und manchmal fing ich wieder an, sie selbst zu singen.

Ich habe diese Momente erlebt, in denen es schien, als würde sich der Himmel ein wenig öffnen. Ich weiß, dass der Himmel voller Musik ist, so wie es im Buch der Offenbarung geschrieben steht, wo alle das Lamm Gottes anbeten, das alle Finsternis überwunden hat. Jesus, das Lamm Gottes, ist das Licht, und wo er ist, gibt es keine Finsternis; die Finsternis flieht. Ich möchte dich dazu ermutigen, dein Siegeslied zu finden und in dieses Lied einzustimmen. Ich bete für dich, dass du die Kraft eines neuen Liedes erlebst, das im Himmel geschrieben wurde. Wenn du es singst oder schreibst, höre zuerst zu. Höre auf den Einen, der für dich singt, der über dir sein Siegeslied, sein Liebeslied singt.

> *Der Herr, dein Gott, ist in deinen Mauern, er ist mächtig und hilft dir. Er hat Freude an dir, er droht dir nicht mehr, denn er liebt dich; er jubelt laut, wenn er dich sieht* (Zephanja 3,17 GNB).

Nicht aufgeben!

Nach einer Weile wird das Licht den Weg in deine Höhle finden und deine Dunkelheit erhellen. Ich bin mir sicher, dass Jesus hart daran arbeitet, dich zu retten, so wie er es mit mir getan hat. Wenn du anfängst zu sehen, wirst du ein bisschen mehr Klarheit über deine Situation bekommen. Jesus ist das Licht und er zeigt dir vielleicht einige große Steine, die den Eingang zu deiner Höhle blockiert haben.

Lass dich von der Größe der Steine nicht entmutigen. Höre auf die Worte aus der heutigen Begegnung und lass Jesus sie in deine Situation sprechen: „Halte durch – ich hol dich da raus! Hab keine Angst; bald bist du frei! Ich beeile mich und werde dich in die Freiheit führen."

Vertraue ihm!

Tag 13

Schwere Steine – Brauchst du Geduld?

Vielleicht reicht es dir, und es ist dir zu viel, auch nur noch einen weiteren Tag in dieser Höhle zu verbringen. Ich würde sicher nicht drei Tage lang in einer Höhle sitzen wollen, aber wenn ich zurückblicke, wie lange ich in meiner dunklen Höhle gesessen habe ... das waren Jahre. Langsam wurde es ein wenig heller, aber ich war immer noch nicht frei. Was hindert dich daran, in Freiheit zu leben? Lass uns einen Blick auf die Begegnung werfen, die am dritten Tag in der Höhle stattfand ...

Die 13. Begegnung

Wir hatten den Rest des vergangenen Tages und einen Teil der Nacht hindurch gearbeitet. Sogar die Nacht schien nicht mehr so dunkel zu sein, drang doch nun mehr Licht von außen in die Höhle. Jeschua hatte direkt vor der Höhle ein Feuer entzündet. Stein um Stein trugen wir gemeinsam ab – er die äußeren und ich die inneren. Ich hatte keine Angst mehr, denn ich sah bereits das Ende meiner Gefangenschaft.

Als die Steinöffnung endlich groß genug war, dass ich meine Hand durch das entstandene Loch stecken konnte, konnte ich die Freiheit, nach der ich mich sehnte, fast greifen. Wir jubelten einen Moment lang und reichten uns die Hände, als gäbe es bereits einen Sieg zu feiern.

Dann bat Jeschua mich, einen Moment zu warten und ging ein Stück fort. Mein Blickfeld war immer noch eingeschränkt; ich konnte nicht erkennen, was er tat, aber dann kam er wieder mit einer Tasse, die ein wohltuend heißes, dampfendes Getränk enthielt. Dankbar nahm ich die Tasse entgegen und setzte mich für einen Moment hin. Es war ein wunderbar wärmendes Gefühl, das meinen Körper durchströmte. In diesem Augenblick fühlte ich mich geliebt.

Jeschua arbeitete weiter, während ich immer noch dasaß und Schluck für Schluck genoss. Das Getränk schmeckte süß wie Honig, aber auch kraftvoll, belebend. Als der Becher leer war, hatte ich neue Energie und ging fast gut gelaunt an die Arbeit. Inzwischen wusste ich, welche Steine ich lösen konnte, ohne einen Steinrutsch zu riskieren. So arbeiteten wir beide konzentriert weiter und sangen währenddessen die immer gleiche Melodie.

Mit jedem Stein, der von der Mauer entfernt wurde, fiel auch ein Stein von meinem Herzen und mir wurde leichter zumute. Alle Schwermut war nun der Vorfreude gewichen, denn meine Befreiung stand unmittelbar bevor, aber ich musste mich noch gedulden.

Das Loch war schon ziemlich groß, vielleicht hätte ein kleines Kind hindurchgepasst oder ein Tier, aber für einen ausgewachsenen Menschen war es noch zu klein. Ich wurde ungeduldig.

Jeschua reichte mir eine wärmende Decke, in die ich mich hüllen konnte, und sagte: „Hab Geduld! Alles geschieht zur rechten Zeit. Wenn wir so kurz vor dem Ziel die Geduld verlieren würden, könnte das katastrophale Folgen haben. Einer von uns könnte noch ernstlich verletzt werden, wenn der Rest des Berges wegen unserer Unachtsamkeit ins Rutschen gerät." Es war schwer, sich jetzt noch zu konzentrieren, und diese Worte waren nicht das, was ich hören wollte.

Auf der einen Seite war ich so aufgeregt, auf der anderen Seite so erschöpft von der langen Zeit in der Dunkelheit. Nach drei Tagen Gefangenschaft endlich die Freiheit zu sehen, zu schmecken – darauf freute ich mich unbändig. Ich fühlte mich wie ein kleines Kind, das seine Eltern auf einer Reise immer wieder fragt: „Wann sind wir endlich da?"

Wann bin ich endlich frei?

Jeschua hielt einen Moment inne und fragte mich, welchen Stein wir als Nächstes bewegen sollten. Ich war ratlos, denn der Stein, der mich direkt in die Freiheit führen würde, war riesig und Jeschua würde ihn vielleicht nicht alleine bewegen können. Wenn ich von innen nachhelfen würde, ginge es vielleicht. Aber an der Innenseite lagen noch ein paar Steine davor, so hatte ich also noch einiges abzuarbeiten. Ich machte mich daran, die kleinen Steine wegzuschaffen.

Jeschua stand abwartend vor dem Loch und schaute ein wenig kritisch. Dann sagte er: „Also entweder der große da vorne, oder aber wir erweitern das Loch auf der anderen Seite. Das wäre auch eine Möglichkeit. Es würde wahrscheinlich etwas länger dauern, aber es wäre weniger anstrengend und gefährlich."

Eigentlich hörte ich gar nicht mehr richtig hin. Ich wollte unbedingt den großen Stein weghaben; so schnell wie möglich wollte ich hier raus. Irgendwie kopflos zerrte und ruckelte ich an dem schweren Stein, als ich Jeschua sagen hörte: „Allein schaffst du das nicht. Der Stein ist zu schwer. Lass uns das zusammen machen und in Ruhe."

Nachdem ich mich nochmal erfolglos mit meiner letzter Kraft gegen den Stein gestemmt hatte, musste ich ihm recht geben. Ich ließ mich zu Boden sacken, und dann kamen mir wie aus heiterem Himmel die Tränen. Sie flossen und flossen aus mir heraus, als ob sich irgendwo ein Ventil geöffnet hätte. Ich war am Ende – wieder mal.

Ruhig abwartend sah Jeschua mich an und summte leise unsere Melodie. Er ließ mich einfach weinen. Ich wusste, dass er recht hatte. Der Stein war einfach zu groß. Und ja, es wäre klüger, den anderen Weg zu wählen und die kleineren Steine beiseitezuschaffen, aber ich wollte hier nicht mehr länger festsitzen. Ich konnte nicht mehr. Meine Tränen hörten nicht auf zu fließen, und ich schüttete mein Herz vor ihm aus. „Bitte hilf mir!", schluchzte ich. „Ich kann nicht mehr. Aber du kannst alles, das habe ich schon so oft erlebt. Warum kannst du diesen großen Stein nicht wegnehmen, damit ich endlich frei bin?"

Jeschua sah mich traurig an. Dann sagte er nur leise: „Hab Geduld, lass mich nur machen!"

Ich hatte keine Kraft mehr, auch keine Geduld, nur noch Resignation. Ich saß da in meiner Höhle und fühlte mich so leer. Nach so langer Zeit in der Höhle war ich ganz kraftlos, und meine Nerven lagen blank. Noch eine weitere Nacht in dieser Höhle würde ich nicht aushalten. Das wusste ich ganz genau. Wieder war ich vor Erschöpfung eingeschlafen, nachdem ich mich wie ein kleines Kind in einer Ecke der Höhle zusammengekauert in den Schlaf geweint hatte. Als mich etwas an der Schulter berührte, schreckte ich angstvoll hoch und schrie kurz auf, aber dann hörte ich die vertraute Stimme Jeschuas.

~~~~~~~
~~~~~~~

Ungeduld. Kennst du das? Geduld ist eine Frucht des Heiligen Geistes, und ich weiß, dass ich um mehr Wachstum dieser Frucht in meinem Leben bitten muss. Es gibt so viele Momente, in denen ich die Geduld verliere, vor allem, wenn die Lösung sehr nahe zu sein scheint. Ich werde nervös, weil ich die Lösung eines Problems sofort haben will, und zwar jetzt! Es dauert dann eine Weile, bis ich mich beruhigt habe, loslassen kann und dem Herrn vertraue.

Ich erinnere mich an eine Zeit, in der ich in einer solchen Situation war und bereits ein paar Wochen zuvor die Lösung des Konflikts hatte sehen können, aber nichts war geschehen. Ich musste warten. Ich spürte einen inneren Druck und versuchte es auf meine Weise, bis der Herr mich an die Worte aus dieser Begegnung erinnerte: „Hab Geduld! Alles geschieht zur rechten Zeit.“

Wüstenblumen: Persönliche Schritte für dich

Etwas Warmes

In Zeiten von innerem Druck und Ungeduld brauche ich dieses Angebot des Herrn, in seiner Gegenwart runterzukommen und auszuruhen. In der Begegnung hat er mir die Hand gereicht und mir etwas Warmes zu trinken gegeben. In meinem Alltag hilft es mir, mit einer Tasse Tee in meinem roten Sessel zu sitzen. Ich muss runterfahren und mir der Liebe des Vaters in meinem täglichen Leben bewusst werden. Nur wenn ich in seiner Liebe geruht habe, kann ich mit Geduld reagieren. Die Decke ist für mich auch ein Zeichen seiner umhüllenden Liebe und seiner Barmherzigkeit. Sie erinnert mich daran, dass ich geliebt werde, so wie ich bin.

Mit der Liebe des Vaters, die mich umgibt, lerne ich, geduldiger, liebevoller und barmherziger zu werden – zuerst mit mir selbst und dann, aus dieser Selbstakzeptanz heraus, mit meinem Nächsten. Bitten wir den Herrn um die inneren und äußeren Zeichen seiner herzerwärmenden Liebe und Barmherzigkeit. Vielleicht haben wir diese Zeichen bereits empfangen und es nicht bemerkt, also lass uns täglich danach suchen. Was kommt dir in den Sinn? Versuche, es in dein tägliches Leben zu integrieren.

Feiere die kleinen Schritte

Bei dieser Begegnung streckte Jeschua mir seine Hand entgegen. Kannst du dir vorstellen, wie sich dieser Moment anfühlt? Diese erste sanfte Berührung nach drei Tagen allein in einer Höhle? Als ich in der Dunkelheit saß, war ich so dankbar für eine Hand, die sich mir entgegenstreckte. Ich war dankbar für die Umarmung meiner Freunde, die mir die liebevollen Arme des himmlischen Vaters spürbar werden ließen. Ich kann die Freude des Vaters über unsere kleinen Schritte, die wir vorwärtsgehen, spüren.

Was war dein letzter kleiner Schritt nach vorne? Wie kannst du ihn feiern? Ich möchte dich ermutigen, mit einem Freund darüber zu sprechen. Vielleicht könnt ihr gemeinsam feiern.

Du kannst es nicht alleine schaffen

Warst du schon einmal in einer Situation, in der du dein Problem nicht alleine lösen konntest? Das kann der Ansatzpunkt für den Herrn sein. Wenn ich aufgebe und loslasse, kann er mir seine Pläne zeigen. Er ist die Weisheit, und ich brauche ihn dringend in meinem Alltag.

Bei der Begegnung wurde mir auch klar, dass einige Steine zu schwer waren und ich sie nicht alleine tragen konnte. Ich bin dankbar für meine Freunde, die mit mir durch dunkle Zeiten gegangen sind. Allerdings waren einige „Steine" auch für meine Freunde zu schwer, und ich bin dankbar für professionelle Hilfe. Jesus kann auch sie benutzen.

Ich bete, dass, falls du einige innere Steine hast, die du nicht alleine bewegen kannst, Jesus dir seinen Weg und seinen Plan zeigt und auch, ob einer seiner Helfer Teil seines Plans für dich ist. Sei gesegnet mit Geduld und Langmut. Alles geschieht zur rechten Zeit.

Tag 14

Freiheit – Lass deine Höhle hinter dir

Jonah verbrachte drei Tage im Bauch des Walfischs. Jesus ging drei Tage durch das Tal des Todes. Der dritte Tag erinnert uns an seine Auferstehung. Er ist derjenige, der die Freiheit bringt.

Manchmal müssen wir durch einen „Tod" gehen, bevor wir frei werden können. Während ich diese Worte schreibe, sitze ich unter dem Kreuz. Das Kreuz ist der Ort, an dem wir loslassen lernen können.

In meiner dunkelsten Zeit schenkte mir jemand ein großes, altes Kruzifix. Ich konnte es nicht ertragen, meinen Retter am Kreuz festgenagelt zu sehen. Weil mein König auferstanden ist und lebt, zog ich die Nägel mit einer Zange aus der Jesus-Statue heraus. Dabei weinte ich über sein Leiden. Das Kreuz wurde für mich zu dem Ort, an dem ich lange Zeit saß. Briefe und Gebete, Fragen und Wünsche schrieb ich auf und heftete sie an das Kreuz. Es half mir, einen sichtbaren Ort zu haben, an dem ich wusste, dass ich alles aus der Hand gegeben hatte. Oft war ich von einer schnellen Antwort überrascht, aber manches brauchte viele Jahre, und auf manche Dinge warte ich immer noch, aber ich weiß, dass das Kreuz der Schlüssel ist. Der auferstandene König bringt uns die Freiheit durch seinen dritten Tag.

Die 14. Begegnung

„Hab keine Angst! Ich bin hier!" Jeschua stand direkt neben mir; sein Gesicht war völlig verstaubt, seine Hände blutig. Er musste die ganze Nacht durchgearbeitet haben und mit bloßen Händen einen Stein nach dem anderen weggeschafft haben, damit er mich aus der Höhle herausholen konnte. Draußen war es dunkel. Nacht.

„Wie soll ich dir danken?", fragte ich ihn.

Er sagte nur: „Komm!", und streckte mir seine Hand entgegen. Es war Zeit.

Er zog mich hoch und wir gingen gemeinsam aus der Höhle. Endlich war ich frei! Tränen traten mir in die Augen, Tränen der Dankbarkeit.

Jeschua hatte den Rucksack aus der Höhle geholt, und auch unsere Decken mitgenommen. Wir zündeten das Feuer wieder an und hüllten uns in die Decken. Den Rest der Nacht verbrachten wir hier. Jeschua schlief schnell ein. Ich hatte noch immer einen Kloß in meinem Hals. Ich sah seine Wunden und schämte mich fast für meine Ungeduld, und ich flüsterte: „Es tut mir leid ..."

Dann muss ich wohl auch eingeschlafen sein, denn als ich das nächste Mal meine Augen öffnete, blickte ich in die aufgehende Sonne. Ein orange-roter Feuerball, der den Wüstenhimmel erleuchtete und die dunkle Nacht vertrieb, nahm mich mit hinein in den Beginn eines neuen Tages. Es war noch ein wenig Glut in unserem Feuer, sodass es schnell wieder entfacht war. Auch Jeschua richtete sich auf, und wir bereiteten uns schweigend etwas Warmes zu trinken und teilten den Rest Brot. Die Sonne hatte bald alles hell erleuchtet und vertrieb die Kühle der Nacht. Ich war immer noch erschöpft, aber auch so dankbar!

Im Tageslicht musste ich ihm das noch einmal sagen: „Danke, dass du mich da rausgeholt hast! Ich war echt verzweifelt. Danke, du hast so viel für mich getan ..."

Er stocherte mit einem Ast im Feuer herum und sagte: „Ich weiß, wie du dich gefühlt hast, und das tut mir leid. Es war eine schwierige Zeit für dich. Bist du bereit, die Höhle nun hinter dir zu lassen und mit mir weiterzugehen?", fragte er und schaute mir in die Augen.

Ich sagte nur: „Wo sollte ich sonst hingehen?" Hier oben in den Bergen kannte ich mich nicht aus, und ich wollte keinen einzigen Schritt mehr alleine machen, auch woanders nicht – nie mehr. In der Höhle hatte sich gerade das Alleinsein so schrecklich angefühlt. Auch das sagte ich ihm.

„Es ist vorbei", sagte er und packte unsere Sachen. „Lass uns gehen." Mühsam richtete ich mich auf, fand meinen Wanderstock und ging hinter ihm her. Ich wollte nichts lieber, als diese Höhle hinter mir zu lassen. Die Zeit meiner Gefangenschaft, die Dunkelheit, die Angst. Gleichzeitig wollte ich aber auch das Gute behalten, das, was ich in meiner Not gelernt hatte: ihm blind zu vertrauen – nicht weil ich so stark war, ganz und gar nicht. Tatsächlich konnte ich allein gar nicht anders, als blind in meiner dunklen Höhle zu sitzen. Nein, ich wollte festhalten, was aus dieser Erfahrung gewachsen war: Die Gewissheit, dass er mich nie allein lassen würde, auch wenn ich ihn nicht sehen oder seine Gegenwart spüren konnte. Er war immer da gewesen. Er hatte mich nicht verlassen, sondern so lange für mich gekämpft, bis ich frei war.

All diese Gedanken gingen mir durch den Kopf, als wir im Sonnenlicht den Berg immer weiter hinabstiegen. Der Abstieg war bei klarer Sicht nicht so beschwerlich und ich konnte mich auf meinen Wanderstock stützten. Ab und zu setzten wir uns auf einen Stein, um eine kurze Pause zu machen und etwas zu trinken.

Nach einer Weile bemerkte ich, dass sich die Gegend verändert hatte. Die raue Steinwüste war einem üppigen Grün gewichen. Wir befanden uns in einer Art Talsenke, die weit und einladend war, wie eine Oase. Es erschien mir fast unwirklich und erinnerte mich eher an eine Almwiese mit einer urigen, rustikalen Berghütte. Überrascht schaute ich Jeschua an, zweifelnd und fragend zugleich.

Er lächelte mich an und sagte nur: „Komm, es ist alles bereit. Mein Vater wartet schon."

Sein Vater? Ich war sichtbar verwirrt.

„Ähm, okay." Etwas verunsichert folgte ich ihm.

Er rief laut: „Abba, wir sind da!" Auf der Veranda stand ein großer Mann, der laut und freundlich lachte, seine Arme weit ausbreitete und auf uns zulief.

Kurz ging mir der Gedanke durch den Kopf, wie schön es doch wäre, einen solchen Vater zu haben, der einen so sehr willkommen heißt. Ich war gespannt auf den Moment, in dem sich Vater und Sohn in die Arme fallen würden. Aber nein, der Vater lief an Jeschua vorbei, und ehe ich wusste, wie mir geschah, hatte er mich schon in eine herzliche Umarmung gehüllt. Fest, ganz fest, hielt er mich und sagte immer wieder: „Schön, dass du da bist! Ich habe mich so sehr auf dich gefreut!"

Dann ließ er mich kurz los und legte seinen Arm um meine Schulter, so schlenderten wir in Richtung Berghütte. Jeschua gesellte sich auf meine andere Seite, und so ging ich in ihrer Mitte in das Haus seines Vaters, so als ob ich hierhergehörte. Daran schien es keinen Zweifel zu geben, nur unbändige Freude über meine Rettung. Jeschua erzählte seinem Vater alles über die Rettung, es sprudelte nur so aus ihm heraus. Er erzählte so voller Freude und Spannung, wie es nur ein Kind bei seinem Vater tun kann, wenn etwas sehr Bedeutendes geschehen war.

Als wir in seinem Haus ankamen, empfing uns ein wärmendes Kaminfeuer und ein festlich gedeckter Tisch. Nach einem unglaublich leckeren Essen zeigte mir der Vater mein Schlafzimmer. Ich ließ mich in das himmlisch weiche Federbett fallen und schlief sofort ein.

~~~~~~~

Seine blutigen Hände, seine Leiden, haben mich aus meiner Höhle gerettet. Das ist der Schlüssel des Kreuzes. In seinen Wunden habe ich Freiheit gefunden. Er hat mich aus meiner Höhle herausgeholt und mich aufgerichtet. Aber ich musste auch eine Entscheidung treffen. Wollte ich in der Dunkelheit meines Schmerzes gefangen bleiben, oder wollte ich in das Licht meiner Freiheit treten?

Nachdem du wahre Freiheit vom Herrn erhalten hast, bist du frei, dich zu entscheiden, ihm aus deiner Höhle hinein ins Vaterhaus zu folgen. Für dieses Fest und die innige Gemeinschaft mit ihm bist du geschaffen.
~~~~~~~

Wüstenblumen: Persönliche Schritte für dich

Bist du bereit, deine Höhle hinter dir zu lassen?

Jesus begleitete mich auf einem langen Weg der inneren und äußeren Heilung. Ich musste mich einigen schwierigen Umständen und Gefühlen stellen, aber nachdem ich seine Hilfe und Heilung empfangen hatte, musste ich lernen loszulassen. Ich musste meine Höhle hinter mir lassen. Die einzige Möglichkeit, meine Höhle zu verlassen, war, seine Hand zu halten und mich von ihm hinausführen zu lassen. Er richtete mich auf, und außerhalb der Höhle fanden wir einen Ruheplatz.

Bei meiner Begegnung war es am nächsten Morgen an der Zeit, die Höhle zu verlassen. Wie erkenne ich aber diesen Zeitpunkt im wirklichen Leben? Der Heilige Geist zeigt es mir. In der Bibel gibt es mehrere Beschreibungen für verschiedene Zeiten. So steht zum Beispiel in Prediger 3,1-3 geschrieben:

> *Ein jegliches hat seine Zeit, und alles Vorhaben unter dem Himmel hat seine Stunde: Geboren werden hat seine Zeit, sterben hat seine Zeit; pflanzen hat seine Zeit, ausreißen, was gepflanzt ist, hat seine Zeit; töten hat seine Zeit, heilen hat seine Zeit; abbrechen hat seine Zeit, bauen hat seine Zeit.*

Der Heilige Geist führte mich in eine neue Ära. Für mich war es hilfreich, mir einen Sprung in meine Zukunft vorzustellen. Wie würde es jetzt aussehen, wenn ich nicht aus meiner Höhle herausgegangen wäre? Wenn ich mich entschieden hätte, meine Höhle nicht zu verlassen? Dieses Buch würde hier enden. Aber ich hatte mich entschieden, der Stimme zu folgen, der ich zu vertrauen gelernt hatte – Gottes Stimme. Er sprach zu mir die Worte aus Jeremia 29,11:

Denn ich weiß wohl, was ich für Gedanken über euch habe, spricht der HERR: Gedanken des Friedens und nicht des Leides, dass ich euch gebe Zukunft und Hoffnung.

Dankbarkeit

Ich bin so dankbar für das, was Jesus in meinem Leben getan hat. Er hat mich aus einem zerstörerischen Leben in gottloser Co-Abhängigkeit gerettet. Er hat mich aus der Dunkelheit in sein Licht gebracht. Seine Wunden haben mich geheilt. Es gibt so viel, wofür ich dankbar bin, und ich möchte dich einladen, mit mir in dieselbe Dankbarkeit einzutauchen. Es gibt immer einen Grund, dankbar zu sein, auch wenn wir uns nicht danach fühlen und erst danach suchen müssen.

Als Kind hat mich die Lebensgeschichte von Joni Eareckson-Tada sehr beeindruckt. Sie ist seit einem Tauchunfall querschnittsgelähmt. Sie ist eine Frau des Glaubens. Auch wenn sie nicht mehr laufen kann, hat sie den Weg aus ihrer Höhle gefunden. Ich erinnere mich nicht mehr genau an die Worte, die sie in ihren Büchern geschrieben hat, aber ich erinnere mich an ihre Dankbarkeit. Sie war und ist für die kleinen und großen Dinge dankbar, wie zum Beispiel, mit ihrem Mund wunderschöne Bilder zu malen da sie ihre Finger nicht benutzen kann.

Wofür bist du in diesem Moment dankbar? Ich bin oft so dankbar für die schöne Landschaft, die mich umgibt. Ich bin dankbar für den Gesang der Vögel und die Luft, die ich atmen kann. Das alles ist Teil der Freiheit, die der Herr mir geschenkt hat. Aber es gibt noch viel mehr, wofür ich ihm danken, ihn loben und ehren kann. Ich habe gelernt, wie wichtig es ist, meine Dankbarkeit dem Herrn gegenüber laut auszusprechen. So wie Kinder lernen müssen, „Danke“ zu sagen, müssen wir lernen, dem Herrn, der uns gerettet hat, zu danken. Wofür bist du in diesem Moment dankbar?

Die Umarmung des Vaters

Wenn Jesus uns rettet, will er uns zu seinem Vater bringen.

Das ist der Ort, an dem wir leben sollten, nicht in der Höhle. Der Vater wartet auf uns. Ich war bei dieser Begegnung etwas überrascht, als der Vater mich umarmte. Das hatte ich nicht erwartet. Ich weiß nicht, wie du dich bei dieser Umarmung fühlst. Kannst du sie genießen?

Vielleicht klammerst du dich immer noch an einige religiöse Bilder, wer und wie Gott ist. Ich möchte dich bitten, das Gute, das du in der Höhle gelernt hast, zu bewahren und daran festzuhalten. In meiner Not habe ich gelernt, Jesus blind zu vertrauen, nicht auf meine eigene Kraft. Ich konnte nicht anders, als blind in einer dunklen Höhle zu sitzen. Ich möchte festhalten, was sich während dieser herausfordernden Zeit in mir entwickelt hat: Die Gewissheit, dass er mich nicht verlässt oder aufgibt, auch wenn ich seine Gegenwart nicht sehe oder spüre. Er lässt mich nicht los. Er ist immer da gewesen. Er hat mich nie verlassen, er hat für mich gekämpft, bis ich frei war.

Diese Offenbarung bringt uns zum Herzen des Vaters. Er liebt uns so sehr, dass er bereit war, seinen Sohn am Kreuz leiden zu sehen, bis er uns gerettet hat. Dann wartet er darauf, dass wir zu ihm kommen und läuft auf uns zu, um uns zu umarmen. Hör auf die Worte, die aus der Begegnung entstanden sind, und lass sie in dein Herz fallen: „Schön, dass du da bist, ich habe mich so sehr auf dich gefreut!"

Ich bete dafür, dass du heute eine neue Offenbarung der Liebe des Vaters erfährst. Sei gesegnet! Wenn Jesus dich gerettet hat, hast du auch einen guten Vater. Wenn du dir dessen nicht sicher bist, rufe ihn an; er wird dir antworten.

Woche 3

Der Herr, dein Arzt, ist mit dir in der Wüste

Und der HERR redete mit Mose und sprach: Rede zu den Israeliten und sprich, dass sie umkehren und sich lagern vor Pi-Hahirot zwischen Migdol und dem Meer, vor Baal-Zefon; diesem gegenüber sollt ihr euch lagern am Meer. Der Pharao aber wird sagen von den Israeliten: Sie haben sich verirrt im Lande; die Wüste hat sie eingeschlossen. Und ich will sein Herz verstocken, dass er ihnen nachjage, und will meine Herrlichkeit erweisen an dem Pharao und aller seiner Macht, und die Ägypter sollen innewerden, dass ich der HERR bin. – Und sie taten so.

Als es dem König von Ägypten angesagt wurde, dass das Volk geflohen war, wurde sein Herz verwandelt und das Herz seiner Großen gegen das Volk, und sie sprachen: Warum haben wir das getan und haben Israel ziehen lassen, sodass sie uns nicht mehr dienen? Und er spannte seinen Wagen an und nahm sein Volk mit sich und nahm sechshundert auserlesene Wagen und was sonst an Wagen in Ägypten war mit Kämpfern auf jedem Wagen

Und der HERR verstockte das Herz des Pharao, des Königs von Ägypten, dass er den Israeliten nachjagte. Aber die Israeliten waren mit erhobener Hand ausgezogen. Und die Ägypter jagten ihnen nach, alle Rosse und Wagen des

Pharao und seine Reiter und das ganze Heer des Pharao, und holten sie ein, als sie am Meer bei Pi-Hahirot vor Baal-Zefon lagerten.

Und als der Pharao nahe herankam, hoben die Israeliten ihre Augen auf, und siehe, die Ägypter zogen hinter ihnen her. Und sie fürchteten sich sehr und schrien zu dem HERRN und sprachen zu Mose: Waren nicht Gräber in Ägypten, dass du uns wegführen musstest, damit wir in der Wüste sterben? Warum hast du uns das angetan, dass du uns aus Ägypten geführt hast? Haben wir's dir nicht schon in Ägypten gesagt: Lass uns in Ruhe, wir wollen den Ägyptern dienen? Es wäre besser für uns, den Ägyptern zu dienen, als in der Wüste zu sterben.

Da sprach Mose zum Volk: Fürchtet euch nicht, steht fest und seht zu, was für ein Heil der HERR heute an euch tun wird. Denn wie ihr die Ägypter heute seht, werdet ihr sie niemals wiedersehen. Der Herr wird für euch streiten, und ihr werdet stille sein

Und der HERR sprach zu Mose: Was schreist du zu mir? Sage den Israeliten, dass sie weiterziehen. Du aber hebe deinen Stab auf und recke deine Hand über das Meer und teile es mitten durch, dass die Israeliten hineingehen, mitten durch das Meer auf dem Trockenen. Siehe, ich will das Herz der Ägypter verstocken, dass sie hinter ihnen herziehen, und will meine Herrlichkeit erweisen an dem Pharao und aller seiner Macht, an seinen Wagen und Reitern. Und die Ägypter sollen innewerden, dass ich der HERR bin, wenn ich meine Herrlichkeit erweise an dem Pharao und an seinen Wagen und Reitern.

Da erhob sich der Engel Gottes, der vor dem Heer Israels herzog, und stellte sich hinter sie. Und die Wolkensäule vor ihnen erhob sich und trat hinter sie und kam zwischen das Heer der Ägypter und das Heer Israels. Und dort war die Wolke finster und hier erleuchtete sie die Nacht, und so kamen die Heere die ganze Nacht einander nicht näher. Als nun Mose seine Hand über das Meer reckte, ließ es der HERR zurückweichen durch einen starken Ostwind die ganze Nacht und machte das Meer trocken, und die Wasser teilten sich.

Und die Israeliten gingen hinein mitten ins Meer auf dem Trockenen, und das Wasser war ihnen eine Mauer zur Rechten und zur Linken. Und die Ägypter folgten und zogen hinein ihnen nach, alle Rosse des Pharao, seine Wagen und Reiter, mitten ins Meer.

Als nun die Zeit der Morgenwache kam, schaute der HERR auf das Heer der Ägypter aus der Feuersäule und der Wolke und brachte einen Schrecken über ihr Heer und hemmte die Räder ihrer Wagen und machte, dass sie nur schwer vorwärtskamen. Da sprachen die Ägypter: Lasst uns fliehen vor Israel; der HERR streitet für sie wider Ägypten.

Aber der HERR sprach zu Mose: Recke deine Hand aus über das Meer, dass das Wasser wiederkomme und herfalle über die Ägypter, über ihre Wagen und Reiter.

Da reckte Mose seine Hand aus über das Meer, und das Meer kam gegen Morgen wieder in sein Bett, und die Ägypter flohen ihm entgegen. So stürzte der HERR sie mitten ins Meer. Und das Wasser kam wieder und bedeckte Wagen und Reiter, das ganze Heer des Pharao, das ihnen nachgefolgt war ins Meer, sodass nicht einer von ihnen übrig blieb. Aber die Israeliten gingen trocken mitten durchs Meer, und das Wasser war ihnen eine Mauer zur Rechten und zur Linken. So errettete der HERR an jenem Tage Israel aus der Ägypter Hand. Und sie sahen die Ägypter tot am Ufer des Meeres liegen.

2. Mose 14,1-30

Tag 15

Federn – Sehnsucht nach Leichtigkeit

Jeden Tag gehe ich raus in die Natur, spazieren, laufen oder Rad fahren. Die frische Luft zu atmen und die gleichmäßige Bewegung helfen mir, den Kopf freizubekommen. Es gab eine Zeit in meinem Leben, in der ich mich danach sehnte, mich unbeschwert wie eine Feder zu fühlen. Vor einigen Jahren fand ich auf meinem täglichen Spaziergang jedes Mal eine Feder. Sie fühlten sich weich und leicht an.

Wie würde es sich anfühlen, auf Federn zu laufen, wo jeder Schritt leicht und ohne Schmerzen ist? Wie würde es sich anfühlen, wenn unser täglicher Spaziergang durchs Leben leichter würde?

Die 15. Begegnung

Ich träumte von Federn. Federn, die auf mich herabfielen. In meinem Traum ging ich durch einen dunklen Tannenwald. Es war wie im Winter – überall um mich herum war es weiß, und wo immer ich meinen Fuß hinsetzte, war alles weiß und weich. Es sah aus wie Schnee. Eine wunderbare weiße Winterlandschaft breitete sich vor mir aus. Die großen und kleinen Tannenwipfel waren weiß gepudert. Über der Landschaft lag eine unbeschreibliche Schönheit und Stille. Das weiße Federkleid ließ das Dunkel des Waldes weiß erleuchten, und neben aller Schönheit war der Wald nun mit solch einer Reinheit umkleidet, dass sie mit Worten nur schwer zu umschreiben war. Staunend sah ich mich um; ein tiefer Friede erfüllte mein Herz.

Jeder Schritt war so leicht und wurde sanft aufgefangen. Ich trug keine Schuhe an den Füßen und spürte den zarten Flaum bei jedem Auftreten. Ich schaute nach oben, wo sich die Sonne zwischen den Bäumen hindurchwagte und von dem Weiß reflektiert wurde. Es war, als würde mit den Federn feinster Goldstaub vom Himmel rieseln. Ich drehte mich im Kreis und versuchte, wie ein Kind ein paar der Federn aufzufangen. Dann begann ich fröhlich zu lachen und drehte mich immer weiter und weiter auf dem warmen, weichen, weißen Federbett.

Ich lächelte immer noch, als ich aufwachte und meine Augen öffnete. Dieses Bett war ein Traum. Ich hatte selten zuvor so himmlisch geschlafen. Ich streckte und reckte mich, und war umgeben von dem Duft eines neuen Morgens.

Da klopfte es an meiner Tür und Jeschua schaute durch einen Spalt: „Darf ich?", fragte er. Mit einem Strahlen im Gesicht nickte ich ihm zu. Er drehte sich um und stieß mit seinem Fuß die Tür auf. Dann betrat er mit einem Tablett, das mit allerlei köstlich duftenden Speisen und Getränken gefüllt war, den Raum. Sprachlos und zutiefst bewegt richtete ich mich in meinem Bett auf.

„Danke", sagte ich etwas verlegen, „das ist viel mehr als ich verdiene." Mir fehlten die Worte. Alles war so liebevoll zubereitet. Es waren sogar Blumen auf dem Tablett, die einen fein-süßlichen Duft verströmten. Ich streckte meine Hand aus, um dieses filigrane Kunstwerk in zartem Gelb zu berühren. Einen Moment hielt ich eine der Blumen fest und nahm mit geschlossenen Augen ihren feinen, unwiderstehlich Duft in mich auf. Dann öffnete ich meine Augen wieder. Jeschua hatte das Frühstückstablett auf meinen Nachttisch gestellt.

Während ich frühstückte, erzählte mir Jeschua mit strahlenden Augen von seinem Vater.

Ganz der stolze Sohn, dachte ich. Auf seinem Gesicht lag solch eine Liebe. Wir mussten über die ein oder andere Begebenheit lachen, die er beschrieb, und als ich sein Lächeln sah, wurde mir bewusst, wie ähnlich er seinem Vater war. Es war genau das gleiche Lachen, mit dem er mich gestern willkommen geheißen hatte.

Nach dem Frühstück stand Jeschua auf und räumte das Frühstückstablett weg. Als er hinausging, sagte er nur, ich könne frei entscheiden, wie ich meinen Tag gestalten wolle. Es gab nur zwei Bedingungen: Alles sollte in Ruhe und in Freude geschehen. Er hatte noch einiges mit seinem Vater zu besprechen, aber er würde ganz in der Nähe sein, falls ich etwas brauchte. Leise ließ er die Tür ins Schloss fallen – und ich mich zurück in das warme, weiche Federbett. Mit einer wohligen Schwere im Bauch war ich schnell wieder eingeschlummert.

Heute ist wieder der siebte Tag, eine Zeit zum Ausruhen und Erholen, eine Zeit zum Nachdenken und Entspannen. Kennst du diese Sehnsucht nach mehr Federleichtigkeit in deinem Leben? Vielleicht könnte sie am „siebten Tag“ beginnen, wenn du dich entscheidest, dich auszuruhen, wenn du eine Weile innehältst, um dich einfach auf etwas Gutes in deinem Leben zu konzentrieren?

Ich möchte dich dazu einladen, auf die „leichten“ Dinge um dich herum zu achten. Wo kannst du Sanftheit, Frieden und Schönheit finden? Ich bete, dass du heute im Haus des Vaters zur Ruhe kommst.

Wüstenblumen: Persönliche Schritte für dich

Ein Symbol für den Heiligen Geist

Ich genoss die Zeit, in der ich jeden Tag eine Feder fand. Nach einigen Wochen begann ich den Herrn zu fragen, ob er mir durch diese Erfahrung etwas zeigen wolle. Ich erkannte, dass die Federn ein Symbol für die Gegenwart des Heiligen Geistes waren. Der Heilige Geist ist ein Geschenk des himmlischen Vaters für seine geliebten Kinder. Als Jesus nach der Auferstehung zum Vater ging, hat er uns seinen Geist hinterlassen, damit wir nicht alleine sind.

Lange Zeit konnte ich diese Person der Dreifaltigkeit, den Heiligen Geist, nicht erkennen. Es war ein Prozess, mein Herz zu öffnen und das Geschenk, das er ist, anzunehmen. Der Heilige Geist ist kein mystisches Gespenst. Er ist eine sanfte Person, ein Helfer, ein Fürsprecher und ein Tröster. Mit dem Heiligen Geist wird das Leben leichter. Es würde Bücher füllen, über diese besondere Person der Dreifaltigkeit zu schreiben. Meine persönliche Erfahrung teile ich in meinem nächsten

Buch. Heute möchte ich dich einfach dazu ermutigen, dein Herz für dieses Geschenk des Vaters zu öffnen. Er möchte auch dein Leben heller machen.

Der Diener

Wie fühlst du dich und was denkst du über die Situation, als Jeschua das Frühstück brachte? Ist es in Ordnung, wenn du noch in deinem Bett liegst und Jesus sich um dich kümmert? Bist du in der Lage, das Gute zu empfangen, das er für dich vorbereitet hat, oder denkst du, dass du ihm dienen musst? Jesus sagt, dass er als Diener zu uns gekommen ist, und nur wenn wir uns wie Maria zu seinen Füßen setzen, können wir von ihm empfangen.[1] Aus dieser Beziehung heraus werden wir in der Lage sein, ihm und anderen zu dienen, nicht umgekehrt.

> *Auch der Menschensohn ist nicht gekommen, um sich bedienen zu lassen, sondern um zu dienen und sein Leben als Lösegeld für alle Menschen hinzugeben* (Matthäus 20,28 GNB).

Zwei Bedingungen: Ruhe und Freude

Ist es möglich, den Tag in Ruhe und Freude zu gestalten? Ich bin mir nicht sicher, aber ich möchte es versuchen, heute aufmerksam zu sein. Vielleicht sind sie in der kleinen Blume auf meinem Weg zu finden. Nehme ich sie wahr? Nehme ich mir die Zeit, stehen zu bleiben und die Farben zu bewundern und den Duft einzuatmen, oder eile ich daran vorbei? Es ist oft nicht leicht, den Blick auf die Schönheit, die Freude und den Frieden zu richten, wenn uns das Chaos umgibt, aber ich glaube, mit der Hilfe des Heiligen Geistes können wir überall Schönheit finden. Falls wir das Gute nicht sehen, können wir den Herrn bitten, uns die Augen zu öffnen.

Wo findest du Freude und Frieden in deinem Leben? Wie sehen sie aus? Denke an ein Erlebnis, bei dem du Freude und

---

[1] Vgl. Lukas 10,38-42.

Frieden empfunden hast. Was brauchst du im Moment, um in Freude und Frieden zu leben? Ich möchte dich heute dazu einladen, eine Kleinigkeit zu finden, die dir Freude, Ruhe und Frieden bringt, und einfach innezuhalten und mit Dankbarkeit darüber nachzudenken.

Tag 16

Ostwind – Stell dich deinen Ängsten

Ich hoffe, du hast gestern im Haus des Vaters etwas Ruhe gefunden. Ich hoffe und bete, dass du Zeit gefunden hast, dich von deinem Höhlenerlebnis zu erholen. Nimm dir die Zeit, die du brauchst. Jede Reise braucht ihr eigenes Tempo. Wenn wir gemeinsam reisen, ist es, als hätte jemand die Vorspultaste gedrückt, aber du kannst dich – sowohl in Bezug auf dieses Buch als auch in Bezug auf dein Leben – entscheiden, eine Zeitlang auf Pause zu drücken. Manche Abenteuer werden ein tieferes Eintauchen erfordern und dass wir für eine Weile innehalten, einen Selah-Moment. Das hebräische Wort Selah finden wir oft in den Psalmen, die eigentlich Lieder sind. Wo dieses Selah steht, kann der Sänger eine kurze Atempause machen. Vielleicht bleibt das Bild der Höhle noch eine Weile in deinem Herzen. Atme kurz durch. Bist du bereit für ein neues Abenteuer?

Die 16. Begegnung

Den Vortag hatte ich in meinem Zimmer verbracht und versucht, mich von den Strapazen meiner Höhlenerfahrung zu erholen. Heute wehte draußen ein kalter Ostwind, der die Temperatur über Nacht bis auf den Gefrierpunkt abgekühlt hatte. Eiskristalle hatten sich außen auf der Fensterscheibe meines Zimmers gebildet. Ich stand vor dem Fenster und betrachtete in gebannter Stille diese Formationen. Es waren unzählige, kleine und große, sternförmige Motive. Jedes einzelne war einzigartig und wunderschön. Als ich so staunend vor dem Fenster stand, bemerkte ich die Kälte an meinen Armen und strich mir schlotternd darüber. Im selben Moment klopfte Jeschua an die Tür. Er stand da, gekleidet wie ein Zimmermann mit seinem Werkzeugkoffer, und sagte, sein Vater habe ihn gebeten, sich das Fenster anzusehen, es würde nicht ganz dicht halten. Ja, das hatte ich bemerkt, aber seit er den Raum betreten hatte, war es mir gleich viel wärmer geworden.

Während Jeschua sich um das Fenster kümmerte, erzählte er mir von der Kraft des Ostwindes hier oben auf dem Berg. Durch das Fenster konnte ich beobachten, wie sich die Wipfel der Zedern bogen. Über den Berggipfeln war eine Art Feuerball, der am Wolkenrand zu glühen schien.

Ich vermutete, dass das Sonnenlicht hinter diesem Naturschauspiel steckte und hörte Jeschua sagen: „Der Wind verändert alles." Er sagte, sein Vater sei sehr mit dem Wind beschäftigt, da ihm die vier Winde gehorchten. Wenn ich wolle, könne er mich mit dem Wind und seiner Kraft bekannt machen.[1]

Um ehrlich zu sein, wollte ich nicht raus. Mir war schon kalt genug vom Rausschauen, und ich wusste auch nicht, was er genau meinte. Er öffnete das Fenster, um zu sehen, ob es sich richtig schließen ließ und er alle Löcher abgedichtet hatte. Der Wind blies so heftig in mein Zimmer, dass ich zitternd mit den Zähnen klapperte. Jeschua begann zu lachen, schloss das Fenster wieder und sagte nur, ich solle mich warm anziehen – er sei mit seiner Arbeit fertig und wir könnten jetzt rausgehen.

„Was, bei dem Wetter?", fragte ich zögernd. Er zeigte auf den großen Kleiderschrank und sagte, es sei alles da, was ich brauche, ich könne mich einfach bedienen.

Ich öffnete den Kleiderschrank und war sprachlos. Alles war fein säuberlich nach Farbe und Größe sortiert, sodass es nicht schwer war, das Richtige zu finden. Ich entschied mich für einen warmen, weichen Wollpullover. Unter den Hosen fand ich eine, die mich irgendwie an eine Reithose erinnerte, und schlüpfte hinein. Dann zog ich einen warmen Mantel, ein Paar Stiefel, einen Schal, eine Mütze und Handschuhe an und ging nach draußen. Der scharfe Wind schien mich unbarmherzig zu empfangen. Der Rauch aus dem Schornstein der Hütte wurde von den Windböen weggetragen. Ich musste alle meine Kräfte zusammennehmen, um nicht auf den Fersen umzudrehen und zurück in mein warmes Zimmer zu flüchten.

---

[1] Mehr über die vier Winde findet sich in Hesekiel 37,9; Sacharja 6,5; Matthäus 24,31; Offenbarung 7,1 oder im Buch Daniel.

Während ich noch etwas unschlüssig herumstand, kam Jeschua auf mich zu, klopfte mir aufmunternd auf die Schulter und wies auf einen angrenzenden Stall. Er ging vor mir her und ich bemerkte, dass er seine Zimmermannskleidung abgelegt hatte und nun auch eine Reithose trug. Als er die Tür öffnete und wir den Stall betraten, wurde es ganz still. Das Heulen des Windes war augenblicklich verstummt. Ein gedämpftes Licht leuchtete aus einer an einem Deckenbalken baumelnden Laterne und verlieh dem Raum eine gemütliche Atmosphäre. Es duftete nach frischem Heu, das die Tiere genüsslich fraßen, und nach Stroh, das den Boden bedeckte. Hier fühlte ich mich gleich besser, denn dieser Ort strahlte eine angenehme Wärme aus.

Von dem Moment an, als wir eintraten, blickten alle Tiere gleichzeitig zu Jeschua. Sie standen einfach da, kauten Heu und sahen ihn an. Er ging an jedem von ihnen vorbei, strich Ochs und Esel sanft übers Fell und flüsterte jedem ein Wort zu. Es war erstaunlich, ihn so zu beobachten – ich hatte noch nie jemanden gesehen, der so behutsam mit seinen Tieren umging; und die Tiere versuchten, diese Zärtlichkeit mit einer Liebe zu erwidern, die uns Menschen oft fehlt. Die Zeit schien irgendwie stillzustehen. Jedes Tier schien sehnsüchtig auf Jeschua zu warten. Alle Augen waren auf ihn gerichtet, und er gab jedem noch ein Leckerli.

Für die vier Pferde im hinteren Teil des Stalls hatte er einen Sack Möhren mitgebracht. Ich zögerte ein wenig, als er mir den Sack mit den Karotten hinhielt. Ich war nicht sehr vertraut mit Pferden. Sie waren so ... groß. Als er vor einem riesigen, weißen Pferd stehen blieb und ihm sanft die Stirn rieb, nahm ich doch eine Karotte heraus und hielt sie schüchtern vor das nächste Pferd. Der etwas kleinere Wallach nahm mir behutsam die Karotte aus der Hand. Erstaunlich. Ich hatte noch nie ein so sanftes Pferd getroffen. Alles war so friedlich in diesem Stall.

Dann sagte Jeschua zu mir: „Das ist Levantino."

Was für ein besonderer Name. Der kleine, freundliche Kerl sah mich an und lächelte fast, als ich darüber nachdachte, warum das ein passender Name für dieses Pferd war[2].

[2] Die Bedeutung des Namens Levantino wird später noch zur Sprache kommen.

„Bist du bereit?“, fragte Jeschua. „Wir können jetzt aufsatteln.“

„Ähm, ich bereit? Ich kann überhaupt nicht reiten“, sagte ich ein wenig verwirrt. Jeschua sah mich lächelnd an und fragte, warum ich dann das Reitoutfit angezogen hätte, wenn ich nicht vorhätte zu reiten. Dann sattelte er Levantino und los ging's. Er führte sein großes, weißes Pferd aus dem Stall ... Nun, er musste es gar nicht führen. Es lief mit sanften Schritten direkt an seiner Seite, so als würde er es führen, aber es hatte gar kein Zaumzeug. Bevor ich die Zügel in die Hand nehmen konnte, trabte Levantino bereits in Richtung Ausgang. Ich war verzweifelt, weil ich nicht wusste, wohin das alles führen würde.

Draußen empfing uns wieder der eisige Wind. Die Pferde scharrten jetzt mit den Hufen, als freuten sie sich auf einen Ausritt. Jeschua saß bereits oben auf dem Rücken des weißen Pferdes. Er sah, dass mir etwas mulmig war, und lud mich ein, einfach hinter ihm auf seinem großen, weißen Pferd zu sitzen. Wir würden Levantino ins Schlepptau nehmen. Er reichte mir seine Hand und zog mich empor. Ich musste mich nur gut festhalten, und schon ging es los. Die Pferde setzten sich in Bewegung und trugen uns davon wie der Wind.

~~~~~~~

Während ich schrieb, konnte ich fast die Kälte des Ostwindes spüren, der draußen wehte. Hast du schon mal beobachtet, wie sich das Wetter ändert? Der Wind beeinflusst das gesamte Klima. Warme Jahreszeiten werden durch den Ostwind in kalte Jahreszeiten verwandelt. Den Wind selbst können wir oft nicht sehen, nur die Folgen davon.

Heute sah ich einen Baum, der im Wind wehte. Die Äste mussten sich durch den großen Druck von einer Seite zur anderen beugen. Ich konnte den Wind nicht sehen, aber ich konnte sehr wohl sehen, was der Wind mit seiner Kraft bewirkte.
~~~~~~~

Wüstenblumen: Persönliche Schritte für dich

Der Wind verändert alles

Der Wind wird durch den Luftdruck verursacht. Wir können den Wetterwechsel mit unserem natürlichen Körper spüren, aber oft nicht in unserem geistlichen Leben. Wo spürst du in deinem Leben Druck oder den starken Widerstand, den der Wind erzeugt? Vielleicht ist dieser Druck ein Zeichen für eine Veränderung, die bevorsteht. Was könnte oder sollte sich in deinem Leben ändern? Ich versuche oft, Dinge allein zu ändern, und schaffe es nicht.

Das hebräische Wort für „Wind" ist *ruach*[3]. Ich liebe diese Bibelstelle, in der Gott sagt, dass die Veränderung nicht durch menschliche Macht und Gewalt gelingen wird, sondern durch seinen Geist (vgl. Sacharja 4,6 GNB). Diese Worte wurden gesprochen, um das Volk Israel zu ermutigen, das den zerstörten Tempel in Jerusalem wieder aufbauen wollte.

Gestern habe ich dich ermutigt, den Heiligen Geist einzuladen, dir zu helfen, mehr Leichtigkeit in dein Leben zu bringen. Vielleicht ist der Druck, den du spürst, ein Zeichen für Veränderung. Vielleicht hat der Umwandlungsprozess deines Wesens begonnen. Durch diesen Transformationsprozess wird deine alte Natur zu einer neuen, heiligen Natur heranreifen. Ich möchte dich heute ermutigen, nicht mit deiner eigenen Kraft zu bauen, sondern dich der Kraft des Heiligen Geistes anzuvertrauen. Der Wiederaufbauprozess von Gottes Tempel ist für jeden Einzelnen von uns und für die christliche Gemeinde als Ganzes ein entscheidender Schritt.

---

[3] Vgl. Worterklärung AT der Elberfelder Studienbibel #7481: „Geist, bewegte Luft, Wehen, Hauch, Atem, Wind, Nichtiges, Sinn."

Stell dich deinen Ängsten

Um ehrlich zu sein, war ich nie ein Mädchen, das Pferde mag. Ich hatte immer Angst vor diesen großen Tieren. Bis zu dem Tag, an dem Jesus mich bei dieser Begegnung in den Stall führte. Plötzlich wurde ich mit meinen Ängsten konfrontiert, aber auch mit der Ruhe und dem Frieden in diesem Stall. Ich erkannte, dass sich alles ändert, wenn Jesus mit mir in eine beängstigende Situation aus meiner Vergangenheit, Gegenwart oder Zukunft geht. Nachdem ich dieses Kapitel geschrieben hatte, begann ich, Unterricht in „Horsemanship"[4] zu nehmen; ich lernte die Pferdesprache kennen und wie ich mich diesen großen Tieren nähern und dabei meine Angst loslassen kann. Die imaginäre Begegnung mit Levantino war für mich der erste kleine Schritt, mich meinen Ängsten zu stellen.

Kennst du auch solche Ängste in deinem Leben? Wie kannst du dich ihnen stellen? Versuche dir vorzustellen, wie du mit Jesus in diese angstbesetzte Situation hineingehst. Was ändert sich?

Das weiße Pferd

Jesus ist der Reiter auf dem weißen Pferd. Das können wir im Buch der Offenbarung nachlesen:

> *Dann sah ich den Himmel weit geöffnet. Und ich sah ein weißes Pferd, auf dem saß einer, der heißt der Treue und Wahrhaftige. Er urteilt und kämpft gerecht. Seine Augen waren wie Flammen und auf dem Kopf trug er viele Kronen. Ein Name stand auf ihm geschrieben, den nur er selbst kennt. Sein Mantel war blutgetränkt, und sein Name ist „Das Wort*

---

[4] „Der aus dem Englischen stammende Begriff ‚horsemanship' steht für den pferdegerechten, feinfühligen, respektvollen und sicheren Umgang mit dem Partner Pferd. Wer dieses Fachwissen hat und entsprechend im Umgang mit Pferden immer einsetzt ... wer Pferde versteht, ihre Körpersprache lesen und richtig einschätzen kann, der ist ein wahrer Pferdemensch, eben ein Horseman." (Antonia Kaupp, Wälderhof) http://faszination-pferdefluestern.de/horsemanship-co.html

Gottes". Die Heere des Himmels folgten ihm. Alle ritten auf weißen Pferden und waren in reines weißes Leinen gekleidet. Aus seinem Mund kam ein scharfes Schwert, mit dem er die Völker besiegen sollte. Er wird sie mit eisernem Zepter regieren und sie zertreten, wie man die Trauben in der Weinpresse zertritt. So vollstreckt er den glühenden Zorn Gottes, des Herrschers der ganzen Welt. Auf seinem Mantel und auf seinem Schenkel stand sein Name: „König der Könige und Herr der Herren" (Offenbarung 19,11-16 GNB).

Jesus ist der Sieger, er ist der, der das Schwert hat. Er hat das Böse bereits überwunden und wird uns in die Freiheit führen. Lasst uns an ihm festhalten.

Bist du neugierig und möchtest mehr über Levantino erfahren?

Als ich diese Begegnung schrieb, zeigte mir der Herr die Macht des Ostwinds. Ich war überrascht von den kraftvollen Bibelversen über den Ostwind und spürte eine tiefere Botschaft. Ich möchte dich ermutigen, das Thema selbst zu vertiefen.

Es gibt vier Richtungen des Windes, wie die vier Pferde im Stall. Das hebräische Wort für Osten ist qadim[5] und bedeutet „der vordere Teil" von dem Wort qadam[6], das „kommen oder vorne sein" bedeutet. Am Anfang dieser Geschichte ruft der Herr seine Kinder aus der ägyptischen Sklaverei heraus. Er will die Beziehung zu ihnen und zu uns wiederherstellen.

Bevor wir weitergehen, müssen wir auf seinen Ruf hören, nach vorne zu gehen. Es ist wie die Einladung, aus unserer Höhle in die Freiheit zu treten. Das kleine Pferd in der Begegnung habe ich Levantino genannt. Dieses Wort ist aus dem

---

[5] Vgl. Worterklärung AT der Elberfelder Studienbibel #7075 (qadim): „vorn befindlich, vorwärts, Osten, Ostseite ... Ostwind."

[6] Vgl. Worterklärung AT der Elberfelder Studienbibel #7077 (qadam): „vorangehen, vorn sein, jmdm. zuvorkommen, entgegentreten, entgegenkommen, begegnen."

altitalienischen Wort Levant[7] entstanden, was „der Osten“ bedeutet. Es kommt von dem alten lateinischen Wort levare, was „heben oder aufstehen“ heißt. Das Wort Levante beschreibt die gesamte Region zwischen dem Fluss Euphrat und dem Berg Horeb.

Wenn wir dem Einen folgen, der auferstanden ist und die Dunkelheit überwunden hat, werden wir Freiheit finden. In der Bibel finden wir viele Hinweise auf Jesus als den Morgenstern. So wie die Sonne im Osten aufgehen wird, wurde er in der Levante geboren. Er kam aus seinem geliebten Volk Israel, um uns zu erlösen. So wie er mich auf sein Pferd gehoben hat, wird er auch uns aufheben und aufrichten.

---

[7] Levante (altitalienisch levante, […], „Osten“, „Morgenland“, abgeleitet vom Sonnenaufgang, von lateinisch levare „emporheben, aufgehen“) ist die historische geografische Bezeichnung für die Länder am östlichen Mittelmeer, die östlich von Italien liegen (Wikipedia, 15.11.2022).

Tag 17

Das Meer – Ein Weg, wo es keinen Weg zu geben scheint

Gestern hatte ich über den Widerstand des Windes geschrieben. Wenn wir Veränderungen in unserem Leben erfahren, gibt es oft Widerstand. Manchmal lässt der Heilige Geist den Widerstand zu, damit wir wachsen, aber oft versucht der Teufel uns daran zu hindern, in die Freiheit zu treten, die der Herr für uns bereithält. Als ich dieses Kapitel schrieb, erlebte ich eine Zeit des Widerstands, aber am Ende wurde ich befreit.

Ich möchte dich noch einmal zu dieser besonderen Begegnung einladen, in der ich auf dem Pferderücken durch die Wüste ritt.

Die 17. Begegnung

Mit aller Kraft klammerte ich mich an Jeschua. Das war der einzige Weg, um nicht von diesem riesigen, weißen Pferd zu fallen. Wir flogen nur so dahin und hatten den Berg schnell hinter uns gelassen. Das weiße Pferd galoppierte voller Kraft, Freude und Würde durch den Wüstensand. Die Sandkörner stoben zu allen Seiten, wirbelten in der Luft umher, als die Hufe den Boden berührten. Die weiße Mähne des Pferdes wehte stolz im Wind. Mit zusammengekniffenen Augen saß ich ziemlich angespannt hinter Jeschua.

Er lachte das Lachen eines Siegers und freute sich am Galopp des weißen Riesen. Der etwas kleinere Levantino folgte hinter uns. Ich hörte seinen Hufschlag. Um sicherzugehen, dass das arme Pferd mitkam, öffnete ich kurz die Augen und schaute zurück. Ich konnte ihn nur schemenhaft in der Staubwolke erkennen, die wir hinterließen. Als ich die Augen noch einen Moment länger geöffnet hielt, den Kopf etwas aufgerichtet – bemerkte ich plötzlich ein neues Gefühl in mir aufsteigen. Es war so etwas wie Neugierde, gemischt mit Freiheit.

Irgendwie erinnerte mich dieser Ausritt an den Flug eines Vogels. In meinem Inneren tauchte ein Bild auf, in dem ich meine Hände aus ihrer angstvollen Umklammerung löste und zu beiden Seiten ausstreckte. Ich war nicht ganz so mutig wie in meiner Vorstellung, aber langsam begann ich den Ritt zu genießen. Hinter Jeschua fühlte ich mich sicher. Er war so mit dem weißen Pferd verbunden, dass es genau zu wissen schien, welche Richtung es einschlagen sollte.

Ich weiß nicht, wie lange wir an diesem Tag schon geritten waren. Jeschua brachte das weiße Pferd schließlich in einen gemäßigten Trab. Als ich anfing, das Reiten zu genießen, entdeckte ich am Horizont die Weite des Meeres. Es war atemberaubend, wie sich die Sonne orange-rot darin spiegelte. Unser Pferd kam nun langsamer voran, und der Wüstensand stob nicht mehr so hoch. Ich schaute zurück, um mich nach Levantino umzusehen, aber ich konnte ihn nirgends sehen. Jeschua drehte sich zu mir um und sagte, ich solle mir keine Sorgen machen, denn Levantino habe heute noch einen großen Auftrag zu erfüllen. Wieder einmal konnte ich die Bedeutung seiner Aussage nicht ganz erfassen.

Mittlerweile hatten wir das Meer erreicht, und der weiße Riese blieb am Wasser stehen.

Jeschua sprang schwungvoll in den nassen Sand, hielt mir seine Hand hin und sagte: „Komm!"

Ich ergriff seine Hand und ließ mich vom Pferderücken, auf den Sand des Ufers herabgleiten. Wir gingen zusammen im Sonnenuntergang am Strand spazieren. Es war ein besonderer Moment, und Jeschua sagte, dass heute ein ein bedeutsamer Tag sei.

Ich spürte Wind aufkommen, Ostwind, der immer stärker zu werden schien. Wir zogen uns ein wenig vom Meeresrand zurück an einen etwas ruhigeren Ort, eine Felsformation, die den Wind ein wenig abhielt, aber einen herrlichen Blick auf das Meer bot.

Schweigend saßen wir da und schauten auf das Meer hinaus. Die ganze Nacht über wehte ein starker Ostwind. Ich konnte kaum glauben, was ich da sah. Das Wasser sammelte sich auf beiden Seiten und gab den Meeresboden frei. Das Meer türmte sich nun auf beiden Seiten wie eine Mauer auf. Der Wind blies kräftig und drückte die Wassermassen auseinander. Dann sah ich Menschen, viele

Menschen, zusammen mit Viehherden, die durch den im Wasser entstandenen Weg gingen. Sie liefen zwischen den Wasserwänden hindurch und hatten nur das rettende Ufer im Blick.

Sie schienen um ihr Leben zu rennen. Als sie näherkamen, konnte ich sehen, dass ihre Augen vor Angst oder auch Staunen weit aufgerissen waren. Sie dagegen schienen uns nicht wahrzunehmen. Ich spürte, dass hier etwas wirklich Großes geschah. Ich schaute zu Jeschua, der seinen Blick fest auf die Menschen gerichtet hatte, die vom Meeresgrund zu uns heraufkamen. Tränen liefen über sein Gesicht, und seine Augen waren so voller Liebe.

Dann sagte er: „Endlich ist mein Volk frei. Mein Vater hat sie aus Ägypten herausgeführt. Durch die Kraft und den Schutz seiner erhobenen Hand haben sie das Land ihrer Gefangenschaft verlassen. Schau nur, sie sind da!", rief er mir voller Freude zu, sprang auf und zog mich neben sich hoch. Er hob seine Arme in den Himmel und jubelte laut: „Sie sind hier, meine Geliebten! Sie sind frei!"

Dann sah ich, wie der Menschenstrom langsam verebbte. Am Ende des Zuges der Reisenden sah ich eine dichte Wolke und eine Feuersäule, die hell leuchtete. Dieses Bild war so kraftvoll. Die Feuersäule leuchtete intensiv und erinnerte mich an das Feuer im Dornbusch. Ich war sehr aufgeregt und wollte Jeschua so vieles fragen, aber gleichzeitig war ich völlig sprachlos und wollte nichts von dem verpassen, was dort vor meinen Augen geschah.

Auf einmal erkannte ich Mose, der mit seinem Stab am Ufer stand. Er hielt den Hirtenstab ausgestreckt über das Wasser und ließ ihn dann plötzlich sinken und auf den Boden fallen. Im selben Moment berührte mich etwas von hinten an der Schulter. Erschrocken drehte ich mich um und blickte in die treuen Augen von Levantino. Er war ganz außer Puste. Wo war er nur gewesen? Ich tätschelte seinen Hals und war froh, ihn zu sehen. Als ich mich wieder dem Meer zuwenden wollte, hörte ich grelle Schreie wie von Menschen, die dem Sterben ausgeliefert waren.

Jeschua sagte: „Das ist der Feind."

Dann sah ich viele Krieger, Streitwagenführer mit Speeren und zum Kampf gerüstete Reiter. Plötzlich brachen die Wassermassen über ihnen zusammen. Die Meereswände stürzten ein und alle ertranken.

Als die letzten Schreie verstummten und das Meerwasser sich wieder zu beruhigen schien, sah ich, wie die große Volksmenge langsam aufatmete.

Sie standen alle am Wasser, den Blick auf das Meer gerichtet. Dann erscholl solch ein Jubel, wie ich ihn noch nie in meinem Leben gehört hatte. Es waren Jubelschreie der Geretteten, der Befreiten, der von Gott Geliebten. Sie umarmten einander und weinten. Alte und Junge, Männer und Frauen, kleine Kinder – alle standen da, jubelnd und weinend. Denn nun waren sie ein freies Volk, und der Feind, der sie verfolgt hatte, war besiegt. Er konnte sie nicht länger quälen. Sie waren auf dieser Seite des Meeres in Sicherheit. Jeschua liefen noch immer die Tränen übers Gesicht und auch ich war ganz bewegt.

Dann hörte ich Mose ein Lied singen, und das ganze Volk stimmte mit ein. Ihr Gesang war laut und wunderbar. Sie sangen von der Freiheit, die Gott ihnen geschenkt hatte. Sie priesen Gott, den Krieger, der ihre Schlacht geschlagen und den Feind überwältigt hatte. Moses Schwester Miriam nahm ein Tamburin und begann zu tanzen – und alle Frauen mit ihr. Wir standen dort auf dem Hügel und sahen uns das fröhlich feiernde, befreite Volk an. Wir freuten uns mit ihnen und ließen uns von ihrem Jubel anstecken. Der Jubel ließ mein Herz höherschlagen; es fühlte sich leicht und frei an.

Jeschua sah mich an, wir umarmten uns kurz. Dann sagte er: „Es ist gut, lass uns gehen!"

Mit neuem Mut ging ich zu Levantino und schaute Jeschua Hilfe suchend an. Er streckte mir seine Hände hin und half mir aufzusitzen. Nun saß ich mutig in meinem Sattel. Jeschua schwang sich auf seinen weißen Riesen. Dann trabten wir los. Meine Angst vor dem Reiten war verschwunden. Etwas in mir hatte sich verändert. Diese mächtige Rettung, die ich mit eigenen Augen beobachten durfte, hatte etwas in meinem Herz heil werden lassen. Ich fühlte mich frei und trieb mein Pferd an, schneller zu laufen. Dann streckte ich meine Arme aus und begann zu lachen. Jeschua war neben mir und beobachtete mich lächelnd, während ich unbeschwert der Wüste entgegenritt.

~~~~~~~
~~~~~~~

Während ich schrieb, war es, als könnte ich alles sehen, was ich im 2. Buch Mose in den Kapiteln 13 bis 15 gelesen hatte. Als Jeschua mich aus der Höhle holte, führte Mose das Volk aus Ägypten heraus. Sie wanderten durch die Wüste, während ich ritt. Der Unterschied war, dass der Pharao schon bald beschlossen hatte, das Volk Israel zu verfolgen.

Hast du dich schon einmal verfolgt gefühlt, als würde der Feind versuchen, dich durch die Wüste zu jagen? Hattest du schon einmal das Gefühl, dass es keinen Ausweg aus deiner Situation gibt? Um dich herum ist nichts anderes als Wüste und vor dir mächtige Wassermassen. Kennst du die Angst, dass du deinen Weg nicht mehr sehen kannst, weil es keinen Weg gibt? Hast du jemals gedacht, dass es besser für dich wäre, in der „Sklaverei" des Alten zu bleiben? Hast du vielleicht gedacht, dass es besser gewesen wäre zu sterben? Wenn du diese Gedanken oder Gefühle kennst, komm mit mir und schau dir in der biblischen Geschichte an, was Gott dort getan hat.

Wüstenblumen: Persönliche Schritte für dich

Der Herr wird für dich kämpfen

Das war die erste Botschaft, die Mose dem verängstigten Volk überbrachte, und ich will sie dir heute mit den Worten aus 2. Mose 14,13-14 überbringen:

> *Mose aber antwortete dem Volk: Fürchtet euch nicht! Steht und seht die Rettung des HERRN, die er euch heute bringen wird! Denn die Ägypter, die ihr heute seht, die werdet ihr weiterhin in Ewigkeit nicht mehr sehen. Der HERR wird für euch kämpfen, ihr aber werdet still sein* (ELB).

Wenn du dir deine beängstigende Situation vorstellst, wiederhole diese Worte für dich selbst, bis sie tief in dein Herz fallen.

So wie Gott zu den Israeliten sprach, spricht er auch zu dir: „Mache dich auf!“ Ich möchte dich ermutigen, auch wenn du keinen Weg vor dir siehst, trotzdem vorwärtszugehen! Ich bete für dich um diesen gewaltigen Schritt des Glaubens ins Ungewisse. Du kannst dem treuen Gott vertrauen. Er hat einen Plan. Er wird einen Weg bahnen, wo kein Weg erkennbar ist. Durch Jesus wissen wir, dass er der Weg ist. Also mach mutig einen Schritt vorwärts.

Seine Gegenwart umgibt dich

Von dem Moment an, als das Volk Israel Ägypten verließ, wurden sie vom Herrn geführt. Er ging bei Tag in einer Wolkensäule und bei Nacht in einer Feuersäule vor ihnen her, um sie zu leiten und ihnen Schutz vor der Hitze bei Tag sowie Licht und Wärme für die Nacht zu geben. Diese Wolken- und Feuersäule ging nicht von ihnen weg.[1] Versuch dir die aussichtslose Situation vor dem Meer vorzustellen. Die ägyptischen Soldaten kamen mit Streitwagen aus der Wüste. Ängstlich sahen die Israeliten zu, ob der Herr sich bewegte. Die Wolkensäule ging erst vor ihnen her und stellte sich dann hinter sie, sodass er wie eine Wolke zwischen den Ägyptern und dem Volk Israel stand. Was für ein Zeichen des Schutzes.

Ich bete, dass du dich durch die Gegenwart des Herrn sicher und geschützt fühlst, egal was der Feind versucht, um dich auf deinem Weg zu behindern. Der Herr, der allmächtige Gott, steht hinter dir, sodass der Feind dich nicht mehr sehen kann und sich dir nicht nähern wird. Der Herr kommt in einer Wolke und mit Licht. Vielleicht bist du von Nacht umgeben, aber durch seine Gegenwart wirst du sehen können.

Es gibt einen Weg

Als Mose seine Hand über das Meer ausstreckte, ließ der Herr das Wasser in dieser Nacht durch einen starken Ostwind

---

[1] Vgl. 2. Mose 13,21-22.

zurückweichen und sich teilen, bis trockener Grund freigelegt war.[2] Heute möchte ich mit dir die Hand zum Herrn ausstrecken und ihn bitten, das Meer erneut zu teilen, diesmal für dich. Ich bete für dich, dass sich in deiner hoffnungslosen Situation ein neuer Weg auftut.

Wo ursprünglich kein Weg gedacht war, entstand ein Weg und führte in die Freiheit. Wir haben einen wunderwirkenden, wunderbaren Gott, der bei seinen geliebten Kindern ist, um sie aus Gefahr und Dunkelheit in einen völlig neuen Tag zu führen.

Die Bibel sagt, dass Gott die Wagen der Ägypter im Boden stecken bleiben ließ und die Feinde dann erkannten, dass der Herr gegen sie kämpfte. Mit der aufgehenden Sonne, als jedes seiner geliebten Kinder die andere Seite erreicht hatte, ließ der Herr die Wassermassen zurückkehren und die Wagen vollständig überfluten.

Ich möchte dies in deine Situation hineinsprechen: Strecke die Hand nach der anderen Seite aus und erkenne, dass der Herr der Krieger ist, der für dich kämpft. Er hat den Feind bereits besiegt, und dieser kann dich nicht länger quälen. Du bist jetzt auf dieser Seite des Meeres in Sicherheit.

---

[2] Vgl. 2. Mose 14,21.

Tag 18

Das verlorene Gleichgewicht – Frieden im Schmerz

Als der Herr das Meer für mich teilte und mich an das sichere Ufer brachte, konnte ich die Freiheit spüren. Ich weiß nicht, ob du solche dramatischen Situationen, wie sie das Volk Israel hier in diesem Kapitel durchgemacht hat, in deinem eigenen Leben auch kennst, aber vielleicht hast du schon etwas Ähnliches gespürt: Die Angst vor dem Feind, der dir an den Fersen klebt, oder das mulmige Gefühl, wie durch Wasserwände zu gehen, ohne zu wissen, ob sie standhalten werden.

Vielleicht hast du dem Gott, den du vielleicht noch gar nicht wirklich kennst, nur mit einem kleinen Teil deines Herzens vertraut. Dann ist da noch diese Mischung aus unterschiedlichen Gefühlen, nachdem du das sichere Ufer erreicht hast und der Feind besiegt ist. Du hörst die Schreie deiner besiegten Feinde, aber du bist endlich frei. Freude und Freiheit überwältigen dich ... Wie geht es weiter?

Die 18. Begegnung

Es ging alles so schnell, dass ich nicht genau sagen kann, wie es passiert ist. Ich weiß nur, dass ich in einem Moment noch auf dem Pferd saß und dieses unbeschreibliche Gefühl von Freiheit und Freude hatte und im nächsten mich schon auf dem Boden wiederfand. Jeschua hatte mir noch zugerufen, ich solle mich festhalten, aber es war bereits zu spät. Ich war so plötzlich vom Pferd gestürzt, dass ich nirgend mehr Halt gefunden hatte. Unsanft war ich auf dem trockenen Lehmboden gelandet. Ich schrie vor Schmerz auf, dann wurde mir schwarz vor Augen. Alles um mich herum fühlte sich dumpf an. Das Letzte, woran ich mich erinnerte, waren die weiterlaufenden Pferde und der braune, harte Lehmboden.

Ich weiß nicht, wie viel Zeit vergangen war. Ich hörte nur, wie mich jemand leise, immer wieder bei meinem Namen rief. Aber ich war so müde und konnte meine Augen nicht öffnen. Alles war so anstrengend, und ich wollte nur meine Ruhe und schlafen. Aber das Rufen wurde immer lauter und lauter. Dann spürte ich, wie jemand meine Wange berührte. Fast zärtlich, wie ein sanfter Hauch war diese Berührung. Ich versuchte, meine Augen wieder zu öffnen und sah durch einen Spalt Jeschuas besorgten Blick.

„Wo bin ich?", wollte ich ihn fragen und versuchte mich zu bewegen, aber meine Lippen waren trocken. Ich brachte kein Wort heraus und spürte nur einen stechenden Schmerz, der mich fast wieder ohnmächtig werden ließ. Mir wurde gleichzeitig heiß und kalt, und der Schweiß trat mir auf die Stirn. Noch nie hatte ich solch einen Schmerz gespürt. Ich versuchte dagegen anzukämpfen, mich zusammenzureißen. Mit Gewalt wollte ich die Augen offenhalten und mich aufrichten, als mich eine Welle der Übelkeit überrollte und ich meinen Mageninhalt nicht mehr bei mir behalten konnte. Mit diesem Schmerz kam mein Körper offenbar nicht zurecht. Wie in dichtem Nebel gefangen, konnte ich keinen klaren Gedanken fassen. Vielleicht war ich auf den Kopf gestürzt.

Nachdem einige Zeit vergangen war, hatte sich mein Zustand nur ein wenig verbessert. Immerhin konnte ich ab und an für einen kurzen Moment die Augen öffnen, ohne dass mir schwindelig wurde, und auch meine Übelkeit ließ etwas nach. Trotzdem schlief ich immer wieder für kurze Zeit ein. Tief in meinem Inneren wusste ich, dass ich nicht alleine war und Jeschua sich um mich kümmerte. Von Zeit zu Zeit hielt er mir einen Becher an den Mund und forderte mich auf zu trinken. Nach ein, zwei Schlucken war ich so erschöpft, dass mich der Nebel und der Schlaf wieder übermannten.

Meine Träume waren bizarr und verworren. Ich träumte vom Reiten, und jedes Mal, wenn ich mich umsah, sah ich eine riesige Meute, die mich verfolgte – und dann stürzte ich. Wahrscheinlich hatte ich in meinen Albträumen geschrien, denn jedes Mal, wenn ich daraus erwachte, war Jeschua an meiner Seite und redete beruhigend auf mich ein. Immer wieder sagte er: „Hab keine Angst, das ist nur ein Traum, du bist in Sicherheit."

Ich spürte, wie er seine Hand auf meine Stirn legte und wenig später ein kühles Tuch. Vielleicht hatte ich Fieber. Ich wusste nur, dass ich nicht mehr ich selbst war – aber wer dann? Ich war völlig kraftlos und hilflos. Ich wusste auch nicht, wo ich war, wie spät es war oder wie viel Zeit vergangen war. Ich war nicht in der Lage, all diese Fragen zu stellen oder selbst Antworten zu finden.

Zeit war für mich kein Begriff. Das Einzige, was ich wahrnahm, war dieser endlose Schmerz, der mir all meine Kraft raubte. Zwischendurch, wenn ich es nicht mehr aushielt, schrie ich vor Schmerz und Tränen liefen mir über die Wangen. Selbst da konnte ich nur die Spur der Tränen spüren, bis sie im Wüstenboden versickerten. Ich vermutete, dass wir immer noch in der Wüste waren, denn es war so entsetzlich heiß. Die einzige Linderung brachte mir Jeschua, wenn er mir das kalte Tuch auflegte und mir etwas Wasser einflößte. Manchmal rann das Wasser an meinem Mundwinkel vorbei, weil ich zu schwach zum Trinken war. Dann und wann spürte ich den sanften Hauch eines Windes, der über mein Gesicht wehte und meine Haut ein wenig kühlte. Es war wie eine schmetterlingsgleiche Berührung, die mir in meinem Schmerz Frieden brachte. In meinem Dämmerzustand freute ich mich über solche kleinen Momente, denn dann wusste ich, dass ich noch am Leben war.

So vergingen Tag und Nacht im Wechsel, aber ich konnte sie nicht zählen. Eines Morgens hörte ich, wie Jeschua mit jemandem sprach. Er sagte: „Es ist Zeit, dass sie endlich aufwacht."

Ich verstand die Worte des anderen nicht. Sie waren so laut wie der Klang einer Posaune und so undeutlich wie ein Donnergrollen. Ich versuchte, mir die Ohren zuzuhalten, und muss darüber wohl erneut das Bewusstsein verloren haben.

Als ich das nächste Mal zu mir kam und meine Augen öffnete, spürte ich, dass sich etwas verändert hatte. Der Schmerz war nicht mehr so überwältigend und ich konnte meine Augen offenhalten. Ich schaute mich um und bemerkte eine bunte Zeltwand um mich herum. Karmesinrote Teppiche hingen bis zum Boden und hielten das Sonnenlicht ab. Ich spürte die Matte, auf der ich lag, und roch den Duft, den Feuerholz bei einem Lagerfeuer verströmt. Dann sah ich

Füße in feinen Ledersandalen auf mich zukommen und hörte die Stimme Jeschuas: „Du bist aufgewacht! Endlich!"

Er beugte sich herunter und strich mir über die Stirn. Ich wollte ihn fragen, was passiert war, brachte aber nur ein Krächzen hervor.

„Warte", sagte er und bückte sich, um mir wieder etwas zu trinken zu geben. Diesmal nahm ich einen kräftigen Schluck und sah ihn dankbar an.

Ich räusperte mich, bis ich endlich meine Stimme wiederfand, und mit einem Kratzen im Hals brachte ich schließlich dieses eine Wort hervor: „Was ...?"

Jeschua erklärte mir, dass ich während des Ritts meine Hände ausgestreckt und dann offenbar das Gleichgewicht verloren hatte und gradewegs auf einen Stein gefallen sei. Ich hätte eine schwere Gehirnerschütterung erlitten und das rechte Bein sowie vermutlich auch ein paar Rippen gebrochen. Die Wunde an meinem Kopf hätte sich zunächst entzündet, wäre aber nun am Heilen. Alles würde seine Zeit brauchen, sagte er mir.

Ich sah ihn fragend an: „Wie viel Zeit?"

„So viel, wie du brauchst", antwortete er und sagte mir, dass wir hierbleiben würden. Er würde sich um alles kümmern. „Ruh dich nun noch etwas aus. Ich bin da", hörte ich ihn sagen, als mich der Schlaf wieder übermannte.

~~~~~~~

Hast du schon einmal erlebt, dass sich von einem Moment auf den anderen alles verändert? Ich kenne solche Momente, in denen ich plötzlich mein Gleichgewicht verloren habe. Ich habe einige solcher Herausforderungen in meinem Leben erlebt. Gerade als ich dachte, dass ich mich sicher fühlen konnte, traf mich wieder eine Krise und ich fiel erneut. Es ging so schnell; es gab nichts zum Festhalten, und ich fragte mich wie so oft: Warum? Das Leben, wie es sein sollte, blieb plötzlich stehen und geriet aus dem Gleichgewicht.
~~~~~~~

Wüstenblumen: Persönliche Schritte für dich

Wo bin ich?

Hast du dir diese Frage schon einmal gestellt, wenn das Leben plötzlich ganz anders aussieht als geplant und du nicht glauben kannst, was geschehen ist oder was um dich herum passiert? Manchmal ändert sich etwas Großes, bevor deine Gefühle und dein Leben neu geordnet werden können.

Als ich die Stabilität in meinem Leben verlor, musste ich sie auf eine völlig neue Art und Weise finden. Ich bin so dankbar für meinen Freund Jesus, der immer für mich da war und ist. Selbst wenn ich zu schwach war, ihn zu sehen, war er immer noch da und wachte treu über mir.

Das ist mein Gebet für dich heute, dass du deine Sicherheit in seiner Fürsorge findest. Wenn dein Leben erschüttert wurde und du das Gleichgewicht verloren hast, Jesus ist da. Auch wenn du ihn nicht sehen kannst, er sorgt für dich. Ich bete dafür, dass er die Gewissheit seiner Gegenwart tief in deine Seele und dein Innerstes einbrennt. Ich bete dafür, dass du seine sanfte Berührung, seine Liebe und seine Freundlichkeit erkennst.

Ich war nicht mehr ich selbst

Hast du jemals diese Worte gesagt oder gedacht: „Ich bin nicht ich selbst"? Das ist wie eine Schockreaktion. Dein Körper versucht zu funktionieren, aber du fühlst dich zerrissen. Es gab Zeiten in meinem Leben, in denen ich mir die Frage stellte: „Wer bin ich?" Ich fühlte mich kraftlos und schwach. Ich war nicht mehr stark, hatte keine Aufgabe, keinen Platz, an dem ich sein konnte – ich fühlte mich verloren. Und doch war da diese Stimme, die meinen Namen rief, lauter und lauter, die mir immer wieder sagte, wer ich bin … bis ich begann, die Wahrheit wieder mit den Augen meines Herzens zu sehen und demjenigen, der mich bei meinem Namen gerufen hatte, antworten konnte: „Ich bin dein."

In Jesaja 43,1 spricht der Herr diese schönen Worte zu Israel, und ich glaube, dass er diese Worte heute auch zu dir und mir sagt:

> *Fürchte dich nicht, denn ich habe dich erlöst; ich habe dich bei deinem Namen gerufen; du bist mein!*

Jesus hat den Preis bezahlt, um uns zu retten. Er hat uns eine völlig neue Identität gegeben. Ich bete für den kleinen Samen des Glaubens, den Gott in dein Herz gepflanzt hat. Ich bete dafür, dass er wächst und du erkennst, wer du in Christus bist. Er hat dir eine neue Identität geben, die nicht erschüttert werden kann, weil sie auf den Felsen namens Jesus Christus gegründet ist.

Es ist Zeit, aufzuwachen

Ja, es gab harte Zeiten in meinem Leben, aber selbst in den Schwierigkeiten spürte ich einen kleinen sanften Wind oder eine Berührung wie von einem Schmetterling, die mir Frieden brachte. Diese kleinen Momente erinnerten mich daran: Gott ist nah.

Ich habe gelernt, sensibler zu sein für die kleinen Zeichen des Guten und die Hinweise auf Gottes Gegenwart in meinem Leben.

Ich möchte dich dazu einladen, diese kleinen Momente heute (wieder) neu zu sammeln. Versuche, sie aufzuschreiben, damit du sie nicht vergisst. Als ich lernte, auf die kleinen Dinge zu achten, wurde ich mir ihrer bewusster. Ich konnte deutlicher sehen, dass sein Leben mich in Schönheit und Fülle umgab, und dann hörte ich seine Stimme, die mich tröstete und ermutigte: „Du bist aufgewacht."

Ich segne dich heute und bete, dass du spürst, wie der Herr deinen Kopf mit seiner sanften Hand berührt, und dass du die Stimme des Herrn wahrnimmst, die zu dir spricht: „Du bist aufgewacht."

Tag 19

Mara – Bitterkeit überwinden

Wie oft schon hatte ich diesen Weckruf gehört, aber ich war zu müde und zu schwach, um meinen Weg zurück ins Leben zu finden. Irgendwann wurde mir klar, dass ich meinen Weg nicht selbst finden musste, weil der Herr bereits einen Plan hatte. Er stellte sich mir als Jahwe Rapha[1] vor, als der Herr, der mich heilt. Ich musste ihm in diesem Prozess einfach vertrauen.

Heilung kann ein langer Prozess sein, und manchmal warten wir immer noch darauf, dass sie geschieht oder zur Vollendung kommt. Ich weiß nicht, welche Erfahrungen du mit deiner Genesung gemacht hast, ob du Jahwe Rapha bereits begegnet bist oder wie lange du schon auf Heilung wartest – ich möchte dich einfach einladen, mich auf meiner Reise zu begleiten, und ich bete, dass dich das auf deinem Weg zur Ganzheit segnen wird.

Die 19. Begegnung

Es kam mir vor, als hätte ich schon tausend Tage auf meinem Lager verbracht. Vor einer Weile hatte ich damit begonnen, für jeden Tag mit einem Holzstab einen Strich in den Lehmboden zu ritzen. Meine Genesung hatte an dem Tag begonnen, an dem ich im Halbschlaf Jeschua mit jemandem in der Nähe hatte reden hören. Ich hatte ihn nicht kommen hören, also musste er bei mir gewesen sein, während ich schlief. Als er vor dem Zelt stand und wir nur durch die Zeltwand getrennt waren, hörte ich ihn sagen: „Ich bin der Herr, der dich heilt, Jahwe Rapha."

Mein Freund Jeschua hatte einen Arzt kommen lassen. Schade, dass ich ihn durch den Vorhang nicht sehen konnte. Bald war er

---

[1] Vgl. Worterklärung AT der Elberfelder Studienbibel #7674 (rapa): „heilen"; vgl. z. B. 2. Mose 15,26.

auch schon verschwunden, und Jeschua kam herein und gab mir etwas zu trinken, etwas Bitteres. Als ich davon trank, zog sich mein Magen zusammen und ich schrie vor Schmerz laut auf. Dann packte mich ein solcher Würgereiz, dass ich nach vorne gebeugt alle Bitternis von mir gab. Es war ein grausamer Moment voll Schmerz, der meinen ganzen Körper ergriffen hatte. Doch genauso plötzlich, wie er gekommen war, war er auch schon wieder vorbei. Der intensive Schmerz war weg und ich fühlte mich befreit.

Jeschua hatte mir ein weiteres Glas mit klarem, süßem Wasser gereicht, damit ich den bitteren Geschmack aus meinem Mund spülen konnte. Er sagte: „Manchmal muss man die Bitterkeit loslassen, bevor die Heilung einsetzt."

Erschöpft lehnte ich mich auf meinem Lager zurück. Ich wusste nicht, was er mir gegeben hatte, vielleicht ein starkes Schmerzmittel. Auf jeden Fall schien es zu wirken. Mein Körper entspannte sich, und meine verkrampften Muskeln beruhigten sich.

Jeschua saß da und sprach mit mir über Mose und das Volk. Auch sie waren in der Wüste unterwegs; durstig hatten sie nach Wasser geschrien. Sie kamen nach Mara, aber das Wasser von Mara war bitter. Mose schrie zu Gott, und der Herr zeigte ihm ein Stück Holz, das er in das Wasser werfen sollte. Sofort wurde das Wasser süß. Das war der Ort, an dem sie herausgefordert und geprüft wurden.

Während ich über Jeschuas Worte nachdachte, wurde ich an meine eigenen Herausforderungen und Prüfungen erinnert und gleichzeitig an die Bitterkeit, von der immer noch ein Hauch auf meinen Geschmacksnerven lag. Dann kündigte er einen Verbandswechsel an. Ich war inzwischen in der Lage, meinen Oberkörper ein wenig zu heben. Zuerst schaute er sich die Wunde an meinem Hinterkopf an und sagte, dass sie fast verheilt sei. Dann wechselte er den Verband um meine Rippen; es tat dann doch noch ziemlich weh, als er ihn lockerte. Aber auch die Brüche und inneren Verletzungen schienen gut zu heilen, beruhigte er mich. Der schwierigste Teil war das Schienen meines Beines, aber Jeschua ging behutsam vor. Immer wieder konnte ich mich etwas ausruhen, wenn mir die Schmerzen zu viel wurden.

„Mein Bein sieht ohne Verband seltsam aus", dachte ich, als ich es zum ersten Mal seit dem Unfall genau betrachtete. Es hatte so viel an Muskulatur und Kraft verloren. Es kam mir fast so vor, als hätte ich überhaupt kein Gefühl mehr darin. Immer, wenn ich versuchte, meine Zehen zu bewegen, war alles verkrampft und tat furchtbar weh. Jeschua ermutigte mich, in solchen Zeiten nicht aufzugeben. Ein wenig Training würde nicht schaden, wenn ich es nicht übertriebe.

Immer wieder massierte er das Bein mit kostbarem Öl. Dann nahm er einen langen Holzstab, den er etwa auf die Größe meines Beins zurechtgeschnitten hatte, und wickelte den Verband um den Stab und mein Bein herum, bis er ganz fest daran fixiert war. Jetzt könne ich versuchen aufzustehen, sagte er und hielt mir seine Hand hin. Es war sehr anstrengend für mich, als er mich hochzog und ich zum ersten Mal seit Langem wieder aufrecht stand. Ich wagte es nicht, das verletzte Bein zu belasten.

Dann wurde mir schwindelig, und wenn er mich nicht festgehalten hätte, wäre ich wahrscheinlich rückwärts auf meine Matte gefallen. Mein Kreislauf musste sich erst wieder daran gewöhnen und ich brauchte meine ganze Kraft, um aufrecht zu stehen. Jeschua stützte mich. Immer wieder versuchte er mich von meinen Schmerzen abzulenken und mich gleichzeitig zu ermutigen, nicht aufzugeben. Aufzugeben bedeutete, zusammenzubrechen, denn auf meinen wackeligen Beinen fühlte ich mich, als könne ich jeden Moment zusammenbrechen. Jeschua reichte mir meinen Wanderstock, an dem ich mich zusätzlich abstützen konnte.

Nach ein paar Minuten spürte ich, wie das Blut aus meinen Wangen sackte und mir wieder schwindelig wurde. Aufmerksam, wie Jeschua war, bemerkte er dies ebenfalls und half mir, mich wieder hinzulegen. Wieder konnte ich mich ein wenig ausruhen. So schritten wir Tag für Tag in meinem Heilungsprozess voran.

Ich hatte mehr und mehr wache Phasen. Jeschua forderte mich mit diesen Aufstehübungen ganz schön heraus. Er sagte: „Das eigentliche Problem ist nicht das Aufstehen, sondern das Liegenbleiben."

So übten wir Tag für Tag aufzustehen, und es wurde tatsächlich ein bisschen besser, immer ein bisschen leichter. Zwischendurch musste ich zwar immer noch die Zähne zusammenbeißen, aber ich hatte eine Technik entwickelt, mit der ich mein Bein am wenigsten belasten konnte, und war sehr stolz darauf, dass ich stehen konnte, während ich mich auf meine Krücke stützte. Leider war mein Stolz nicht von Dauer. Jeschua ermahnte mich und erklärte mir, wie wichtig es sei, dass ich mein Bein wieder belasten und meine Beinmuskulatur für einen sicheren Stand trainieren würde. Beide Beine, also beide Seiten meines Körpers, müssten gleichmäßig belastet werden, damit ich keine Fehlstellung entwickelte, die alles noch schlimmer machen würde.

Um ehrlich zu sein, war es ziemlich frustrierend. Ich hatte ganz schön mit dem Holzstab zu kämpfen, der mir als Hilfe dienen sollte. Manchmal war diese Krücke ein Hindernis, und dann kämpfte ich mit meiner Ungeduld, wenn nicht alles so schnell ging, wie ich es mir vorgestellt hatte. Aber wenigstens hatte ich gelernt aufzustehen.

Nach dem Stehtraining ging es mit dem Gehtraining weiter. Was mein Körper vor meinem Unfall selbstständig tun konnte, musste ich ganz neu lernen. Ich fühlte mich wie ein kleines Kind, das seine ersten Schritte machte, aber ich hatte viel mehr Angst vor dem Fallen und vor den Schmerzen als ein Kind.

Jeden Tag setzte Jeschua mir ein neues Ziel. Ich freute mich auf unser heutiges Ziel, denn zum ersten Mal würde ich das Zelt verlassen und hinaus ins Sonnenlicht treten. Es erinnerte mich an die Befreiung aus der Höhle, aber dieses Mal war ich nicht durch äußere Umstände gebunden, sondern durch meine eigenen Grenzen. Mir war ein wenig mulmig zumute. Würde ich es nach draußen schaffen? Der Zelteingang schien meilenweit entfernt zu sein, aber Jeschua war an meiner Seite und stützte mich, wenn ich Hilfe brauchte. Das gab mir die Zuversicht, das „Abenteuer" zu wagen. Trotz all meiner Errungenschaften im Leben und meiner großen Abenteuer stand ich nun hier und sah es als Abenteuer an, die kurze Strecke zum Zelteingang zu gehen. Irgendwie machte mich dieser Gedanke ein wenig traurig.

Jeschuas freundliche und liebevolle Gegenwart ließ die Traurigkeit schnell verblassen. Bei jedem Schritt, den ich vorwärtsging, feuerte er mich an: „Mach weiter so! Du machst das super! Es ist nicht mehr weit; du schaffst das!"

Ich fühlte mich fast wie ein Marathonläufer kurz vor dem Ziel. Der Zelteingang flatterte im Wind. Mit jedem Schritt kam er näher. Mein Herz pochte vor Vorfreude. Ich spürte vor Dankbarkeit einen Kloß im Hals, das Sonnenlicht drang durch die Ritzen, und dann stand ich vor dem Vorhang. Ich schloss meine Augen, während Jeschua den Vorhang zur Seite nahm, und dann tat ich diesen Schritt in die Freiheit, ins Licht. Es war so unbeschreiblich, als ich meine Augen öffnete und die uns umgebende Natur sah. Wir waren offenbar in einer Oase, denn hier war es sehr grün, nicht nur trockener Wüstensand. Ich genoss den Sonnenschein auf meiner Haut, die Wärme, und sog die Luft, die mich mit einer sanften Bewegung des Windes umgab, tief in mich auf.

Hier war es so schön. Ich sah zwei Palmen und einen Springbrunnen und fühlte mich an den Ort El Roi erinnert – den Ort dessen Name bedeutete „Der Gott, der mich sieht" – und doch war es hier anders. Ich wusste bereits, dass ich von Gott gesehen wurde. Er hatte die ganze Zeit über meinen Schmerz gesehen. Er kannte jeden meiner quälenden Schritte, die ich geübt und gewagt hatte. Er war den ganzen Weg mit mir gegangen.

Dann hörte ich ein Wiehern und sah den weißen Riesen und Levantino, als wollten sie mich begrüßen. Levantino kam mit langsamen, zögernden Schritten auf mich zu, als würde er eine schwere Last tragen. Er hielt den Kopf gesenkt und konnte mich kaum ansehen. Der erste Moment, als ich ihn sah, hatte mich ein wenig erschreckt, aber ich wusste, dass es nicht seine Schuld war, dass ich gestürzt war. Ich rief seinen Namen, und nun sah er mich an, aber in seinen Augen lagen tiefe Traurigkeit und Schmerz.

„Komm schon", sagte ich, „es ist okay!" und lächelte ihn an.

Nun traute er sich näherzukommen, und auch ich ging ihm ein paar Schritte entgegen, bis wir uns gegenüberstanden. Noch immer hielt er seinen Kopf gesenkt. Dann berührte ich mit meiner linken Hand seine Stirn. Er schmiegte seinen Kopf an meine Hand, und obwohl er keine Schuld trug, fühlte sich dieser Moment wie eine Versöhnung an. Vielleicht war es auch die Versöhnung mit meiner eigenen Unzulänglichkeit.

Immer wieder sagte ich zu Levantino: „Es ist okay. Es ist gut. Siehst du, ich kann wieder laufen. Es wird alles wieder gut. Mach dir keine Sorgen. Es wird weitergehen. Keine Angst, ich bin okay, und du bist nicht schuld." Ich tätschelte seinen Hals und Levantino schien bei meinen Worten ein wenig in die Knie zu sinken.

„Warum tut er das?" Ich sah Jeschua verwirrt an. Er hatte uns schweigend beobachtet. „Vielleicht will er sich bei dir entschuldigen. Vielleicht will er, dass du ihm verzeihst", sagte er.

„Aber er trägt doch gar keine Schuld", erwiderte ich, und doch schien es, als hätten diese Worte den Kern der Sache getroffen. Levantino wirkte so gebeugt, seine ganze Haltung sah aus, als läge eine schwere Last auf seinem Rücken. Ich wusste nicht, was ich tun sollte.

Jeschua sagte: „Verzeih ihm! Auch wenn er keine Schuld hat, braucht er eine Entlastung, und die kannst du ihm geben."

Ich wusste nicht wie und sagte einfach, was mir durch den Kopf ging: „Ich vergebe dir, dass du mich nicht aufgefangen hast, als ich gefallen bin. Ich vergebe dir, dass du mich nicht weiter auf deinem Rücken getragen hast. Ich vergebe dir, dass du weitergelaufen bist, als ich stürzte. Aber ich möchte auch, dass du weißt: Du trägst keine Schuld. Du bist nicht schuld an meinem Schmerz. Es war ein Unfall." Und es war tatsächlich so, als würde sich Levantino mit jedem meiner Worte ein bisschen mehr aufrichten, bis er mir in die Augen sah. Dann wiederholte ich noch einmal: „Du bist nicht schuld."

Ich spürte, wie wichtig und kostbar dieser Moment war, nicht nur für Levantino, sondern auch für mich. Es war ein wesentlicher Schritt nach vorne, ein Schritt zur Heilung für uns beide.

~~~~~~~

Die Israeliten zogen drei Tage lang ohne Wasser durch die Wüste. Diese Wüste war eine große Herausforderung – tagsüber war es sehr heiß und Wasser war lebensnotwendig. Hast du solche Zeiten auch schon erlebt? Vielleicht bist du genau wie bei dieser Begegnung durch einen Unfall mit Schwäche und Leid konfrontiert, oder du erlebst gerade eine andere Herausforderung, die dich an deine Grenzen bringt.
~~~~~~~

Bitterkeit ist gefährlich, und wir müssen uns davor hüten. Sie hilft uns nicht, unsere Situation zu ändern. Als das Volk Israel endlich Wasser in Mara fand, konnten sie es nicht trinken, weil es so bitter war. Ihr Durst wurde nicht gestillt, sie fanden keine Erfrischung. Über diesen frustrierenden Moment kannst du in 2. Mose 15,23 lesen. Wie haben sie die Bitterkeit überwunden, und was kann uns heute helfen?

Wüstenblumen: Persönliche Schritte für dich

Lass die Bitterkeit los

Murren war eine Reaktion des Volkes Israel auf ihre schwierigen Umstände. Was war deine Reaktion? Vielleicht hast du, wie Mose, zum Herrn geschrien – das ist schonmal eine gute Reaktion. Der Herr zeigte ihm ein Holz, das er ins Wasser warf, sodass das Wasser süß wurde. Wenn wir in unserer schwierigen Situation zum Herrn schreien, wird er uns ein Holz zeigen, das Kreuz, an dem sein geliebter Sohn starb.

Wenn ich mir in meinem tiefsten Schmerz das Kreuz vorstelle und Jesu Leiden sehe, kann ich meine Bitterkeit loslassen. Das ist der Anfang der Heilung. Es ist auch immer wichtig, sich daran zu erinnern, dass wir mit unserem Leid nicht allein sind. Jesus kennt auch deinen Schmerz. Er will auch dir als Jahwe Rapha, der Herr, der dich heilt, begegnen. Vielleicht fragt er dich, ob du die Verbitterung über deine Situation loslassen willst. Vertraue ihm. Er versteht dich. Er wird die Bitterkeit verändern und dir neue Süße geben. Er wird dich erfrischen und dich stärken. Ja, der Kelch[2], den du trinken musstest, hatte einen bitteren Geschmack, aber lass ihn los.

Ich bete dafür, dass der Herr deinen Schrei erhört und dich auf deinem Heilungsweg weiterführt.

---

[2] Vgl. Mt 20,22.

Stehübungen

In der Begegnung sagte Jeschua, wie wichtig es ist, weiterzugehen. Vielleicht fühlst du dich festgefahren oder du fühlst dich zu schwach, um noch einmal aufzustehen. Ich erinnere mich an ein Lied[3], das ich über einen Mönch gehört habe, der nach seinem Geheimnis gefragt wurde, wie man in demütiger Anbetung lebt. Er antwortete einfach: „Wir fallen hin und stehen auf."

Heute möchte ich dich ermutigen aufzustehen, so wie Jeschua mich ermutigt hat. Im Gebet möchte ich dir meine Hand reichen, so wie er es mit mir getan hat, und dir zusprechen, dass er dich wieder aufrichten wird. Mit jedem kleinen Schritt wirst du neue Kraft bekommen; deine Muskeln werden trainiert und erneuert. Bei jedem kleinen Schritt feuere ich dich an, wie Jeschua es tat: „Mach dich auf! Du machst das super! Es ist nicht mehr weit. Du schaffst das!" Und ich bete, dass du seine wunderbare Stimme hörst, die dich noch mehr anfeuert, und dass du seine Hand spürst, die dich hält.

Es ist nicht deine Schuld

Schuld ist ein großes, kompliziertes Thema … und auch eine schwere Last. In unserer Gesellschaft sind wir es nicht gewohnt, darüber zu sprechen. Ich musste in meinem Leben erst lernen, um Vergebung zu bitten und laut zu mir selbst und zu anderen zu sagen: „Es ist nicht deine Schuld." Natürlich macht das eine Sünde nicht kleiner. Wir müssen auch Verantwortung für unser Fehlverhalten übernehmen. Aber wir müssen auch unterscheiden, ob die schweren Lasten, die wir mit uns herumschleppen, aus echtem Fehlverhalten stammen oder einfach ein Unfall waren. Es gibt oft Dinge, die ohne Grund passieren, ohne bösen Willen oder böse Gedanken. In solchen Situationen müssen wir die Stimme hören, die zu uns spricht: „Du trägst keine Schuld."

---

[3] Das Lied „We Fall Down" stammt von Cae Gauntt und ist auf ihrer CD „Hopegarden" enthalten.

Und das ist mein Gebet für dich – dass der Herr dich gerade jetzt von dieser schweren Last befreit und du spürst, wie du wieder aufgerichtet wirst. Du trägst keine Schuld. Der Herr hat dich ein für alle Mal befreit.

Tag 20

Himmlisches Brot – Vertraue auf Gottes Versorgung

Ich habe gelernt, auch die kleinen Schritten im Leben wertzuschätzen. Manchmal fühlte es sich so an, als hätte ich einen Schritt vorwärts und dann zehn zurück gemacht, aber wenn ich zurückblickte, merkte ich, dass ich bereits einen langen Weg gegangen war. Ich war wirklich auf dem Weg der Besserung. Manchmal muss das Leben erst langsamer werden, damit wir Zeit für die innere Heilung haben. Diese Zeiten waren nicht einfach für mich, aber sie waren notwendig. Manchmal brauchen wir eine Art Oase. Diese Orte sind in unserem Alltag nicht leicht zu finden, aber es gibt sie.

Ich möchte dich einladen, mit mir zurück in meine Oase zu gehen.

Die 20. Begegnung

Mit jedem neuen Tag lernte ich dazu. Meine Schritte wurden sicherer, meine Muskulatur kräftiger. Ich übte nun täglich, meinen Weg nach draußen vor unser Zelt zu gehen. Wir waren jetzt seit mehr als vier Wochen hier, achtundzwanzig Striche zierten den Lehmboden vor meinem Lager, und irgendwie fühlte ich mich hier schon heimisch. Mein Tag bekam langsam Struktur und die Schmerzen waren weniger geworden. Morgens stand ich auf und übte meinen Gang zum Brunnen. Das kühle Wasser half mir, die Schwere der Nacht hinter mir zu lassen und den neuen Tag erfrischt zu beginnen. Dann setzte ich mich auf einen Stein und schaute zu, wie der Tag erwachte. Ich genoss die Stille, den Frieden an diesem Ort.

Jeschua kam meist nach einer Weile dazu und brachte eine Schüssel voll Brot. Es schmeckte nach Koriandersamen und Honigkuchen. Wir saßen zusammen vor unserem Zelt und aßen das Brot.

Als ich ihn zum ersten Mal fragte, wo er es gefunden habe und was es war, sagte er: „Himmelsbrot für die Kinder meines Vaters."

Ich konnte mir gut vorstellen, wie sein Vater mitten in der Nacht aufstand, lange vor Sonnenaufgang, und Brot backte. Ich stellte mir vor, wie er dort oben in der Berghütte das Brot mit dem Holzschieber in den Ofen mit dem lodernden Feuer schob. Der köstliche Duft von frischem Brot erfüllte den Raum ... Aber da hörte meine Vorstellungskraft auf.

Wie war das himmlische Brot hierhergekommen? Jeschua war sicher nicht jeden Morgen auf den Berg und wieder zurück gegangen. Als ich ihn danach fragte, schüttelte er amüsiert den Kopf.

Er habe zwar tatsächlich jeden Morgen eine Verabredung mit seinem Vater, aber anders als ich dachte. „Wir treffen uns im Geist", sagte er.

Ich verstand es nicht, aber das war für den Moment in Ordnung. Ja, und das Brot war jeden Morgen mit dem Morgentau in der Wüste zu finden. Es war für das Volk, das wir am Meeresufer gesehen hatten – Gottes Kinder.

„Stell dir vor, sie wollten fast zurück nach Ägypten in ihre Gefangenschaft, weil sie das Essen dort vermissten. Sie hatten Angst, in der Wüste zu verhungern, Angst vor dem Unbekannten. Sie wussten nicht, wo sie hier Nahrung finden sollten, nachdem ihre Reserven aus der Gefangenschaft aufgebraucht waren. Sie hatten Angst vor dem Unbekannten und wussten nicht, dass mein Vater sie mit allem versorgen würde, was sie brauchten."

Ich hörte Jeschua zu und vernahm in seiner Stimme die Traurigkeit über sein Volk, das die Güte seines Vaters nicht erkannte. Ich konnte es mir nicht richtig vorstellen, denn ich hatte bisher noch keinen echten Hunger erlitten. Schließlich hatte sich Jeschua jeden Tag um mich gekümmert. Wie der Vater, so der Sohn, dachte ich – und ich hatte seinen Vater bereits kennengelernt. Der Vater war so umsichtig, zuvorkommend und liebevoll einladend. Ich erinnerte mich an das Abendessen, bei dem ich mich so willkommen gefühlt hatte, und es hatte mir wirklich an nichts gemangelt. Es war überhaupt nicht steif oder trocken dort oben; irgendwie fühlte ich mich wie zu Hause und hatte keine Hemmungen, mir nach Herzenslust den Teller mit dem ausgezeichneten Essen vollzuschlagen.

Ich konnte auch nicht anders, als seine Kochkünste immer wieder zu loben – das Essen zerging in meinem Mund, ein wahrer kulinarischer Genuss. Ja, und dieses himmlische Brot schmeckte auch köstlich. Ich bat ihn, dies und meinen Dank mit herzlichen Grüße seinem Vater auszurichten.

Nachdem ich noch ein paar Mal in das Zelt rein- und rausgehumpelt war, ging das Festmahl am Abend weiter. Jeschua erzählte mir, die Israeliten hätten wieder geklagt und die Fleischtöpfe aus Ägypten vermisst. Daraufhin hatte sein Vater ihnen Wachteln geschickt – auch für unser Abendessen gab es reichlich davon. Die meiste Zeit saßen wir abends zusammen am Lagerfeuer, aßen und erzählten. Ich konnte mit ihm über alles reden, auch über meine immer noch schmerzenden Wunden. Auch wenn es schon viel besser war, stolperte ich ab und zu und ärgerte mich über meine Einschränkungen. Ich war oft frustriert und sogar gelangweilt, weil ich nicht so belastbar war oder nicht schneller Fortschritte machte. Ich war genervt, weil ich am Tag mehr erreichen wollte, und traurig, weil ich mir nutzlos vorkam. Ich konnte ihm all das sagen und er hörte mir zu.

Unsere gemeinsamen Essenszeiten waren etwas Besonderes. Sie gaben meinem Tag Struktur, und ich freute mich auf die Zeit, die ich mit ihm verbringen durfte. Wenn ich zwischen den Mahlzeiten allein war, konnte es durchaus passieren, dass ich schon mal auf falsche Gedanken kam und den murrenden Israeliten nicht unähnlich war. Das tat mir dann leid, wenn wir wieder zusammenkamen, was ich ihm auch eines Abends sagte.

An anderen Tagen fragte er mich mit einem Lächeln: „Und? Hast du heute an Ägypten gedacht?"

Seine Freundlichkeit machte es mir leicht, ihm mein Herz auszuschütten. Manchmal war es mir peinlich, wenn er etwas Besonderes gekocht hatte und ich vorher so schlecht gelaunt war. Es war so einfach, ehrlich vor ihm zu sein, mich einfach zu entschuldigen und ihm zu danken – und ohne Reue oder Verurteilung neu zu beginnen. Nach jeder Mahlzeit mit ihm fühlte ich mich sehr erfüllt, gestärkt und ermutigt.

Eines Morgens wachte ich auf und spürte, dass etwas anders war. Die Sonne schien strahlend hell. Heller als am Mittag, aber es war erst früher Morgen. Jeschua kam mit einem Lächeln ins Zelt.

„Guten Morgen", sagte er. „Du bist geheilt! Dein Bruch ist verheilt und wir können die Schiene heute abnehmen."

Was für eine Begrüßung, dachte ich – „Guten Morgen, du bist geheilt" – wow! Mein Herz schlug etwas schneller. Ich wollte gerade aufstehen, als Jeschua zu mir sagte: „Bleib, wo du bist; wir nehmen den Verband gleich ab."

Nun wurde ich doch etwas unsicher. Würde ich ohne Hilfsmittel auftreten können, ohne zu wanken? Die Angst vor dem Unbekannten überkam mich. Ich hatte mich in den letzten Wochen an die Stabilität der Schiene gewöhnt und zweifelte daran, ob wir das schon heute machen sollten. Es war ja nicht so, dass wir uns beeilen mussten. Die Angst schien immer größer zu werden.

Jeschua sah es an meinem Gesichtsausdruck: „Warum zweifelst du? Vertrau mir!" Dann kam er näher, und ich schloss die Augen und biss die Zähne zusammen.

Am Ende tat es gar nicht weh. Ich spürte tatsächlich keinen Schmerz mehr, als er den Verband löste. Zögernd bewegte ich meine Zehen, auch diese Bewegung tat nicht mehr weh.

Erstaunt sah ich ihn an und sagte: „Es tut nicht mehr weh. Wie kommt das?"

Jeschua lächelte und wiederholte die schönen Worte: „Du bist geheilt." Dann reichte er mir seine Hand und sagte: „Steh auf!" Wieder spürte ich, wie mir mulmig wurde, und suchte nach meinem Stock. „Den brauchst du jetzt nicht mehr", sagte er.

„Wirklich?" Ich sah ihn fragend an. Er nickte ermutigend und hielt mir immer noch seine Hand hin. Ich biss wieder die Zähne zusammen, aber der erwartete Schmerz setzte nicht ein, auch nicht, als ich meinen Fuß aufsetzte und beim Aufrichten mein ganzes Körpergewicht darauf verlagerte. Wieder staunte ich. Ich machte ein paar Schritte ganz ohne meinen Stock, ohne jede Hilfe. Tatsächlich konnte ich schmerzfrei gehen! Ein wenig wankte ich, aber nur, weil meine Muskulatur nicht mehr so stark war wie vor dem Unfall und ich es nicht gewohnt war, ohne Hilfe zu gehen. Mit jedem Schritt wurde ich mutiger und begann endlich zu begreifen, was Jeschua die ganze Zeit zu mir gesagt hatte: Ich war geheilt!

Als ich diese unglaubliche Tatsache mehr und mehr verstand, überkam mich eine solche Freude, dass ich rauslief vor unser Zelt in den strahlenden Sonnenschein. Ich rannte zum Brunnen, dann zu Levantino und dem weißen Riesen. Ich konnte gar nicht mehr innehalten vor lauter Bewegungsdrang. Dann begann ich zu springen und zu tanzen, ganz ohne Schmerzen.[1] Ich jubelte und sang und rief laut: „Danke!"

Jeschua stand im Zelteingang und lachte. Auch er freute sich über meine Heilung. Ich sprang zu ihm hinüber und umarmte ihn spontan. Ich griff nach seiner Hand und bat ihn: „Zeige mir doch bitte, wo du immer das Himmelsbrot findest. Ich möchte alles sehen, was ich bisher nicht sehen konnte!"

Wir liefen zusammen in die Wüste. Der Morgentau überzog den gesamten Boden mit einer weißen Schicht, und endlich konnte auch ich mit eigenen Augen sehen, was ich jeden Morgen geschmeckt hatte: Hier lag das Himmelsbrot bereit! Ich tanzte herum und sammelte so viel ein, wie ich tragen konnte. Ich war ganz überdreht an diesem Morgen und stopfte meine Taschen mit dem leckeren Brot voll.

Als wir zu unserem Lager zurückkehrten, wurde ich wieder etwas ruhiger und fragte: „Woher wusstest du das? Woher wusstest du, dass meine Heilung vollständig war?" „Der Vater hat es mir heute früh gesagt", sagte er mit einem Lächeln.

Wir saßen wie jeden Morgen vor unserem Zelt und aßen das himmlische Himmelsbrot. Obwohl ich mir Unmengen davon eingepackt hatte, war es seltsamerweise nicht mehr als an jedem anderen Tag.

„Bitte, sag doch dem Vater meinen Dank!", bat ich Jeschua.

„Du kannst es ihm jederzeit selbst sagen", antwortete er und sagte dann die rätselhaften Worte: „Der Vater und ich sind eins. So wie du mit mir sprichst, kannst du auch jederzeit mit dem Vater sprechen."

„Ist es so einfach?"

Er lachte wieder und sagte nur: „Ja, genau wie dein Bruch heute geheilt ist."

---

[1] Vgl. Jesaja 35,6 und Apostelgeschichte 3,7-8.

Ich fühlte mich etwas unsicher, so wie vorhin, als ich zum ersten Mal ohne Hilfe aufstehen sollte.

„Wie funktioniert das?", fragte ich ihn. „Wie spreche ich mit dem Vater?"

Er sagte: „Es ist einfach, aber ich will dir eine Hilfe geben."

Dann redeten wir mit unserem Vater, während Jeschua mich lehrte und mir zeigte, wie man betet.

Das ist es, was er mich gelehrt hat:

- Sein Name ist heilig. Das wusste ich von meiner Begegnung am Dornbusch, wo ich auf heiligem Boden gestanden und die Stimme des großen ICH BIN DA gehört hatte, des ewig Existierenden.
- Ich wusste immer noch nicht, was genau mit seinem kommenden Reich gemeint war, aber als Jeschua das erwähnte, hielt er einen Moment inne und sagte mit einem Lächeln, er werde mir sein Reich zeigen.
- Ich wollte, dass sein Wille geschieht, weil ich ihn als den guten Vater kennengelernt hatte, der nur Gutes für seine Kinder hat. Sein himmlischer Wille sollte hier geschehen – wo auch immer ich gerade sitze, stehe und mich bewege –, genauso wie er bereits im Haus des Vaters geschieht.
- Wir danken ihm für unser tägliches Brot.
- Dann folgte die Passage mit der Vergebung. Ich dachte zurück an Levantino und daran, wie viel ich in diesem Bereich bereits gelernt hatte, und wie wichtig es war, auch meine Ungeduld oder Zweifel loszulassen.
- Im nächsten Teil ging es um die Versuchungen, die mich dazu brachten, mich schlecht zu verhalten, und um die Gefahren, die überall lauerten und mich davon abhielten, mich nach dem Guten auszurichten.
- Denn ihm gehört das Reich und die Macht und die Herrlichkeit für immer. Wieder war vom Reich des Vaters die Rede. Wo war das? Vielleicht das Haus des Vaters hier auf dem Berg? Dagegen konnte ich mir seine Kraft gut vorstellen, denn es erinnerte mich daran, wie Jeschua mich aus der Höhle befreit hatte. Als ich das Wort

„Herrlichkeit" sagte, musste ich an das Essen im Haus des Vaters denken, und als ich „Ewigkeit" sagte, hatte ich wieder ein großes Fragezeichen im Gesicht.

Als wir fertig waren, sagte Jeschua nur: „Genau so soll es sein!", und ich stimmte mit einem lauten „Ja!" zu.

Jeschua versicherte mir, es sei in Ordnung, wenn ich noch nicht alles verstünde. Wenn das, was ich gerade gelernt hatte, zu kompliziert sei, könne ich auch einfach so wie ein Kind mit dem Vater reden.

„Schütte ihm einfach ehrlich dein Herz aus", sagte er. „Ganz einfach."

~~~~~~~

Hast du schon einmal wie ein Kind mit Gott, dem Vater, gesprochen? Am Anfang fühlte es sich etwas seltsam an, mit jemandem zu sprechen, den ich nicht mit meinen natürlichen Augen sehen konnte, aber nach einer Weile lernte ich, ihn mit meinem Herzen zu sehen.

Vielleicht hast du anfangs das Gefühl, einen Fremden zu treffen und redest mit ihm fürs Erste über das Wetter. Inzwischen liebe ich das Gebet als Gespräch mit Gott, weil ich ihm als Vater vertraue. Die meisten Menschen kennen das „Vaterunser", das Gebet, das Jesus seinen Jüngern beigebracht hat. In meiner Zeit der Schwachheit habe ich erkannt, dass dieses Gebet ein großer Schatz ist.
~~~~~~~

Wüstenblumen: Persönliche Schritte für dich

Im Laufe der Jahre lernte ich, mehr von der Tiefe dieses Gebets zu entdecken, indem ich über jeden Satz nachdachte oder ihn laut aussprach und darüber meditierte. Ich möchte dich heute einladen, diese berühmten Worte mit mir zu beten, aber bevor wir anfangen, möchte ich noch einen Blick auf unsere drei „Wüstenblumen" werfen:

Das tägliche Brot

Bei der Begegnung brachte mir der Herr jeden Morgen sein himmlisches Brot. Wir wissen, wie wichtig es ist, den Tag mit einem guten Frühstück zu beginnen. In Matthäus 4,4 steht, dass wir nicht vom Brot allein leben, sondern von jedem Wort, das aus dem Mund unseres himmlischen Vaters kommt. Das bedeutet, dass das Gebet nicht nur aus Reden besteht, sondern auch aus Zuhören. Es ist ein Gespräch zwischen zwei Personen.

Wo oder wie können wir seine Stimme hören? Meistens höre ich ihn durch sein geschriebenes Wort in der Bibel zu mir sprechen. Manchmal erinnert er mich an einen Bibelvers, den ich als Kind gelernt habe, und jetzt passt dieser Vers in mein tägliches Leben wie die Antwort, auf die ich gewartet habe. Ich bin dankbar für mein tägliches Brot. Ich danke ihm gerne für jede Mahlzeit, die ich zu mir nehmen kann, denn das stärkt meinen Körper, aber ich bin auch dankbar für sein Wort als mein tägliches Brot, das meinen Geist, meine Seele und auch meinen Körper stärkt. Es erfrischt mich und sättigt vollkommen.

Denkst du an Ägypten?

Das Volk Israel murrte und sagte zu Mose, dass in Ägypten alles besser gewesen sei. Kennst du ähnliche Momente, in denen du die Vergangenheit idealisierst? Aber vielleicht sind die guten alten Zeiten doch nicht so gut gewesen. Für mich war es ein enormer Schritt, die Vergangenheit nicht zu idealisieren und nicht über meine jetzigen oder zukünftigen Zeiten zu murren. Ich musste lernen, für jeden Tag dankbar zu sein, den der Herr mir schenkte – auch in Zeiten in denen ich meine Ausdauer, mein positives Denken oder meine Freude verloren hatte. Dankbar zu sein ist eine Entscheidung, die du und ich treffen müssen. Ich kann ehrlich zu Gott sein. Er kennt mein Herz bereits. Ich kann mit ihm über alles reden, so wie ich es bei der Begegnung am Abend am gemütlichen Lagerfeuer tat.

Ich möchte dich einladen, dich heute mit dem Herrn an die Feuerstelle zu setzen und ihm alles über deinen Tag zu erzählen – das Gute und das Schlechte –, so wie du mit einem Freund redest. Er hört zu. Und was sagt er zu dir? Ich bete, dass du heute seine Stimme hörst, vielleicht ein Wort, das dich tief in deinem Herzen wissen lässt: Gott spricht tatsächlich.

Guten Morgen, du bist geheilt!

Hast du bereits Heilung von einer Krankheit erfahren? Wie drückst du deine Dankbarkeit für deine Heilung aus? Wer hat dich geheilt? Der Herr ist mein Arzt. Oft benutzt er einen Arzt, um mir seine Heilung zukommen zu lassen, weil er ihm Weisheit und Wissen gibt, aber es kann auch direkt durch Gott selbst geschehen.

Letztes Jahr besuchte ich eine Konferenz, auf der jemand ein Gebet für Heilung sprach, und ich legte meine Hände auf eine schmerzende Stelle meines Körpers, um dem Gebet des Glaubens zuzustimmen. Der Schmerz war sofort verschwunden – was für ein Geschenk und ein Grund zur Dankbarkeit! Bei anderen Problemen warte ich immer noch auf die Erfüllung der Heilung.

Heute ist es mein Gebet, dass wir die Erfüllung der Heilung erfahren, wenn wir hören, dass der Herr zu uns spricht: „Guten Morgen, du bist geheilt!“

Und alles andere geben wir an Gott ab in dem Gebet, das der Herr Jesus uns lehrte:

Darum sollt ihr so beten:
Unser Vater im Himmel!
Dein Name werde geheiligt.
Dein Reich komme.
Dein Wille geschehe wie im Himmel so auf Erden.
Unser tägliches Brot gib uns heute.
Und vergib uns unsere Schuld,
wie auch wir vergeben unsern Schuldigern.
Und führe uns nicht in Versuchung,
sondern erlöse uns von dem Bösen.
Denn dein ist das Reich und die Kraft
und die Herrlichkeit in Ewigkeit.
Amen.

Matthäus 6,9-13

Herzlichen Glückwunsch! Dies ist die Halbzeit unserer vierzigtägigen Reise. Ich hoffe, es hat dir gefallen und du wirst mich im zweiten Teil unserer Wüstenreise weiterhin begleiten. Der Berg wartet auf dich. Sei gesegnet!

Tag 21

Massa & Meriba – Lebendiges Wasser

Vielleicht fragst du dich, wie du in deiner Heilung und in deinem Alltag weiter vorankommen kannst. Vielleicht fragst du dich sogar: Ist Gott mit mir? Es gab Zeiten in meinem Leben, in denen ich zu Gott schrie: Wo bist du?

Das Volk Israel stellte dieselben Fragen, als sie durch die Wüste zogen und wieder einmal an einen Ort kamen, an dem sie nichts zu trinken fanden. Sie riefen: „Ist der Herr mit uns oder nicht?" Ohne etwas zu trinken, ist es nicht leicht, durch die Wüste zu wandern. Wenn du in deinem Alltag nicht erfrischt wirst, verlierst du die Hoffnung für deine Reise durch die Wüste des Lebens. Schauen wir uns einmal an, wo wir heute in der Wüste Wasser finden.

Die 21. Begegnung

Am nächsten Morgen erwachte ich früh von einem großen Rauschen. Was war das für ein Geräusch mitten in der Wüste? „Es klingt wie Wasser", dachte ich und rieb mir die müden Augen. Irgendwie wurde mir ein bisschen mulmig und ich stand schnell auf. Wie froh war ich, dass ich keine Krücken mehr benutzen musste! Ich rannte aus unserem Zelt und konnte kaum glauben, was meine Augen sahen: Ein gewaltiger Wasserstrom schoss durch die Wüste, direkt auf mich zu. Plötzlich war ich hellwach. Ich schaute mich um und lief zu Levantino, der seelenruhig auf einer Anhöhe stand. Schnell schwang ich mich auf seinen Rücken und klammerte mich ängstlich an ihm fest. Jeschua und der weiße Riese waren nirgendwo zu sehen.

Das Wasser kam mit gewaltiger Macht und bedeckte schnell das kleine Tal, einschließlich unseres Zeltes, in dem ich gerade noch geschlafen hatte. Ich sah nur noch die Teppichwände, die auf dem Wasser schwammen. Levantino war mit mir ein Stück weiter auf die Anhöhe geschritten. Er schien keine Angst zu haben, und seine Gelassenheit strahlte auf mich aus. Der Wasserstrom hatte uns nicht erreicht. Noch immer rauschte er wie ein Gebirgsbach, aber er hatte seinen Weg gefunden. Ein Wasserstrom mitten in der Wüste – woher kam er?

Nachdem mein Schreck nachgelassen hatte, machte sich Neugier in mir breit. Ich wollte sehen, woher das Wasser kam, also ritt ich mit Levantino am Ufer dieses neu entstandenen Flusses entlang. Wir kamen auf einen Hügel, wo ich endlich einen Überblick bekam. In der Ferne sah ich einen großen Felsen, der bereits ein Teil des Sinai-Gebirges sein musste. Der Fels ragte riesig in den Himmel, und aus seiner Mitte strömten die Wassermassen und fluteten das Wüstenland. Überall in der Nähe des Felsens waren Menschen zu sehen. Das musste Mose mit Jeschuas geliebtem Volk sein. Aber wo war ER?

Ich dachte noch: „Was er hier gerade verpasst," doch dann sah ich ihn auf dem weißen Riesen zu uns kommen. Als er bei uns angekommen war, bemerkte ich, dass es ihm nicht gut ging. Irgendwie sah er zerschlagen aus. Ich sprang von Levantino herunter und rannte zu ihm hin. Was war geschehen?

Als er vom Pferd abstieg, sah ich einen tiefen Schmerz in sein Gesicht gezeichnet. Ich gab ihm meine Hand, auf die er sich stützen konnte. Mit der anderen Hand bedeckte er seinen Bauch. Dann sah ich sein Blut. Es floss hinter seiner Hand hervor. Ich schrie vor Schreck und half ihm, sich hinzulegen. Dann zerriss ich schnell meinen Mantel und wollte ihn auf seine Wunde pressen, um die Blutung zu stoppen. Aber er winkte müde ab und sagte, ich solle ihn in Ruhe liegen lassen, es wäre okay. Ich merkte jedoch, wie er immer schwächer wurde, und hatte Angst, dass er durch den Blutverlust bewusstlos werden könnte. Ich wollte seine Füße hochlegen, damit sein Kreislauf nicht zusammenbrach. Aber wieder schickte er mich fort.

Ich wusste nicht, was ich tun sollte, und schrie wie ein kleines Kind zum Vater. Er hatte mir gestern noch gesagt, dass ich wie ein Kind mit dem Vater reden könne, aber ich war mir immer noch unsicher. All diese ängstlichen Gefühle brachen jetzt aus mir heraus.

„Vater, hilf ihm! Bitte lass ihn nicht sterben! Ich brauche ihn so sehr! Bitte, heile seine Wunde, damit er hier in der Wüste nicht verbluten muss!" Mit all meiner Kraft und Angst schrie ich zum blauen Himmel. Salzige Tränen rannen über meine Wange.

Ich schrie so laut ich konnte und blickte in das grelle Sonnenlicht. Eine leise Wut wollte in mir aufsteigen, doch dann bemerkte ich einen sanften Windhauch, der über mein Gesicht wehte, und ich richtete meinen Blick wieder auf Jeschua. Erleichterung durchfloss mich wie ein Strom. Seine Gesichtsfarbe war zurückgekehrt und er lächelte. Ich lief zu ihm, kniete mich an seine Seite und ergriff seine Hand.

Er öffnete seine Augen und sah mich an. „Hab keine Angst; das musste geschehen, damit mein Volk glaubt."[1]

Warum nur sprach er immer in Rätseln? Er hatte mir einen mächtigen Schrecken eingejagt, und das sagte ich ihm auch. Die Blutung schien versiegt zu sein. Er setzte sich langsam auf, und ich ließ mich neben ihm nieder. Wir schauten einfach auf den Wasserstrom, der sich sichtlich beruhigt hatte. Irgendwie hatte dieses Bild nun etwas Tröstliches, sogar Hoffnungsvolles.

Das Wasser in der Wüste tränkte das trockene Land und spendete Leben inmitten der kargen Wildnis. Ich war sprachlos. In dieser heiligen Stille begann Jeschua wieder von seinem Volk zu erzählten. Auch sie waren durstig gewesen, aber es schien, als hätten sie die Oase mit den zwölf Quellen vergessen, den Ort, wo sie kurz zuvor Ruhe und lebendiges Wasser gefunden hatten. „Das Einzige, woran sie sich erinnern konnten, war das Wasser aus Ägypten", erwähnte er traurig. Mose war von Gott geführt worden, den großen Felsen in der Wüste mit dem Stab zu schlagen, sodass Wasser aus ihm floss und das Volk trinken konnte. Dieser Ort wurde Massa und Meriba[2] genannt, weil sie an diesem Ort stritten, Gott herausforderten und prüften, ob er mit ihnen war.

Die Zeit floss dahin wie das Wasser. Wir waren mit den Pferden flussabwärts gegangen und hatten einige unserer Sachen am Ufer finden können. Wie gut, dass das Wasser nicht alles weggespült hatte. Wir breiteten die nassen Decken zum Trocknen in der Sonne aus

---

[1] 1. Korinther 10.

[2] *„Mose nannte den Ort Massa und Meriba, wegen der Vorwürfe der Israeliten. Sie hatten den HERRN herausgefordert, indem sie fragten: ‚Ist der HERR bei uns oder nicht?'"* (2. Mose 17,7 NLB). Massa bedeutet „Prüfung, Versuchung"; Meriba bedeutet „Hader".

und entzündeten ein Feuer. Das Wasserrauschen hatte sich in ein sanftes Plätschern verwandelt. Die Pferde erfrischten sich am Ufer und tranken von dem frischen Wasser.

Auch ich sehnte mich nach Erfrischung. Jeschua nickte mir aufmunternd zu. Dann ging ich hinein in den Fluss. Etwas zögerlich setzte ich meinen Fuß in das Wasser. Eine angenehme Kühle durchströmte meinen von der Wüstensonne erhitzen Körper. Mit einem Mal war mein Zögern weg, ich sprang ins kühle Nass und tauchte in diesen Wüstenstrom hinein. Das Wasser umgab mich. Ich fühlte mich erfrischt – nein es war mehr: Ich fühlte mich wie neu geboren.

~~~~~~~

So könnte es ausgesehen haben, als das Volk Israel durstig war und aus dem Felsen trank. Ich habe im Internet nach einem Bild von dem großen Felsen in der Wüste gesucht, wo Mose mit seinem Hirtenstab auf den Felsen schlug und ein Fluss aus dem Felsen hervorkam, und ich habe eines gefunden.[3] Den großen Felsen gibt es tatsächlich in der Wüste Sinai – und auch in unserer geistlichen Wüste. Der Felsen hat eine Botschaft für uns.

Wüstenblumen: Persönliche Schritte für dich

Wenn wir Gott herausfordern

Hast du Gott schon einmal herausgefordert? Wie hat er geantwortet? Vertraust du Gott, dass er bei dir sein wird, auch wenn dein Leben nicht so aussieht, wie du es erwartet hast? In einer Zeit, in der mein Herz gebrochen war, habe ich auf dem Boden liegend zu Gott geschrien, und er hat sich mir gezeigt. Schritt für Schritt musste ich im Laufe meines Lebens lernen,

[3] Mit den Suchbegriffen „splitrock sinai“ kann man über eine Suchmaschine im Internet verschiedene Bilder des gespaltenen Felsen finden.
~~~~~~~

nach seiner Gegenwart zu suchen und ihm zu vertrauen, dass er mich nicht verlässt.

Oft sind wir blind dafür, ihn zu sehen. Das Volk Israel sah ihn nicht und stellte seine Geduld auf die Probe, so wie ich es schon oft getan habe. Sie schrien nach ihm und er antwortete. Ich bete heute für dich, dass du weißt: Du bist nicht vergessen! Du bist nicht allein in deiner Wüste. Ich möchte dich ermutigen, den Herrn zu bitten, sich in deinem Leben zu zeigen.

Der gespaltene Fels

Bei der Begegnung konnte ich diesen massiven, riesigen gespaltenen Felsen sehen. Aus der Mitte des Felsen strömte ein Wasserstrom, um das Volk Israel mit Trinkwasser zu versorgen. Als Mose auf den Felsen schlug, breitete sich das Wasser mit Macht aus und zermalmte die anderen Steine in seinem Weg.

Versuch dir die Kraft vorzustellen, die du vielleicht schon einmal in den Bergen nach einem starken Regen gesehen hast, wenn ein kleiner Wasserbach zu einem wilden Fluss anschwillt. Das ist genau die Kraft, die freigesetzt wurde, als Jesus ans Kreuz geschlagen wurde. Seine tiefen Wunden schmerzten und brachten ihn in den Tod. Durch seine Wunden floss sein Blut für uns.

Was ist deine tiefste Wunde? Versuche dir vorzustellen, wie sein Blut durch sie fließt. In seinen Wunden finden wir Heilung. Im Blut von Jesus liegt Macht. Er ist der gespaltene Fels, der für uns zerbrochen wurde. Das können wir in 1. Korinther 10,4 lesen: „*... und [sie] haben alle denselben geistlichen Trank getrunken; denn sie tranken von dem geistlichen Felsen, der ihnen folgte; der Fels aber war Christus.*“

Erinnere dich beim nächsten Abendmahl an diesen Felsen. Jesus möchte uns einladen, von ihm, dem Fels unseres Heils, zu trinken.

Wasser in der Wüste

Das Wasser, das aus dem Felsen strömte, brachte Erfrischung für die ganze Wüste. Jeder konnte trinken, und auch das Land wurde erfrischt. Hast du schon einmal gesehen, wie ein Wüstenregen die gesamte Landschaft verändert und aus dem Nichts eine Explosion des Lebens hervorbringt? Das wird passieren, wenn wir dem lebendigen Felsen begegnen, ja, sogar von ihm „getroffen" werden[4]; wenn wir von dem lebendigen Wasser trinken; wenn wir tief in den Fluss des Lebens eintauchen. Unser Leben wird neu beginnen. Wir werden erfrischt und nie wieder durstig sein. Das ist das Abenteuer der Taufe. Ich glaube, die Taufe ist eines der größten Geschenke, die wir vom himmlischen Vater erhalten können.

Darf ich dich fragen, was dich daran hindert, dich taufen zu lassen? Wenn du sie bereits empfangen hast und dir immer noch nicht über ihre kraftvolle Bedeutung im Klaren bist, ist es vielleicht dran, mit jemandem darüber zu reden. Mit Jesus, dem Felsen beginnt ein neues Leben. In der Begegnung fühlte ich mich wie neu geboren, als ich in den Fluss eintauchte. Vielleicht packt es dich und du möchtest dein Taufbekenntnis erneuern und feiern, dass du wiedergeboren bist. Gottes mächtige Kraft kommt in dein Leben, und seine Liebe überflutet das karge und trockene Land deiner Seele.

Ich bete heute für dich, dass dein Land gerade jetzt von Gottes Liebe überflutet wird. Öffne dein Herz für diesen Strom des Lebens. Ich bete, dass du Erfrischung findest und alles aufblüht, sowohl in dir, als auch um dich herum.

Amen.

---

[4] Wenn wir Jesus in unserem Inneren begegnen, kommt es zu einer Explosion des Lebens und wir werden frei vom Gesetz. In Matthäus 21 und Römer 9 können wir lesen, dass wir dem Fels der Erlösung begegnen müssen. Wenn unser religiöses Denken von unserem Felsen Jesus getroffen und zertrümmert wird, sehen wir, dass unsere Rettung nicht von unseren Werken, sondern von unserem Glauben abhängt.

Woche 4

Der König kommt – Bereite dich vor!

Ankunft am Sinai

Im dritten Monat nach dem Auszug der Israeliten aus Ägyptenland, an diesem Tag kamen sie in die Wüste Sinai. Sie brachen auf von Refidim und kamen in die Wüste Sinai, und Israel lagerte sich dort in der Wüste gegenüber dem Berge.

Und Mose stieg hinauf zu Gott. Und der HERR rief ihm vom Berge zu und sprach: So sollst du sagen zu dem Hause Jakob und den Israeliten verkündigen: Ihr habt gesehen, was ich an den Ägyptern getan habe und wie ich euch getragen habe auf Adlerflügeln und euch zu mir gebracht. Werdet ihr nun meiner Stimme gehorchen und meinen Bund halten, so sollt ihr mein Eigentum sein vor allen Völkern; denn die ganze Erde ist mein. Und ihr sollt mir ein Königreich von Priestern und ein heiliges Volk sein. Das sind die Worte, die du den Israeliten sagen sollst.

Mose kam und berief die Ältesten des Volks und legte ihnen alle diese Worte vor, die ihm der HERR geboten hatte. Und alles Volk antwortete einmütig und sprach: Alles, was der HERR geredet hat, wollen wir tun. Und Mose sagte die Worte des Volks dem HERRN wieder. Und der HERR sprach zu Mose: Siehe, ich will zu dir kommen in einer dichten Wolke, auf dass dies Volk es höre, wenn ich mit dir rede, und dir für immer glaube. Und Mose verkündete dem HERRN die Worte des Volks.

Und der HERR sprach zu Mose: Geh hin zum Volk und heilige sie heute und morgen, dass sie ihre Kleider waschen und bereit seien für den dritten Tag; denn am dritten Tage wird der HERR vor allem Volk herabfahren auf den Berg Sinai. Und zieh eine Grenze um das Volk und sprich zu ihnen: Hütet euch, auf den Berg zu steigen oder seinen Fuß anzurühren; denn wer den Berg anrührt, der soll des Todes sterben. Keine Hand soll ihn anrühren, sondern er soll gesteinigt oder erschossen werden; es sei Tier oder Mensch, sie sollen nicht leben bleiben. Wenn aber das Widderhorn lange tönen wird, dann soll man auf den Berg steigen. Mose stieg vom Berge zum Volk herab und heiligte sie, und sie wuschen ihre Kleider. Und er sprach zu ihnen: Seid bereit für den dritten Tag, und keiner rühre eine Frau an.

Der Herr erscheint

Als nun der dritte Tag kam und es Morgen ward, da erhob sich ein Donnern und Blitzen und eine dichte Wolke auf dem Berge und der Ton einer sehr starken Posaune. Das ganze Volk aber, das im Lager war, erschrak. Und Mose führte das Volk aus dem Lager Gott entgegen, und es trat unten an den Berg. Der ganze Berg Sinai aber rauchte, weil der HERR auf den Berg herabfuhr im Feuer; und sein Rauch stieg auf wie der Rauch von einem Schmelzofen, und der ganze Berg bebte sehr. Und der Posaune Ton ward immer stärker. Und Mose redete, und Gott antwortete ihm laut.

Als nun der HERR herniedergekommen war auf den Berg Sinai, oben auf seinen Gipfel, berief er Mose hinauf auf den Gipfel des Berges, und Mose stieg hinauf. Da sprach der HERR zu ihm: Steig hinab und verwarne das Volk, dass sie nicht durchbrechen zum HERRN, ihn zu sehen, und viele von ihnen fallen. Auch die Priester, die sonst zum HERRN nahen dürfen, sollen sich heiligen, dass der HERR nicht zwischen sie dreinfahre.

Mose aber sprach zum HERRN: Das Volk kann nicht auf den Berg Sinai steigen, denn du hast uns verwarnt und gesagt: Zieh eine Grenze um den Berg und heilige ihn. Und der HERR sprach zu ihm: Geh hin, steig hinab und komm wieder herauf, du und Aaron mit dir; aber die Priester und das Volk sollen nicht durchbrechen, dass sie hinaufsteigen zu dem HERRN, damit er nicht zwischen sie dreinfahre. Und Mose stieg hinunter zum Volk und sagte es ihm

2. Mose 19,1-25

Tag 22

Refidim – Wenn der Feind dich angreift

Refidim ist das Gebiet, in dem das Wasser floss und sich ausbreitete, aber es ist auch ein Ort des feindlichen Angriffs. So ist es oft auch in unserem Leben. Als mein Leben mit Jesus Christus neu begann, hatte ich eine belebende, erfrischende Zeit, doch dann griff mich plötzlich der Feind an.

Hast du schon eine ähnliche Erfahrung gemacht? Ich möchte dich zu unserer nächsten Begegnung einladen, um zu sehen, wie das Volk Israel mit dem Angriff der Amalekiter umging, und wie dir dies bei den Angriffen helfen kann, denen du gerade ausgesetzt bist.

Die 22. Begegnung

Heute war der Tag unseres Aufbruchs. Es wurde Zeit, wieder zum Horeb, zum Vaterhaus, zurückzukehren.

„Dort wartet einiges auf uns", sagte Jeschua.

Auch Mose und das ganze Volk waren auf dem Weg zum Horeb. Und ja, ich war gespannt darauf, was als Nächstes passieren würde. Die Begegnung am Dornbusch war lange her. War nun die Zeit gekommen, in der sich Gottes Verheißungen erfüllten?

Das befreite Volk würde am Berg Horeb Gott, dem ICH BIN, begegnen. Ich wollte diese Begegnung sehen und fühlte mich bereit für ein neues Abenteuer.

Das, was von unserem Zelt noch übrig war, war schnell eingepackt. Die Pferde standen schon für die nächste Etappe unserer Reise bereit. Irgendwie fiel es mir schwer, diesen Ort zu verlassen, denn er war mir ein Stück weit ans Herz gewachsen. Hier, an dem Ort meiner Heilung, war so viel Bedeutsames geschehen. Ich schaute kurz zurück, bevor ich Levantino bestieg. Auch er schien aufgeregt zu sein. Zwischen uns bestand nun eine tiefe Verbindung; das war zu spüren, und ich vertraute ihm ganz.

Wir ritten in einem gemächlichen Tempo los und ich merkte schnell, dass es bereits brütend heiß war. Der Wasserstrom musste über Nacht wieder versiegt sein. Wir ritten nun durch das trockene Flussbett. Die Wassermassen hatten die Steine glattgeschliffen. Der Boden war rissig. Gestern war hier noch ein lebhafter Wasserstrom geflossen, doch heute gab es nur noch eine trostlose Wüste, überall nur Steine und Staub. Um nicht dauernd den Staub einatmen zu müssen, band ich mir ein Tuch um. Ich fühlte mich wie ein Cowboy im Wilden Westen. Diese seltsame Vorstellung hatte mich zunächst amüsiert, aber als ich Jeschuas ernsten Blick sah, verschwand mein Lachen.

„Was ist los?"

„Da vorne stimmt etwas nicht", sagte er.

In der Ferne konnten wir einen Menschenstrom erkennen und eine Staubwolke um sie herum. Jeschua sagte, er werde vorausreiten, er müsse sich um sein Volk kümmern. Ich solle nicht direkt hinter ihm hereilen; es war ihm wichtig, dass ich meinen Ritt diesmal unbeschadet überstand. Bevor er davoneilte, gab er mir sein Schwert und riet mir, einen guten Kampf zu kämpfen.[1] Dann schoss er mit dem weißen Riesen in vollem Galopp davon.

Ich war froh, dass ich ihm nicht in diesem Tempo folgen musste. Levantino trug mich mit sanften Schritten. Selbst als ich ihn ein wenig antreiben wollte, blieb sein Schritt gleichmäßig ruhig. So kam ich nur langsam voran. In der einen Hand hielt ich das Schwert, in der anderen die Zügel. Wieder spürte ich die Kraft und Zuversicht, die mich schon in der Höhle erfüllt hatte, wenn ich das Schwert in der Hand gehabt hatte.

Ich näherte mich der Staubwolke und konnte nach und nach darin viele schwarze Pferde ausmachen. Sie trugen dunkel gekleidete Gestalten, deren Gesichter mit schwarzen Tüchern bedeckt waren. Die Reiter machten einen unheimlichen Lärm. Alte und Kranke, Kinder und junge Mütter standen dicht aneinandergedrängt, wobei die dunklen Gestalten sie umkreisten. Ich hörte die angstvollen Schreie der Kinder und das hämische Lachen der schwarzen Reiter. Sie hatten

---

[1] Vgl. 1. Timotheus 6,12.

die Schwachen – die sich am Ende des riesigen Menschenzugs befanden – vom Rest des Volkes abgetrennt.

Gleichzeitig tobte weiter vorne ein erbitterter Kampf. Ich konnte sehen, dass Jeschua bereits an der Front kämpfte. Oben auf einem Berg sah ich Mose mit dem Stab in der Hand, hoch erhoben, wie bereits am Meer. Neben ihm standen zwei Männer, jederzeit bereit seine Arme zu stützen.

Schockiert beobachtete ich, wie die schwarzen Reiter gegen die Schwachen angingen. Zorn stieg in mir auf. Es war so ungerecht, was hier geschah. Vollgepumpt mit Adrenalin riss ich mein Schwert hoch. Dann ritt ich voll Wut direkt auf die schwarzen Reiter zu. Levantino spürte meine Anspannung und beschleunigte sofort. Wie konnten sie nur die Hilflosen und Schwachen umzingeln?[2]

Ich schrie laut: „Lasst sie in Ruhe! Verschwindet von hier!" und schwang mein Schwert vor mir her.

Ich weiß nicht, woher dieser Mut kam – die schwarzen Reiter waren in der Überzahl –, aber es war, als ob Jeschua mir zuflüsterte, dass ich jetzt mit aller Kraft, die er mir mit diesem Schwert gegeben hatte, kämpfen sollte. Und das tat ich. Voller Wut hob ich mein Schwert im Kampf und vertrieb laut schreiend ein um den anderen schwarzen Reiter.

Auch weiter vorne an der Front schien es besser zu werden, sodass andere Kämpfer von dort an meine Seite kommen konnten. Es war ein harter Kampf, und immer, wenn es besser zu werden schien, tauchten von irgendwoher neue schwarze Reiter auf. „Verschwindet!", rief ich aufgebracht und schwang mein Schwert. Mit diesem Schwert hatte ich die Kraft, den Feind in die Flucht zu schlagen.

Wir kämpften bis zum Sonnenuntergang, dann wurde es ruhiger. Weit vorne an der Front sah ich, wie eine Fahne gehisst wurde. Die schwarzen Reiter waren besiegt. Ich stieg von Levantinos Rücken und tat, was ich schon die ganze Zeit hatte tun wollen. Ich ging zu den Kindern, die immer noch weinten und zitterten. Ich nahm mein Tuch ab, wischte mir den Schweiß von der Stirn und sagte: „Es ist vorbei,

---

[2] Vgl. 5. Mose 25,17-28.

ihr seid jetzt in Sicherheit. Die schwarzen Reiter können euch nichts mehr anhaben. Sie sind besiegt!"

Die Kinder sahen mich mit großen Augen an, und schon kamen auch ein paar Männer von vorne zu uns. Sie liefen zu ihren Familien, schlossen ihre Frauen und Kinder in die Arme und trösteten sie.

Hin und wieder klopfte mir jemand auf die Schulter und bedankte sich. Es war, als wäre ich plötzlich ein Teil dieser Menschen geworden, weil ich an ihrer Seite gekämpft hatte. Verschiedene Gefühle überrollten mich. Ich war zu Tränen gerührt, als ich die Familien beobachtete, voller Wut, als ich die Angst in den Augen der Schwachen und Erschöpften sah, und stolz, wenn mir jemand auf die Schulter klopfte.

Ich ließ mich in diesem Strom von Menschen und Emotionen treiben und ging mit Levantino weiter nach vorne. Dann sah ich endlich Jeschua. Er stand weit vorne und schüttelte einem jungen Mann die Hand. Die beiden hatten wohl Seite an Seite gekämpft. Als ich näherkam, überreichte Jeschua ihm die weiße Fahne. Sie flatterte im Wind und ich konnte einen Schriftzug darauf entziffern. JAHWE, stand dort geschrieben. Jeschua freute sich, als er mich erblickte, und winkte mir, zu ihm zu kommen.

Als ich neben den beiden stand, deutete er auf den anderen Krieger und sagte: „Darf ich dir Josua vorstellen?" Ich schüttelte dessen Hand und stellte mich vor.

Jeschua verabschiedete sich von Josua und ermutigte ihn, das Gute zu bewahren und den guten Kampf fortzusetzen. Wir zogen mit unseren Pferden weiter und sahen Mose immer noch auf dem Hügel stehen. Seine Arme hingen nun müde herunter, aber er wandte sich an das Volk und sagte mit lauter Stimme: „Der HERR hat uns gerettet; lasst uns ihm danken."

Er hatte einen Altar aufgerichtet und wies darauf: „Von nun an soll dieser Altar: ‚Jahwe Nissi – der Herr ist mein Kriegsbanner' heißen. Er hat uns den Sieg über die schwarzen Reiter Amaleks gebracht."

Josua hob siegreich die Fahne empor und kam auf Mose zu. Das Volk jubelte laut, aber sie jubelten nicht Josua zu, denn auch sein

Name „Der Herr rettet" wies auf den Einen, den einzig Würdigen hin: Jahwe Nissi[3].

~~~~~~~

WIE hast du dich bei dieser Begegnung gefühlt? Mit wem konntest du dich identifizieren? Vielleicht kämpfst du in deinem Leben momentan gegen dein eigenes Amalek? Oder vielleicht stehst du auf der Seite der Schwachen, die vom Feind eingekreist sind. Oder geht es dir wie Mose, der den ganzen Tag die Arme gehoben hat und sich jetzt schwach und ausgelaugt fühlt?

Wüstenblumen: Persönliche Schritte für dich

Kämpfe den guten Kampf

Bei dieser Begegnung gab mir der Herr sein Schwert und riet mir, einen guten Kampf zu kämpfen. Das ist ein Zitat aus 1. Timotheus 6,12. Paulus forderte Timotheus auf, mit Glauben zu kämpfen. Er erklärte ihm, wie falsche Lehren oder auch Geldliebe und Profitgier die Menschen von Gottes Heiligkeit und Anbetung ablenken können.

Was bedeutet es, zu kämpfen? Es bedeutet, das Schwert zu erheben, das das Wort Gottes ist, und nach Weisheit zu suchen. Paulus erklärte Timotheus, dass er wahrer Heiligkeit, Gerechtigkeit, Treue, Liebe, Hoffnung, Geduld und sanfter Demut nachjagen und seinen Blick auf das ewige Leben richten soll.

Hast du jemals daran gedacht, deinen Kampf so zu führen, dass du nach Gottes Heiligkeit suchst und ihn anbetest? Kannst du dir vorstellen, Liebe, Hoffnung und Geduld als

[3] Hebr.: „Der HERR ist mein Kriegsbanner", vgl. 2. Mose 17,8-16.
~~~~~~~

„Waffen“ im Kampf zu verwenden? Ich muss lernen, auf diese Weise zu kämpfen.

Herr, ich bete heute, dass du mich lehrst, wie man kämpft. Und ich bete für diejenigen, die mit mir in deine Schule gehen, um von dir zu lernen. Danke, dass du uns in deine Heiligkeit und sanfte Demut kleidest. Danke, Herr, dass du unseren Blick auf deine Reinheit und auf die Ewigkeit richtest. Amen.

Ich bete für heiligen Mut

Ich bete, dass der Herr uns lehrt, füreinander zu kämpfen. Das Gebet ist eine mächtige Waffe. Wenn Mose seine Arme hob, hatte das Volk Israel im Kampf die Oberhand. Als seine Arme müde wurden, setzte er sich auf einen Stein und Aaron und Hur stützen seine Hände. Was für ein großartiges Bild für eine Gebetsgruppe!

Wir heben die Arme der anderen, wenn sie schwach werden. Wir stehen gemeinsam auf dem Felsen unserer Erlösung. Wir erheben unsere Arme zu dem Einen, der den Kampf bereits gewonnen hat.

Heute möchte ich meine Arme mit dir im Gebet zu dem Einen erheben, der den Feind durch sein kostbares Blut überwunden hat. Wir kämpfen nicht gegen Menschen. Wir kämpfen gegen die Mächte der Finsternis. Für diesen Kampf müssen wir vom Herrn vorbereitet werden. In Epheser 6,10-16 können wir über die Rüstung lesen, die uns in unserem Kampf schützen wird. In einer schweren Zeit des Kampfes habe ich mich täglich mit dieser Rüstung bekleidet, indem ich diese Bibelverse laut ausgesprochen habe:

Ich ziehe die Wahrheit an wie einen Gürtel, um im Triumph gestärkt zu werden. Ich ziehe die Heiligkeit als Schutzpanzer an, der mein Herz bedeckt. Ich stehe auf meinen Füßen und bin bereit, die Segnungen des Friedens weiterzugeben. In jeder Schlacht nehme ich den Glauben als meinen Schutzschild, der mich umhüllt. Ich empfange die ganze Kraft der Erlösung wie einen Helm, der meine Gedanken schützt. Und ich nehme das mächtige, messerscharfe Geistesschwert des gesprochenen Wortes Gottes (Epheser 6,14-16 TPT).

Hebe das Banner

„Das ist nicht fair!" Hast du das auch schon mal gerufen? So oft scheint das Leben nicht fair zu sein – vor allem, wenn die Schwachen verletzt werden. Die Kämpfer von Amalek hatten die Kinder und die älteren Menschen eingekreist. Besonders sie sollten beschützt werden, aber der Feind umzingelte sie. Das ist nicht fair!

Vielleicht bist du schwach und der Feind umkreist dich, oder der Schmerz der Schwachen berührt dich tief. Du bist nicht allein. Wir wollen gemeinsam dafür beten, dass wir bald den Sieg des Herrn in deinem Leben und im Leben der Leidenden sehen werden. Wir heben das Banner mit dem siegreichen Namen Gottes, JAHWE, dem ICH BIN DA. Josua kämpfte in diesem Kampf gegen Amalek. Jesus kämpfte für die Schwachen und Leidenden am Kreuz, um den Bösen zu besiegen. Und er, das unschuldige Lamm Gottes, hat die Schlacht ein für alle Mal gewonnen! Er ist der Sieger; in ihm bist du siegreich, du bist kein Opfer!

Ich bete für deine Freiheit, dass du aus diesem Kreis, der dich umgibt, heraustreten und in die Freiheit gehen wirst. Heute möchte ich es über deinem Leben aussprechen: „Dein Kampf ist vorbei. Jetzt bist du in Sicherheit. Der Feind kann dir nicht mehr schaden. Er ist besiegt!"

Tag 23

Unterwegs – Alte Wunden überwinden

Vielleicht warst du einmal eines dieser Kinder, die wir gestern getroffen haben, ängstlich und vom Feind umzingelt. Ich weiß nicht, was mit dir passiert ist, aber ich weiß, wie es sich anfühlt, wenn alte Wunden manchmal noch schmerzen und im Alltag eine längst vergangene Angst auslösen. Diese Wunden brauchen Heilung. Sie gehören weder in dein noch in mein tägliches Leben, sondern in die Vergangenheit. Ich bin sicher, dass Heilung möglich ist. Komm und sieh es dir an.

Die 23. Begegnung

Wir waren ein Stück gegangen, Jeschua und ich, ein wenig abseits der Menschen. Ich blickte zurück und sah die Menschenmenge, die sich nach dem Kampf auf den Weg in Richtung Horeb machte, ein kunterbunter Haufen befreiter Sklaven. Jeschua bemerkte meinen Blick und schlug vor, ich könne mit ihnen zum Horeb gehen. Er würde zum Vater vorausgehen. Ich war ein wenig unentschlossen.

Einerseits wollte ich gerne in der Nähe meines Freund sein, denn dort fühlte ich mich sicher. Wir waren uns so vertraut, und zum Vater wollte ich auch mitkommen. Aber auf der anderen Seite wäre es so spannend, diese Leute näher kennenzulernen. Durch den gemeinsamen Kampf fühlte ich mich irgendwie mit ihnen verbunden. Als ich das alles abwog und etwas zögerlich dastand, ermutigte Jeschua mich, mit ihnen zu gehen. Der Weg zum Berg sei nicht mehr weit, und wenn ich etwas brauchte, wisse er ja, wie er mich finden könne. Ich hätte ja auch eine direkte Verbindung zum Vater. Schließlich stimmte ich seinem Vorschlag zu, denn ich wusste, dass die Trennung nicht allzu lange dauern würde.

Jeschua ritt auf dem weißen Riesen weiter zum Vater, und ich schlenderte mit Levantino zurück zu den Menschen. Ein paar Kinder hatten mich erkannt und liefen auf mich zu. Sie freuten sich, Levantino zu sehen. Er war ein sehr zahmes Pferd. Ein kleines Mädchen mit langen, dunklen Haaren und großen, braunen Augen schaute Levantino traurig an. Ich fragte sie, ob sie reiten wolle. Das Mädchen schüttelte ängstlich den Kopf, starrte aber weiter auf Levantino.

„Willst du das Pferd streicheln?", fragte ich.

Das Mädchen nickte und kam langsam näher. Levantino neigte seinen Kopf und das Mädchen berührte sachte seine Stirn. Es war ein bezaubernder Moment, als die Kleine so dastand und Levantino innehielt. Die anderen Kinder waren mutiger und umringten Levantino, aber das schien ihn nicht zu stören; er hielt seinen Kopf gesenkt, damit das kleine Mädchen ihn streicheln konnte.

Nach einer Weile zogen immer mehr Menschen an uns vorbei. Ich sagte: „Vielleicht sollten wir weitergehen, damit ihr eure Familien nicht verliert."

In dem bunten Haufen von Reisenden schien es ein bisschen drunter und drüber zu gehen, dachte ich, aber die Kinder lachten mit ihren Freunden in unbeschwerter Freude. Sie waren meistens mit ihren Freunden unterwegs, bis die ganze Karawane irgendwo eine Pause einlegte. Dann kam die Mutter des kleinen Mädchens auf uns zu und erstarrte einen Moment lang. Ein tiefer Schmerz durchzog ihr Gesicht, als sie das Kind so nah bei Levantino sah.

Sie löste sich aus ihrer Erstarrung und rief: „Sarah, komm zu mir! Unverzüglich!"

Das Mädchen erschrak und rannte augenblicklich in die Arme ihrer Mutter. „Was ist nur geschehen?", wunderte ich mich.

Levantino schaute das Kind traurig an. Das Mädchen fing plötzlich an zu weinen, und die Mutter nahm es tröstend in den Arm. Ich verstand nicht, was hier passiert war und schaute die Frau fragend an. Nach einem Moment, den sie brauchte, um sich zu sammeln, atmete sie tief ein und erklärte mir, dass das Pferd eines ägyptischen Sklaventreibers einst ihr kleines Mädchen verletzt habe. Das Leben des Kindes habe am seidenen Faden gehangen, und nur durch ein Wunder hatte es überlebt. Lange Zeit konnte sie nur flach liegen und hatte nur mühsam laufen gelernt. Ich wusste genau, wie sich das anfühlen konnte, und sagte der Frau, wie gut ich sie verstand, da ich erst vor Kurzem von meinem Reitunfall genesen war.

Die Frau erzählte weiter, sie habe seitdem dafür gesorgt, dass das Kind nie wieder in die Nähe eines Pferdes kam. Es hatte furchtbare Angst vor großen Tieren. Auch das verstand ich: die Sorge der Mutter und die Angst des Kindes. Aber da war doch mehr, auch Neugierde, denn das Mädchen war ja selbst auf Levantino zugegangen.

„Vielleicht ist es an der Zeit, das Alte zu überwinden?", fragte ich und erzählte der Mutter von der Vergebung, die mir geholfen hatte, obwohl mir klar war, dass ihre Situation noch schwieriger war als meine eigene. Wie konnte die Frau oder sogar das kleine Mädchen dem ägyptischen Sklaventreiber, der die Verletzungen des Kindes absichtlich verursacht hatte, vergeben? Darauf wusste ich keine Antwort und sagte das auch.

In diesem Moment wollte ich unbedingt mit Jeschua sprechen. Ich wollte ihn um Rat fragen. Dann dachte ich an den Vater, mit dem ich reden könnte; er würde das Kind und die Mutter sicher verstehen. Ich hielt einen Moment inne, schloss meine Augen und sprach leise die Worte, die ich gelernt hatte. Als ich die Augen wieder öffnete, hatte ich einen tiefen Frieden in meinem Herzen. Es war, als hätte der Vater mir eine Idee geschenkt. Ich erklärte der Mutter des Kindes, die alte Angst stamme noch aus der Zeit der ägyptischen Gefangenschaft. Der Gott, der sie aus Ägypten befreit habe, wolle sie nun auch von der Angst befreien, denn Angst sei auch eine Art von Gefangenschaft, erklärte ich ihr. Die Angst der Mutter, dass ihrer Tochter etwas Schlimmes zustoßen könnte, und die Angst des Kindes machten sie beide unfrei, gefangen, aber Gott liebt die Freiheit sehr und sehnt sich danach, seine Kinder in die Freiheit zu führen. In der Liebe gibt es keine Angst.

Ich fragte sie, ob sie frei sein wollten. Während die Mutter zögerte, nickte das Kind eifrig. Das Mädchen schien zu verstehen, worum es ging. Immer wieder blickte sie verstohlen zu Levantino und dann zu ihrer Mutter. Sie bat stumm um die Erlaubnis, das Pferd noch einmal streicheln zu dürfen. Als die Mutter sich endlich durchrang, ihrer Tochter die Freiheit zu lassen, veränderte sich der Gesichtsausdruck des Kindes. Sie lächelte und ging viel aufrechter als zuvor auf Levantino zu. Diesmal berührte sie seinen Hals und lachte.

Die anderen Kinder wollten nun unbedingt auf Levantino reiten. Ich hob eines nach dem anderen auf seinen Rücken und ging langsam mit ihm vorwärts. Drei Kinder saßen hintereinander gereiht auf seinem Rücken und freuten sich. Die Mutter mit dem Mädchen ging neben uns her. Das Mädchen schaute zu den anderen Kindern auf und ich spürte, wie sehr es mit sich rang. So auch ihre Mutter, und endlich sagte sie den entscheidenden Satz: „Möchtest du auch auf dem Pferd sitzen?" Das Mädchen nickte begeistert.

Vorsichtig setzten wir die Kleine zu den anderen. Sie hielt sich an der Mähne von Levantino fest und lächelte glücklich. Die Mutter ging nebenher, allezeit bereit, ihre Tochter aufzufangen. Es war ein schönes Bild, wie wir mit Levantino und den Kindern in dieser unglaublich großen Menschenmenge Richtung Horeb gingen, mit diesem besonderen Pferd namens Levantino, das ein kleines, lächelndes Mädchen auf seinem Rücken trug.

~~~~~~

Ich möchte dich noch einmal fragen, mit wem du dich bei dieser Begegnung identifizieren kannst: mit dem kleinen Mädchen, der Mutter oder all den anderen Kindern? Die Mutter ist immer noch traumatisiert von dem Unfall ihrer Tochter. Sie hält an der Vergangenheit fest, weil sie versucht, ihr Kind auf ungesunde Weise zu schützen. Ihr Verhalten ist von Angst geleitet – der Angst aus Ägypten.
~~~~~~

Wüstenblumen: Persönliche Schritte für dich

Zeit, das Alte zu überwinden

Gibt es etwas in deinem Leben, das eigentlich nicht mehr in deine Gegenwart gehört? Vielleicht gibt es eine alte Angst, die du als Kind gespürt hast. Ich habe lange Zeit mit alten Ängsten gekämpft, und gelernt, dass sie zu meiner Vergangenheit gehören. Es war nicht leicht, sie loszuwerden. Manchmal spüre ich meine Ängste immer noch und projiziere sie auf andere, so wie es die Mutter in dieser Begegnung tat.

Was hilft in solchen Zeiten? In der Begegnung schloss ich meine Augen und suchte den HERRN im inneren Gebet. Er zeigte mir, dass er, der himmlische Vater, die Mutter und das Kind verstand. Das war mein erster Schritt: Gott kennt und versteht die alte Angst. Er kennt und versteht deine alten Wunden. Er versteht, wie du dich fühlst. Es gibt keine Verurteilung, keine Scham, keine Ablehnung. Stattdessen gibt es das Verständnis eines liebenden Vaters – Gott versteht und respektiert dich.

Gott will dich frei machen

Angst ist wie ein Leben in Sklaverei, in Gefangenschaft. Aber die gute Nachricht ist: Es gibt einen Weg aus der Sklaverei. So wie Gott das Volk Israel aus Ägypten geführt hat, will er auch uns aus unserem Land der Angst herausführen. Er will uns ein neues Leben in Freiheit schenken.

Die anderen Kinder bei dieser Begegnung waren alle voller Freude, als sie Levantino, das Pferd, sahen. In ihren Augen war keine Angst zu sehen, nur Freude und Neugierde. Auch das kleine Mädchen hatte sich etwas von dieser kindlichen Freude und Neugierde tief in seinem Herzen bewahrt.

Wenn du dich heute wie dieses kleine Mädchen fühlst, möchte ich dich einladen, in dein Herz zu sprechen: „Du bist frei in Jesu Namen. Du bist frei von der alten Angst. Du bist frei, wieder Freude und Neugierde zu empfinden. Du bist frei, dein Leben in völliger Freiheit zu leben. Höre nicht auf die alten Stimmen. Du bist frei, diesen einen Moment der Gelegenheit zu genießen, bevor er vorbei ist. Lebe dein Leben in Freiheit!“

In der Liebe gibt es keine Furcht

Es war ein großer Schritt für die Mutter, ihre Angst loszulassen, aber dieser Schritt hat ihre Tochter befreit. Gibt es etwas Altes in deinem Leben, das deine Kinder oder die dir nahestehenden Menschen daran hindert, das Leben zu leben, zu dem sie berufen sind?

Eine meiner Freundinnen hatte sechs Kinder. Sie musste lernen, ihre Sorgen jeden Tag ihres Lebens an Gott abzugeben, bis sie im Alter von zweiundneunzig Jahren starb. Ihre Kinder waren längst erwachsen und hatten bereits selbst Enkelkinder. Vielleicht ist es bei Kindern ein lebenslanger Prozess, die Angst und die Sorgen loszulassen und zu lernen, sie in die Hand des Vaters zu legen. Ich habe keine Kinder, aber ich muss trotzdem lernen, ohne Angst zu lieben.

Lass uns gemeinsam beten, dass der Herr uns lehrt, ohne Angst zu lieben:

Herr, heile die alten Wunden und hilf uns, dir und dem Leben wieder zu vertrauen und das Leben zu leben, das du für uns vorbereitet hast. Danke Vater, du weißt, wie es war, deinen geliebten Sohn loszulassen. Deine Liebe macht uns frei, und in deiner Liebe gibt es keine Angst. Ich möchte heute deine Liebe empfangen und meine Sorgen in deine Hand loslassen. Amen.

Tag 24
Der Adler – Fliegen lernen

Unsere Wüstenreise führte uns bisher durch Täler und Ängste. Endlich kommen die Berge in Sicht. Das Ziel liegt vor uns: Der Berg Horeb, der Berg, auf dem Mose dem allmächtigen Gott begegnete. Ich hoffe und bete, dass auch deine eigene Heilung zunimmt und die Angst dein Herz nach und nach verlässt. Ich möchte dich jetzt einladen, mit mir an den Fuß des Berges Horeb zu kommen.

Die 24. Begegnung

Weit vor uns breitete sich das Granitgebirge aus. Mit jedem Schritt kamen wir unserem Ziel, dem Berg Horeb, näher. Die Stimmung unter den Menschen war energiegeladen. Nach dem Wasserwunder und dem Sieg über Amalek kochten die Emotionen. Mose hatte davon gesprochen, dass Gott, der ewig Seiende, der große ICH BIN, ihm am Berg Horeb begegnet war und nun dem ganzen Volk begegnen wollte. Das sorgte für Aufregung. Wer war dieser Gott, der sie aus Ägypten herausgeführt hatte, eigentlich? Die meisten hatten ihr ganzes Leben lang als Sklaven in Ägypten gelebt und kannten nichts anderes. Es war völlig neu für sie, sich frei zu bewegen, frei zu entscheiden, frei zu sein. Sie waren Mose gefolgt, der ihnen von Gott erzählt hatte, und hatten Wunder erlebt, aber wie sollten sie diesem Gott jetzt begegnen? Sie hatten gesehen, wie ihre Verfolger im Meer ertranken, und waren danach jeden Tag Zeugen von Gottes Fürsorge geworden.

Auch ich erlebte jeden Tag Gottes Fürsorge beim Sammeln des Himmelsbrotes. Nun kamen wir mit jedem Schritt dem Berg Gottes näher, und ich teilte ihre Begeisterung. Aber für mich war es trotzdem anders. Als ich den Berg sah, spürte ich Tränen in meinen Augen aufsteigen. Hier hatte ich so viel mit Jeschua erlebt. Auch wenn wir nicht lange voneinander getrennt waren, freute ich mich darauf, ihn bald wiederzusehen. Ja, und ich freute mich auch auf den Vater.

Auch Levantino wurde immer aufgeregter. Ich hatte den Eindruck, dass er, wenn ich ihn gelassen hätte, den schnellsten Weg zu seinem Stall genommen hätte, aber ich wollte abwarten, was hier passieren würde. Als wir nahe am Fuß des Berges ankamen, verkündete Mose, dass wir dort unser Lager errichten würden. Während die Leute eifrig Pfähle für die Zelte in den Boden schlugen, die Tiere versorgten und die Umgebung inspizierten, beobachtete ich, wie Mose sich auf den Weg in Richtung Berg machte. Die Menschen im Lager waren ausgelassen, aber auch angespannt. Hier und da gab es Streit um den besseren Lagerplatz, den der Nachbar hatte, oder andere Kleinigkeiten, die sich aus dem Zusammenleben in einer so großen Gruppe ergaben.

Ich blickte zum Himmel und sah einen Adler über dem Berg kreisen, während Mose den mir vertrauten Weg bergauf nahm. Ich schlich hinter ihm her. Zumindest versuchte ich es; denn Levantino folgte mir. Ich wusste, dass er nach Hause wollte. Jetzt musste ich mich entscheiden, ob ich Mose folgen oder mit Levantino gehen wollte, der mich zu seinem Stall führen würde. So neugierig ich auch war, ich wusste, dass ich für Levantino verantwortlich war. Er hatte mich getragen und war wie ein treuer Freund an meiner Seite geblieben, als es mir schlecht ging, und ich wollte ihn sicher zum Haus des Vaters zurückbringen.

Ich blieb einfach stehen, sah Levantino in die Augen und sagte zu ihm: „Bring uns nach Hause." Dann sprang ich in den Sattel und ermutigte ihn, seinen Weg einzuschlagen. Wir trabten ein wenig hinter Moses her, aber bald bogen wir ab. Nun ging es schaukelnd bergauf und je steiler es wurde, desto mehr musste ich mich festhalten. Irgendwann stieg ich ab und folgte Levantino. Ich dachte an meinen ersten Aufstieg auf diesen Berg und vermisste Jeschua. Damals hatte er mich durch den Nebel auf den Gipfel des Berges geführt. Während ich in Gedanken versunken hinter Levantino herstapfte, bemerkte ich, dass der Weg langsam weiter wurde. Ich spürte, wie die Unruhe in Levantino zunahm. Als ich an seine Seite trat, sah ich das Tal mit der Berghütte und seinem Stall in Sichtweite kommen.

„Nun lauf schon," sagte ich zu Levantino und stupste ihn aufmunternd an. Sofort galoppierte er fröhlich wiehernd auf die Hütte zu. Im selben Moment öffnete sich die Tür der Hütte und ich konnte Jeschuas Gestalt sehen. Ich lief hinter Levantino her, meinem Freund entgegen. Levantino hatte die Hütte bereits erreicht und ich sah, dass Jeschua ihn begrüßte. Obwohl ich ziemlich außer Atem war, füllte sich mein Herz mit Freude – es war wie nach Hause kommen. Als ich die Hütte erreichte, klopfte mir Jeschua aufmunternd auf den Rücken.

„Schön, dass du da bist", sagte er lachend, und ich stimmte in dieses unbeschwerte Lachen ein. Wir brachten Levantino gemeinsam in seinen Stall, putzten sein Fell und seine Mähne und gaben ihm Futter. Hier war er glücklich. Hier war er zu Hause.

„Wo ist der Vater?", fragte ich Jeschua auf dem Weg zur Hütte.

„Er spricht gerade mit Mose auf dem Berg", antwortete er.

Schade, dachte ich, *ich würde gerne mit ihnen dort sein.* Wir nahmen uns zwei Schaukelstühle und setzten uns auf die Veranda. Schweigend sahen wir zu, wie die Sonne langsam unterging. Wieder sah ich den Adler über mir kreisen.

Da ergriff Jeschua das Wort: „Wusstest du, dass Adler ihre Jungen aus dem Nest schubsen, damit sie fliegen lernen? Wenn den Adlerkindern die Kraft ausgeht, fangen die Adlereltern sie auf und tragen sie auf ihren Flügeln empor, zurück zum Nest."

Das Bild gefiel mir, und irgendwie fühlte ich mich, als wäre ich in mein Nest zurückgekehrt. Dann erklärte Jeschua, dass dies in etwa der Inhalt dessen war, worüber der Vater mit Mose sprechen würde. Die Menschen sollten verstehen, dass der Vater sie wie ein Adler durch die Wüste bis an diesen Ort getragen hatte. Um selbst fliegen zu lernen, müssten sie auf ihn hören und von ihm lernen, deshalb seien sie jetzt hier. Die befreiten Menschen sollten das Fliegen lernen, und der Vater würde es ihnen beibringen. Wie schön! Wir schaukelten schweigend weiter und blickten in den atemberaubenden Sonnenuntergang.

~~~~~~~
~~~~~~~

Wie geht es dir heute? Kannst du das nachempfinden? Kennst du dieses friedliche Gefühl des Nachhausekommens? Tief in unserem Herzen gibt es diese Sehnsucht nach einem Ort, der Heimat heißt. Wonach sehnt sich dein Herz im Moment? Vielleicht sehnst du dich nach Heilung? Vielleicht sehnst du dich nach Gemeinschaft oder einfach nach einer neuen und frischen Begegnung mit dem Herrn? Vielleicht sehnst du dich danach, Ruhe zu finden? Was sind deine Erwartungen am Fuße des Berges Horeb? Hast du eine bestimmte Frage auf dem Herzen, die du dem Vater vortragen möchtest? Was hast du bis jetzt auf unserer Wüstenreise gelernt? Was denkst du, könntest du lernen? Gibt es etwas, das du hier lernen möchtest und das du in der Wüste zu finden wagst?

Wüstenblumen: Persönliche Schritte für dich

Bist du frei?

In der Mitte unserer Reise ist es Zeit, wieder auszuruhen. Es ist Zeit, zurückzublicken und nachzudenken. Ich möchte dich einladen, einen Moment innezuhalten und auf dein Herz zu hören. Wie sieht dein inneres Bild aus? Kannst du dich mit dem Adler auf seinem Flug über dem Berggipfel identifizieren? Vielleicht bist du eher wie die Menschen auf dem Boden, die immer noch lernen, ein Leben in Freiheit, statt in Sklaverei zu führen? Gibt es etwas, das dich von der Freiheit zurückhält? Gibt es etwas, das dich an Ägypten festhalten lässt?

Das Nest

Bei der heutigen Begegnung hatte ich das Gefühl, nach Hause zu kommen. Mein Herz sehnte sich danach, meinen Freund Jeschua und den Vater wiederzusehen. „Zu Hause ist da, wo dein Herz ist." Hast du diesen Satz schon einmal gehört? Wo fühlst du dich zu Hause? Ich fühle mich dort zu Hause, wo die Menschen mein Herz kennen, wo ich geliebt werde. Manchmal komme ich zum ersten Mal an einen Ort und es fühlt sich wie zu Hause an, weil die Menschen dort Gott den Vater, Jesus den Sohn und Ruach, den Heiligen Geist, kennen und lieben. Heimat ist der sichere Ort, den wir im ersten Kapitel im Garten gefunden habe. Heimat ist der Ort der Vertrautheit mit Gott.

Ein Vogelnest ist ein Bild für Gottes Liebe und seine Fürsorge für seine Kinder. Heute möchte ich dich einladen, nach Hause zu kommen und deinen Platz am Herzen des Vaters zu finden. Er wartet auf dich, um dich zu umarmen und dich willkommen zu heißen. Er will dir Ruhe und Erfrischung schenken. Er wird sich um dich kümmern und dich füttern wie einen kleinen Vogel.

> *Seht euch die Vögel an! Sie säen nicht, sie ernten nicht, sie sammeln keine Vorräte – aber euer Vater im Himmel sorgt für sie. Und ihr seid ihm doch viel mehr wert als Vögel!* (Matthäus 6,26 GNB).

Zeit zu fliegen

Es wird eine Zeit in unserem Leben geben, in der wir lernen müssen zu fliegen. Ich liebe das Bild des Adlers, der seine Kinder auf seinen Flügeln zurück zum Nest trägt, es stammt aus dem Lied des Mose in 5. Mose 32,10-12 (BAS):

> *Er fand sein Volk in der Wüste,*
> *in der öden Wildnis, wo die Tiere heulen.*
> *Er hüllte es ein und gab auf es acht,*
> *er behütete es wie seinen Augapfel.*
> *Ein Adler lässt seine Jungen aus dem Nest ausfliegen.*
> *Wachsam kreist er über ihnen und schützt sie.*
> *So hat er seine Flügel ausgebreitet,*
> *sein Volk aufgefangen und getragen.*
> *Er allein hat es geleitet,*
> *kein fremder Gott war mit dem Volk.*

In diesem Lied lesen wir, wie Gott sein Volk in der Wüste fand und es auf seinen Flügeln trug. Wenn du auf deine eigene Reise zurückblickst, erinnerst du dich daran, wie der Vater dich in der Wüste gefunden hat?

Ich bete dafür, dass du heute erkennst, wie er dich gefunden hat, wie er dich täglich neu umgibt und dich beschützt. Hab keine Angst, dein Nest zu verlassen! Der Herr wird dich mit seinen starken Armen auffangen. Streck deine Flügel aus und lass dich vom Wind tragen! Du wirst nie tiefer fallen als in die schützenden Federn des Vaters. Er wird dich nach Hause bringen.

Tag 25

Waschtag – Zuhören lernen

Wie war dein Tag? Er war nur ein kurzer Moment auf deiner ganzen Lebensreise.

An manchen Tagen fühle ich mich Gott nicht so nahe wie in der gestrigen Begegnung, als wir mit ihm auf der Veranda saßen und den Flug des Adlers beobachteten. Manchmal gibt es Ablenkungen, wie z. B. die Aufgaben des Tages, Pflichten und Verantwortlichkeiten. Aber es gibt auch Ablenkungen von innen, in meiner Seele, die mich daran hindern, dem Herrn nahe zu sein.

Die 25. Begegnung

Wunderbar hatte ich in meinem Zimmer geschlafen. Dieser Ort war so friedvoll, so ruhig, so erholsam. Ich mochte diesen Teil des Berges; er war so ganz anders, nicht wie die kahlen Granitberge. Hier war es so grün wie auf einer Almwiese. Blumen blühten hier und da. Es war eine abgelegene Oase in einem kleinen Tal, wie ein geheimer Garten. Der Weg dorthin schien für viele verschlossen und mit bloßem Auge nicht sichtbar zu sein. Nur Jeschua kannte den Weg, und natürlich Levantino auch; er gehörte hierher.

Als ich das Fenster öffnete, schien mir die Sonne von einem strahlendblauen Himmel entgegen. Heute war es so ganz anders als bei meinem letzten Besuch. Ich zog mich rasch an und ging nach draußen. Auf der Veranda stand ein Frühstück für mich bereit. Hier im Haus des Vaters brauchten wir kein Himmelsbrot zu sammeln; alles war schon vorbereitet.

Als ich mich mit Jeschua an den Tisch setzte, fühlte ich mich irgendwie seltsam. Nicht, dass er mich etwa schräg angeschaut oder kritisiert hätte, aber ich spürte, dass etwas nicht stimmte. Ich überlegte, was es sein konnte. Dann bemerkte ich den Unterschied. Er hatte sich frisch rasiert und gewaschen, sogar seine Haare, und er trug frische, weiße Kleider – strahlend weiß. Ein Duft von Pfefferminz und frischen Blumen umgab ihn. Ganz im Gegensatz zu mir. Ich hatte mich seit Tagen nicht mehr gewaschen, meine Kleidung war staubig vom Wüstensand und der Geruch von Schweiß haftete seit dem Kampf in Refidim an mir. Sogar meine Hände waren schmutzig, als ich mich an den Frühstückstisch setzte. Wie peinlich!

Nachdem ich lange genug auf meine schmutzigen Fingernägel gestarrt hatte, schaute ich auf, direkt in seine liebevollen Augen. Die Röte stieg mir ins Gesicht, weil ich mich so schmutzig fühlte. Ich hatte nicht einmal daran gedacht, mich vor dem Frühstück herzurichten, aber Jeschuas Blick war entwaffnend. Er wollte mich nicht bloßstellen. Sein Lächeln wusch all die ängstliche Anspannung und die Scham weg. Dann deutete er ruhig hinter sich, wo eine Quelle aus dem Berg in eine Tränke floss.

Als ich aufsprang und in die Richtung lief, rief er mir lachend zu: „Die Hände reichen, den Rest kannst du nach dem Frühstück machen." Ich stimmte einfach in sein Lachen ein und wusch meine Hände und mein Gesicht. So fühlte ich mich auch etwas wacher, erfrischt und bereit für den neuen Tag. Beim Frühstück wollte ich es wissen: „Wo kann ich später ein Bad nehmen und meine Kleidung waschen? Und wie hast du deine Kleidung so extrem weiß waschen können?"

Jeschua erklärte die praktischen Details. „Wir können einen Holzzuber in dein Zimmer bringen und das Wasser auf dem Herd erwärmen. Ich kann deine Kleidung für dich waschen. Du kannst einfach etwas Frisches aus dem Kleiderschrank nehmen."

Ich spürte, wie alte Gefühle in mir aufstiegen, und ich wehrte heftig ab: „Niemals sollst du meine Wäsche waschen. Das muss ich schon selbst machen! Wo kämen wir denn hin, wenn du mir meinen Dreck wegmachen würdest? Nein, nein, ich werde es selbst tun. Du hast schon genug getan!" Ich ließ ihn gar nicht zu Wort kommen und wollte sofort loslegen.

Als ich nach dem Zuber fragte, sah Jeschua mich wieder mit diesem traurigen Blick an. Aber ich wollte nicht länger warten und in meinem Dreck vor ihm sitzen, so stand ich schnell auf. Er sagte mir, wo die Wanne war, und ich zog sie in mein Zimmer. Dann suchte ich einen Eimer und holte Wasser. Ich weiß nicht, wie oft ich von der Quelle zur Wanne lief, um sie zu füllen.

Ich hatte völlig vergessen zu fragen, wo ein Topf zum Aufwärmen des Wassers war, und stand ratlos in der Wohnküche. Erst da wurde mir klar, dass ich Jeschua einfach hatte sitzen lassen, so sehr war ich in meine Betriebsamkeit verfallen. Schnell lief ich zurück und war froh, dass er immer noch dort saß. Wie oft war ich mit meinem Wassereimer an ihm vorbeigelaufen und hatte seine stille Gegenwart nicht beachtet?

„Äh, entschuldige, aber wo kann ich denn einen Kochtopf finden?" Er ging mit mir zum Holzofen und zeigte mir ein geeignetes Gefäß. Wieder verschwand ich mit meinem kleinen Eimer und lief hin und her, bis der große Topf voll war und das Wasser kochte.

„Weißt du", sagte er, wobei er noch immer neben dem Herd stand, „dort drüben haben wir eine Wasserleitung, die von der Quelle direkt zum Haus führt. Nur für den Fall, dass du mehr Wasser brauchst." Er drückte mir ein Stück Seife in die Hand und lächelte sanft.

Oh Mann, ich hatte wohl etwas vorschnell gehandelt und nicht genau zugehört. In meiner Sorge und Eile hatte ich Jeschua nicht zu Wort kommen lassen, mir diese einfachen und hilfreichen Anweisungen zu geben. Es hätte mal wieder so viel einfacher sein können, wenn ich gefragt und zugehört hätte, aber in meiner Eile hatte ich nur das getan, was mir logisch erschien, ohne zu fragen. Jetzt war ich wütend auf mich selbst, und in dieser Wut ließ ich mich in die hölzerne Wanne fallen und begann, mir den ganzen Schmutz vom Körper zu schrubben, bis meine Haut ganz rot war. So war ich zwar nicht mehr so schmutzig, fühlte mich aber durch den Ärger nicht besser. Dann wickelte ich mich in ein großes Tuch, holte ein paar Klamotten aus dem Schrank und zog mich an. Anschließend nahm ich meine schmutzigen Klamotten und rannte wieder hin und her, bis ich genug heißes Wasser zum Waschen hatte. Ich schrubbte und schrubbte und schrubbte, und versuchte den ganzen Schmutz aus meiner Kleidung herauszuwaschen. Aber egal, wie sehr ich schrubbte, die Sachen wollten nicht richtig sauber werden, sodass mein Ärger nur weiter stieg.

Als ich so vor Wut kochend am Herd stand, spürte ich plötzlich seine Hand auf meiner Schulter. Augenblicklich verflüchtigte sich meine Wut, bis nur eine tiefe Traurigkeit zurückblieb.

„Warum lässt du mich dir nicht helfen? Nur ich kann deine Kleidung weiß machen. Lass mich deine Sachen waschen. Allein schaffst du das nicht."

„Das merke ich", sagte ich etwas säuerlich und trat zurück, damit er am Waschtrog Platz hatte.

Er stand einfach da und berührte mit seiner rechten Hand das Wasser. Es war, als würde ein Tropfen Blut aus ihr herausfließen. Dann nahm er einen großen Holzstab, rührte kurz um, nahm die Kleidung aus dem Wasser und wrang sie aus, und legte sie in einen Eimer.

„Komm, wir hängen die Wäsche raus zum Trocknen", sagte er und drückte mir den Eimer in die Hand.

Beim Wäscheaufhängen staunte ich, wie strahlend weiß die Kleidung nun leuchtete. Dann setzten wir uns wieder auf die Veranda. Ich hatte gar nicht bemerkt, wie die Zeit verflogen war. Wir tranken etwas Erfrischendes, und als ich die strahlend weiße Wäsche im Wind flattern sah, spürte ich, dass ich endlich ruhiger geworden war. Dann erklärte Jeschua mir, wie wichtig es ist, auf die richtige Stimme zu hören und nur dieser zu gehorchen.

Heute Morgen hatte ich nur auf die anklagenden Stimmen gehört, die mir sagten, wie schmutzig ich sei und dass ich so nicht weitermachen könne. Da waren auch die Stimmen der Scham und der Selbstverurteilung. „Wie kannst du nur?", warfen sie mir vor. Und schließlich waren da noch die Stimmen, die mich dazu getrieben hatten, alles selbst zu machen, keine Hilfe anzunehmen oder gar anzuerkennen, dass ich Hilfe brauchte. Er sagte mir, dass er den ganzen Tag gewartet habe, um mir zu helfen. Endlich hörte ich ihm zu und begann langsam zu verstehen. Ich hatte nichts falsch gemacht. Ich hatte nur nicht auf ihn gehört, und das tat mir jetzt leid.

„Verzeih mir!", sagte ich verlegen.

Aber Jeschua wehrte meine Worte der Selbsterniedrigung ab. „Es ist in Ordnung; du musst dich nicht ständig selbst verurteilen. Du bist okay, so wie du bist. Aber lerne, das anzunehmen, was ich dir geben möchte und nur ich dir geben kann: reine, weiße Kleidung und ein reines, ruhiges Herz."

~~~~~~~
~~~~~~~

Wenn wir durch unseren Alltag gehen, werden wir mit einer Menge Schmutz konfrontiert. Die Welt ist kein sauberer, sorgloser Ort mehr, seit wir den Garten verlassen haben. Es herrscht Krieg in den Familien, auf den Straßen und in den Herzen der Menschen, Firmen und Kirchen.

Kennst du den Geruch von schmutziger Kleidung? Ich kenne den Gestank von Scham, Wut und Hass. Aber manchmal habe ich gar nicht gemerkt, dass das, was ich roch, in mir selbst war. Oft sehe ich nur den Schmutz der anderen um mich herum. Nur in der Gegenwart des Herrn werde ich mir meines eigenen Schmutzes und seines Wunsches, mich zu reinigen, bewusst.

Wüstenblumen: Persönliche Schritte für dich

Es reicht, wenn du dir die Hände wäschst

Jesus hat mich bei dieser Begegnung nicht angeklagt. Er sagte mir am Frühstückstisch, es reiche aus, meine Hände zu waschen. Sein Herz ist immer bereit zu helfen. Bevor Jesus am Kreuz starb und zum Vater zurückkehrte, aß er mit den Jüngern zu Abend. Während des Abendessens stand er auf und begann, allen die Füße zu waschen, sogar Judas, demjenigen, der ihn verraten hatte. Aber als er zu Petrus kam, war dieser ziemlich schockiert: *„Da sprach Petrus zu ihm: Nimmermehr sollst du mir die Füße waschen! Jesus antwortete ihm: Wenn ich dich nicht wasche, so hast du kein Teil an mir“* (Johannes 13,8).

Den ganzen Tag waren sie durch den Schmutz der Straßen gelaufen, meistens in Sandalen. Normalerweise war es die Aufgabe eines Sklaven, eines Dieners, den Gästen die Füße zu waschen, wenn sie ein Haus betraten. Jesus änderte die gesellschaftlichen Rollen und stand als Leiter auf, um seinen Jüngern zu dienen.

Wir können von ihm lernen, aber zuerst müssen wir uns von ihm die Füße waschen lassen. Was denkst du über dieses Bild? Vielleicht reagierst du wie Petrus oder wie ich bei meiner Begegnung. Das Erste, was ich lernen musste, war, ehrlich gegenüber Gott und mir selbst zu sein und den Unterschied zwischen uns zu erkennen: Er ist heilig, und ich muss geheiligt werden.

Ich brauche dich, Herr

Der zweite Schritt war, meinen falschen Stolz abzulegen. Wenn ich versuche, alles selbst zu machen, ohne den Herrn, verliere ich so viel. Ich lerne, immer wieder zuerst den Herrn zu suchen und ihn in allen Bereichen meines Lebens um seine Hilfe zu bitten. Er liebt es, mir zu helfen, mich zu führen und mir zu dienen. Er liebt seine Kinder wie eine liebende Mutter.

Wenn ein kleiner Dreijähriger in den Schlamm fällt, würden die Eltern dann zu ihm sagen: „Geh und wasch deine Sachen selbst"? Nein, so würden sie nicht handeln, und unser himmlischer Vater erst recht nicht. Er wartet darauf, dass wir ihn um seine Hilfe bitten. Das Blut Jesu hat unsere Sünde abgewaschen, sodass das, was einst rot wie Blut war, weiß wie Schnee wird. Er ist der Einzige, der uns ein sauberes und reines Herz geben kann, niemand sonst.

Höre auf die richtige Stimme

Kennst du die Stimmen der Verurteilung und Anschuldigung? Der Herr möchte uns heute dazu einladen, diese Stimmen von seiner zu unterscheiden. Seine Stimme ist sanft und voller Liebe. Hörst du ihn, wie er dich heute aus der Selbstverurteilung und Scham heraus und hinein in seine Gegenwart ruft? Versuche dir vorzustellen, wie du seinem Ruf folgst und an seinem Tisch Platz nimmst. Wie fühlst du dich, wenn er vor dir kniet und dir die Füße wäscht? Kannst du seine Hände auf deinen Füßen spüren? Suche seine Augen voller Liebe. Was würdest du zu ihm sagen?

Tag 26

Reggae – Vorbereitung für die Feier

Mir macht es Freude, draußen in der Natur unterwegs zu sein. Diese Zeiten sind für mich Spaziergänge mit Gott. Die Natur, die mich umgibt, erinnert mich an seine Gegenwart. Gott, der Schöpfer, kommt mir in seiner Schöpfung nahe. Eines Tages stieß ich auf meinem Weg überraschenderweise auf eine Schafherde. Wie oft fühle ich mich wie ein Schaf auf ausgedörrtem Boden und kaue altes Gras. Während ich die Schafe beobachtete, kam der Hirte, und sofort begannen die Schafe zu rennen; ob alt, ob jung rannten sie zum Hirten, der sie zu neuen grünen Wiesen führte. Das erinnerte mich an meinen Hirten, und so frage ich mich heute, ob ich bereit bin, ihm zu begegnen und mich an neue Orte führen zu lassen.

Die 26. Begegnung

Am nächsten Morgen, als ich meine Augen öffnete, lagen meine Kleider auf dem Stuhl neben meinem Bett – strahlend weiß, duftend und gefaltet. Als ich mich anzog, dachte ich an den Blutstropfen, den ich gesehen hatte, als Jeschua meine Kleidung gewaschen hatte. Was für ein Geheimnis das doch war ...

Wieder erkannte ich sein Leiden in dem, was er mir gab. Diese weißen Kleider, die ich heute trug, waren etwas Besonderes für mich, und ich fühlte mich geehrt, diesen wertvollen Stoff an meinem Körper zu tragen. Ich spürte, wie ich mich durch sie zu meiner vollen Größe aufrichtete. Eine innere Last, die ich am Tag zuvor noch in mir gespürt hatte, war von mir genommen. Ich stellte mich vor den großen Spiegel und betrachtete mich. Irgendwie fühlte ich mich heute würdevoll und gestärkt.

Dieser Tag begann anders. Als Erstes wollte ich Jeschua dafür danken, dass er meine Kleidung gewaschen und für mich bereitgelegt hatte. Er saß schon draußen auf der Veranda und wartete mit dem Frühstück. Als ich mich dieses Mal zu ihm setzte, spürte ich den Unterschied zum Vortag noch deutlicher. Alles Schwere war nicht mehr da – wie weggewaschen.

„Guten Morgen, mein Freund", sagte ich. „Danke, dass du meine Kleider gewaschen hast! Damit fühle ich mich viel besser, wie neu. Danke, ich fühle mich jeden Tag von dir beschenkt."

Jeschua freute sich, als ich das aussprach, und wir freuten uns zusammen an unserem Frühstück. Jetzt hatte ich nur eine Sorge: mich nur nicht wieder schmutzig zu machen. Ich würde versuchen, das zu vermeiden, doch das würde wahrscheinlich nicht funktionieren, dachte ich mir. Aber was dann?

„Komm mit jedem kleinen Schmutzfleck zu mir. Ich kümmere mich darum, mach dir keine Sorgen", sagte er, und nach einer kurzen Pause: „Heute ist der zweite Tag der Vorbereitung."

„Vorbereitung worauf?", fragte ich.

„Nun, der Vater wird morgen kommen, und wir könnten eine kleine Willkommensfeier für ihn vorbereiten. Was hältst du davon?"

Prima Idee, dachte ich. Und sofort sprudelte ich los: „Ich werde ein paar Kuchen backen. Und wir brauchen etwas zum Abendessen. Was ist eigentlich sein Lieblingsessen? Ich werde das Haus mit Girlanden und Blumen schmücken. Und Musik brauchen wir. Was hört er denn gerne?"

Ich hatte so viele Ideen und genauso viele Fragen. Ich begann zu begreifen, dass ich den Vater nicht wirklich gut kannte, aber Jeschua kannte seinen Vater gut. Er hatte auf jede meiner Fragen eine Antwort. Dann erinnerte er mich daran, dass er einmal gesagt hatte, er und der Vater seien eins.

Es war gar nicht so einfach, nicht nur meine eigenen Vorstellungen durchzubringen, sondern auf Jeschua zu hören und herauszufinden, was dem Vater gefällt. Wir gingen zuerst in die Wohnküche, um gemeinsam das Essen vorzubereiten. Da ich gerne backe, übernahm ich diesen Teil und versuchte, in allem seinen Geschmack zu treffen. Ich wollte ihm mit meinem Kuchen eine besondere Freude machen und übte mich an einer aufwändigen Glasur. Am Herd erzählte mir Jeschua, dass sein Vater der König ist, dem alles – wirklich ALLES – gehört.

Als ich das hörte, wurde ich plötzlich nervös – sein Vater, der König? Ich wollte nicht nur einen Kuchen backen, sondern ein Festmahl mit einem Sieben-Gänge-Menü, auch wenn das bedeutete, dass wir den ganzen Tag in der Küche stehen würden. Aber Jeschua stoppte mich gleich in meinem Enthusiasmus und überzeugte mich, dass seinem Vater genau dieser Kuchen gefallen würde.

„Es kommt nicht auf die Menge an, sondern auf das Herz."

Ich hielt kurz inne und rührte dann aus Heidelbeermus eine Glasur an und malte ein großes Herz auf meinen Kuchen. Darunter schrieb ich: Für den König.

Der Tag verging schnell. Immer wieder hatte ich eine neue Idee. Am Hauseingang hatte ich ein großes Schild aufgehängt und überlegte zusammen mit Jeschua, was wir darauf schreiben sollten. Wir entschieden uns für: „Willkommen daheim!" Dann hatte ich draußen Blumen gepflückt und alles dekoriert. Jeschua meinte zwischendurch mit einem Lächeln, ich solle noch ein paar draußen stehen lassen.

Als es langsam dämmerte, machten wir es uns drinnen gemütlich und probten zusammen ein paar Lieder. Ich hatte mit Jeschuas Hilfe aus ein paar Brettern eine Trommel zusammengezimmert. Das machte Spaß mit Jeschua an der Seite; er kannte sich mit Holz sehr gut aus und hatte alle Werkzeuge griffbereit zur Hand.

Wir saßen zusammen vor dem knisternden Kaminfeuer – die Wärme erfüllte den ganzen Raum – und stimmten ein Lied für den König an. Mir gefiel der Rhythmus; er hatte etwas von Reggae, beschwingt und leicht. Ein Lied ging in das nächste über, und so war der ganze Abend ausgefüllt. Selten hatte ich so viel Spaß gehabt und mich dem König und Vater so nahe gefühlt wie an diesem Abend, obwohl er erst am nächsten Tag kommen würde. Wir hatten in unseren Liedern immer wieder eine neue Seite seines Wesens und seiner Persönlichkeit entdeckt und besungen. Als wir die Eigenschaften des Vaters priesen, wurde der Raum von seiner Gegenwart erfüllt, und in allem sah ich auch so viele Züge von Jeschua. Teilweise sang ich nur für ihn. Ich sang über seine Stärke und dachte daran, wie er in Refidim an der Front gekämpft hatte. Ich sang über seine Güte und dachte daran, wie er mich nach meinem Sturz gesund gepflegt hatte.

Dann dachte ich daran, was es ihn gekostet haben mag, dass ich heute diese weißen Kleider tragen konnte. Und bei all dem spürte ich, wie sehr sich Jeschua mit mir freute. Der ganze Raum strahlte voll Freude.

„Das wäre die beste Vorbereitung", sagte Jeschua, als wir uns für die Nacht zurückzogen, „wenn mein Vater morgen nach Hause käme und ein mit Freude geschmücktes Haus vorfände."

Weiter erwähnte er, dass auch die Menschen am Fuße des Berges sich auf die Begegnung mit dem Vater vorbereiteten. Das ganze Volk fiebere wie ich aufgeregt der Begegnung mit dem König entgegen. Wow, dachte ich, da würde ich auch gerne dabei sein! Dann fiel mir ein, dass ich keinesfalls verpassen wollte, wenn er hierherkommen und alles sehen würde, was wir für ihn geschmückt und vorbereitet hatten. Wir wollten ihn ja mit dem Lied empfangen, das wir geprobt hatten. Nein, nichts würde mich daran hindern. Jeschua wünschte mir eine gute Nacht. Ich freute mich auf das Wiedersehen mit dem Vater und König.

~~~~~~~

Wie kann ich mich auf die Begegnung mit Gott vorbereiten? In 2. Mose 19 können wir lesen, wie das Volk Israel vor dem Berg lagerte und wie Mose mit dem Herrn sprach. Der Herr befahl Mose, das Volk zu heiligen und ihnen zu sagen, sie sollten ihre Kleider waschen. Wie kann ich mich heiligen? Wie kannst du dich vorbereiten?
~~~~~~~

Wüstenblumen: Persönliche Schritte für dich

Seine Kleidung tragen

Jeschua hatte meine Kleidung schon vorbereitet. Als ich aufstand, musste ich mich nur noch entscheiden, sie anzuziehen. Das war meine Aufgabe. Kannst du dir vorstellen, wie es sich anfühlt, in diese strahlendweißen, frisch gewaschenen Kleider zu schlüpfen? Welch ein Geschenk sind diese sauberen Kleider, die mit dem Blut des Lammes gewaschen sind! Täglich neu möchte ich mir bewusst machen und entdecken, wer ich in Christus bin. Das ist die beste Vorbereitung.

Komm zu mir mit jedem kleinen Fleckchen

Es ist wichtig, keinen Fleck zu verstecken oder übermäßig vorsichtig zu sein, weil man Angst hat zu versagen. Ich darf lernen, mein Leben ohne Angst vor dem Versagen zu leben. Der Herr wartet mit ausgestreckten Armen auf mich. Ich bin ein Kind Gottes, und er sagt: „Komm wie du bist!“ Ich möchte lernen, in Dankbarkeit und Vertrauen zu ihm zu laufen, mit jedem kleinen Fleck auf meinen weißen Kleidern. Komm und lauf mit mir zum Vater! Hab keine Angst! Er liebt dich trotz der kleinen Flecken von ganzem Herzen.

Reggae

Ich versuche immer, alles zu analysieren und gut zu planen, aber ich sehe die Welt mit meinen Augen, aus meiner Perspektive. Ich möchte lernen innezuhalten, zurückzutreten und auf den Herrn zu warten. Ich möchte lernen zu unterscheiden, was irdisches Denken und was Gottes Wunsch ist. Das ist nicht leicht, aber es geht mir darum, zuerst die Gegenwart des Herrn zu suchen. In seiner Gegenwart wird er uns sein Herz offenbaren. Vielleicht werden wir überrascht sein, wie groß der Unterschied zwischen seiner Wahrheit und unserer Vorstellung ist.

Was denkst du, was der Herr mag? Vielleicht denkst du so wie ich an Reggae-Musik oder aber an Orgelmusik. Doch eines ist sicher: Was er sich am meisten wünscht, ist ein Herz voller Freude. Ich möchte dich heute einladen, dein Haus, deinen Körper, dein ganzes Wesen auf das Kommen des Herrn vorzubereiten. Suche seine Gegenwart! Sing ihm ein Lied über das, was er bereits in deinem Leben getan hat! Singe und spiele, bis dein Herz voller Freude ist!

Tag 27

Hörnerschall – Begegne dem Herzen des Vaters

Kennst du das Gefühl, jemanden von ganzem Herzen zu vermissen? Heute spüre und sehe ich diese tiefe Sehnsucht in den Herzen vieler. Einige Freunde vermissen jemanden, der ihnen nahesteht und wichtig für sie ist. Da ist einfach eine tiefe Sehnsucht. Sie lauschen auf jedes kleine Geräusch und fragen sich: „Vielleicht kommt er bzw. sie zurück?" Und dann sehe ich die Enttäuschung in diesen Augen, wenn der geliebte Mensch nicht zurückkommt. Hast du schon einmal eine solche Sehnsucht verspürt und auf jemanden gewartet, den du liebst?

Gestern waren wir damit beschäftigt, uns auf das Treffen mit dem Vater vorzubereiten, auf die Rückkehr von jemandem, der uns lieb ist. Mal sehen, was als Nächstes passiert.

Die 27. Begegnung

Ich hatte mich darauf gefreut, den Vater, den König von allem[1], zu sehen. Am frühen Morgen wurde ich jedoch unsanft von Blitz und Donner aus meinen tiefsten Träumen gerissen. Ich erschrak sehr und war mit einem Mal hellwach. Aus Furcht hätte ich mir am liebsten die Decke über den Kopf gezogen.

Durch das Fenster konnte ich nichts sehen als eine weiße Wand; wie dichter Nebel lag eine Wolke auf dem Berg. Ich war nicht nur erschrocken, sondern auch enttäuscht. Wie anders hatte ich mir den Tag vorgestellt! Ich wollte den Vater mit Sonnenschein und guter Laune begrüßen, nicht mit Angst und miesem Wetter. Dann hörte ich einen extrem lauten Ton – so laut, dass ich mir die Ohren zuhalten musste. Es hört sich an wie eine Trompete, dachte ich, aber wer oder was könnte so einen extrem lauten Ton erzeugen?

---

[1] Vgl. 1. Timotheus 6,14-16.

Neben der Angst stellte sich jetzt auch noch eine Ahnung ein, dass hier etwas Großes geschah. Irgendwie erinnerte mich der Ton an die Fanfarenklänge der königlichen Trompeter, wenn ihr König nach einem siegreichen Feldzug in den Burghof reitet und das ganze Volk herbeiströmt, um ihn zu sehen. Der Klang wurde immer lauter und plötzlich wurde es mir klar: Der König kommt. Nun war ich ganz aufgeregt.

Ich überwand meine Angst und sprang aus dem Bett, um mich schnell fertig zu machen. Ich zog meine weißen Kleider an, sah in den Spiegel, kämmte mir schnell die Haare und wusch mir das Gesicht. Mein Herzschlag ging immer schneller. Plötzlich sah ich draußen Feuerflammen und Rauch. Ich dachte, mein Herz würde ganz aussetzen und ich müsste sterben. Feuer! Wie sollte ich mich in einem Holzhaus in Sicherheit bringen? Ich war verloren! Panik überfiel mich und ich begann zu schluchzen.

Dann wurde der Lärm draußen noch lauter. Ich ließ mich einfach auf den Boden fallen – es war alles zu viel für mich. Tränen rannen lautlos über mein Gesicht und ich zitterte. Zu allem Überfluss begann auch noch der Boden und alles um mich herum zu wackeln: ein Erdbeben! Ich würde definitiv sterben! So lag ich auf dem Boden, hielt mir Augen und Ohren zu und hoffte, dass alles bald vorbei sein würde. Ich wartete auf den Tod.

Doch nach einer Weile wurde es draußen ruhiger, sodass ich mir nicht mehr die Ohren zuhalten musste. Als ich meine Hände wegnahm, hörte ich ein Klopfen an der Zimmertür. In diesem Moment des abklingenden Schocks und der Angst begriff ich langsam, dass ich tatsächlich noch am Leben war.

Ich hob meinen Kopf leicht an und rief mit zittriger Stimme: „Ja?"

Jeschua öffnete die Tür und sagte mit einem strahlenden Lächeln auf dem Gesicht: „Der Vater ist schon da!"

Dann fragte er mich, ob ich nicht zu ihm kommen wolle, um ihn zu begrüßen. Noch immer zitternd, richtete ich mich auf. Ich war ganz zerknittert und fühlte mich zerknirscht. „Wie kann ich ihn so begrüßen?"

Jeschua streckte mir seine Hand entgegen. „Es ist okay. Komm!"

Ängstlich zögernd folgte ich Jeschua in die Wohnküche. Wie gut, dass er daran gedacht hatte, die Kerzen anzuzünden! Eigentlich hatte ich das vor dem Eintreffen des Vaters tun wollen, aber wer hätte gedacht, dass er so früh am Morgen und dann auch noch mitten im Unwetter käme?

Der Raum strahlte wohlige Wärme aus und duftete nach frischem Kaffee und Brot, aber irgendwie war mir nicht ganz wohl in meiner Haut. Ich fühlte mich befangen und wagte es nicht, meinen Blick zu heben. Plötzlich wusste ich, dass alles, was ich erlebt hatte, die Ankunft des Königs gewesen war. Gestern hatte ich noch diese kindliche Vorfreude in mir gehabt und mich nach der Begegnung mit dem Vater gesehnt, aber jetzt hatte ich Angst, weil das, was gerade passiert war, mehr war, als ich verkraften konnte. Es ließ mich erkennen, wie klein ich war und wie groß der König sein musste, der mit solch einem Auftreten auf seinen heiligen Berg kam.

Ich wusste nicht, wie ich in ihm den Vater sehen sollte, der mich hier einst so liebevoll umarmt und empfangen hatte, also blieb ich einfach mit gesenktem Blick an meinem Platz stehen. Dann gaben meine Beine nach und ich ließ mich auf die Knie sinken. So verharrte ich, ohne einen Ton zu sagen. Meine Kehle war wie zugeschnürt.

Dann hörte ich, wie Jeschua „Abba!" rief, und nahm aus den Augenwinkeln wahr, wie er auf ihn zueilte. Sie lachten beide herzlich, und die Erstarrung meines Herzens begann sich in der Wärme der Gegenwart des Vaters zu lösen. Augenblicklich kam das Stampfen seiner schweren Schritte näher. Dann hielt er inne, legte seine große Hand auf meinen Kopf und sagte einfach: „Mein Kind, steh auf!"

Zögernd stand ich auf, hielt aber immer noch meinen Blick gesenkt. Dann hob er mit seiner Hand mein Kinn an und sah mir direkt in die Augen. „Hab keine Angst", sagte er und öffnete seine Arme, die mich aufforderten, ans Vaterherz zu kommen. Sein Blick war so durchdringend, liebevoll und einladend, und ich wagte den Schritt in die Arme des Königs. Er hielt mich fest, ganz fest, mein Vater, der mächtige König. Meine Augen füllten sich mit Tränen und ich begann zu schniefen. Diese Umarmung war so tröstlich, so wärmend, so wohltuend …

Ich vergaß allen Schrecken, alle Angst und Anspannung und fühlte mich sicher und geborgen. Ja, und geliebt, unendlich geliebt! Dann rollte eine Träne über mein Gesicht und der Vater löste seine Umarmung, um diese, meine Träne aufzufangen. Sie tropfte in seine große Hand und glitzerte darin wie eine Perle. Mit seiner freien Hand klopfte er mir auf die Schulter und nahm dann einen Krug aus dem Regal. Ganz behutsam ließ er meine Tränenperle dort hineinfallen.[2]

Irgendwie stand ich noch immer etwas unbeholfen da, als ich sah, wie Jeschua mir hinter dem Vater zuwinkte. Er wollte mir irgendetwas durch Zeichensprache mitteilen. Endlich verstand ich, was er meinte, und wurde wieder lebendig: Der Kuchen! Hinter mir auf dem Buffet stand der Kuchen, den ich gestern für den Vater gebacken hatte. Ich brauchte mich nur umzudrehen. Schnell drehte ich mich um, griff nach der Kuchenplatte und hielt ihm die Torte vor die Nase. Er hatte gerade den Krug mit der Perle auf das Regal gestellt und drehte sich wieder zu mir um.

Dann fing er an zu lachen, und mit einem Mal war alles ganz entspannt. Der Vater freute sich so sehr über meinen Kuchen, dass er ihn gleich probieren wollte. Wir setzten uns an den bereits gedeckten Frühstückstisch, und ich schnitt ein Stück für ihn ab, auf dem noch ein Teil der Aufschrift zu lesen war: „König". Er biss herzhaft hinein und lobte meine Backkünste überschwänglich. Das war ein Gefühl! So ein Lob hatte ich noch nie bekommen! Es machte mich verlegen und stolz zugleich, aber am allermeisten freute ich mich, dass ich ihm damit eine Freude hatte machen können.

Nach dem Essen sangen wir unser Lied. Der Vater saß in dem großen, roten Sessel und hörte uns lächelnd zu. Zeitweise trommelte ich einfach vor mich hin, und im Hintergrund hörte ich eine dazu passende Melodie. Ich weiß nicht, ob man sie tatsächlich hören konnte. Vielleicht war es auch die Melodie meines Herzens, die sich zu dem Rhythmus erhob, den ich auf meinem Instrument spielte. Ich vergaß Raum und Zeit. Irgendwann wurde meine Melodie leiser, und ich hörte auf. Der Vater war sehr erfreut und klatschte begeistert. In

---

[2] Vgl. Psalm 56,9.

diesem Moment war ich wieder ein wenig verlegen über seine Freude und errötete leicht.

Nach einiger Zeit sagte der Vater, er müsse nun wieder zum Gipfel hinaufgehen. Dort hatte er sich heute früh mit Mose verabredet. Er klopfte mir auf die Schulter und erklärte mir, dass die Leute unten genauso erschrocken gewesen seien wie ich heute Morgen. Aber ich solle mir keine Sorgen machen, weil ich hier im Vaterhaus sicher sei.

Er ging zur Tür, blieb noch einmal im Türrahmen stehen und sagte: „Danke für den schönen Empfang." Dann zog er die Tür mit einem Lächeln zu.

Ich ließ mich völlig erschöpft in den nächstbesten Stuhl fallen. Was für ein Tag!

~~~~~~~

Wie fühlst du dich, nachdem du von dieser Begegnung gelesen hast? Ich spürte diese Mischung aus Ehrfurcht und der Sehnsucht, den Vater zu treffen. In meinem täglichen Leben spreche ich Gott meistens als meinen himmlischen Vater an. Wie ist das möglich? Für mich ist es seit dem Tag, an dem Jesus mich mit seinem geliebten Vater bekannt gemacht hat, Realität geworden. Aber manchmal wird mir bewusst, dass der Vater auch der König des Universums ist. Er ist allmächtig und er regiert. Wenn ich seine Majestät spüre, bin ich überwältigt. Kannst du dich mit diesem Gefühl identifizieren?
~~~~~~~

Wüstenblumen: Persönliche Schritte für dich

Der mächtige Gott, der König der Könige

Kannst du dir vorstellen, wie Gott Mose auf dem Berggipfel begegnet ist? Als Mose ihn das erste Mal traf, brannte der Dornbusch. Dieses Mal stand der ganze Berg in Flammen! Feuer ist ein Symbol für große Macht, tiefe Reinigung und Läuterung. Feuer zerstört, aber es macht auch frei. Feuer kann großen Schaden hinterlassen, aber es schafft auch eine neue Umgebung, in der neues Leben wachsen kann. In der Apostelgeschichte können wir lesen, wie der Heilige Geist in Feuerzungen auf die Nachfolger Jesu herabkam.

Vielleicht geht es dir wie mir und du bist überwältigt von dieser Begegnung. Jeschua klopfte in der Begegnung an die Tür zu meinem Zimmer. Genauso klopft Jesus an unsere Herzenstür, um uns zurück in die vertraute Beziehung mit Gott dem Vater zu führen. So wie er in der Begegnung die Tür geöffnet hat, so öffnet sein Sterben am Kreuz den Weg zum Vater.

Jesu Blut reinigt mich von aller Schuld, von allem, was mich vom Vater trennt, so wie das Feuer auf dem Berg. Sein Blut ist der Preis, den er bezahlt hat, um uns freizukaufen aus dem Reich des Todes. Das Volk Israel durfte dem Berg Gottes nicht nahekommen, als Gott Mose dort begegnete, sonst wären sie gestorben. Die Trennung vom Vater ist wie ein Leben in Finsternis. In Christus dürfen wir uns Gott dem Vater nahen. Er hat uns in das Reich des Sohnes seiner Liebe hineinversetzt, so wie ich in der Begegnung in den festlich geschmückten, von Kerzenlicht erleuchteten Raum hineingehen und die Ankunft des Vaters mitfeiern durfte. Jeschua begrüßte seinen Vater mit dem Wort „Abba“, lieber Vater. Durch Jesus dürfen wir Gottes Kinder heißen. Sein Geist ruft auch in uns dem Vater dieses vertrauensvolle „Abba“ zu. Da ist nichts mehr, was uns trennt. Sein Blick ist voller Liebe. In Kolosser 1,22 dürfen wir lesen, dass wir durch Jesus schon jetzt heilig, rein und fehlerlos vor dem Vater stehen dürfen, so wie in der Begegnung. Kannst du dir vorstellen, wie er dir in die Augen schaut und heute zu dir spricht: „Hab keine Angst!“

Wenn du Jesus eingeladen hast in deinem Herzen zu wohnen, braucht du keine Angst mehr vor dem allmächtigen Gott zu haben. Wenn du ihn liebst, wird auch der Vater kommen und in dir Wohnung nehmen. Wenn du dich danach sehnst, die Beziehung zum Vater zu vertiefen, lass uns zusammen beten:

Allmächtiger Gott, ich möchte dich als meinen himmlischen Vater neu kennenlernen.
Hab Dank, dass du deinen Sohn Jesus Christus gesandt hast, um mir dein Vaterherz zu zeigen und mich zu dir zu führen.
Hab Dank, dass er am Kreuz für mich gestorben ist. Bitte nimm weg, was mich noch von dir trennt.
Ich bitte dich, die Stellen in meinem Herzen zu heilen, an denen ich dir misstraut und Angst vor deiner Autorität empfunden habe.
Danke, dass du die vertrauensvolle Beziehung, zwischen mir, als deinem Kind, und dir, dem Vater, wiederhergestellt hast.
Lass mich im Herzen erkennen, dass du mein Vater bist, der mich in Christus voll Liebe angenommen hat und mich nie verlässt.
In Jesu Namen. Amen.

Hörnerschall

Immer wenn ich von diesem Hörnerschall lese, kann ich mir vorstellen, wie diese besonderen Fanfaren-Trompeter in zwei Reihen am Eingang der Burg stehen. Ihre Instrumente lassen einen festlichen Klang erschallen, der sich wie eine Hymne anhört. Dieser Klang lässt alle in ihrem Tun innehalten und in Ehrfurcht und Erstaunen verharren. Jeder weiß, dass der König kommt. Die Türen des Schlosses werden weit geöffnet, und da kommt er, auf seinem weißen Pferd sitzend.

Wahrlich, der König kommt. Vielleicht erinnern wir uns an Jesus, der auf dem Esel ritt; Palmzweige lagen auf dem Boden, und die Menge jubelte ihm zu: „Hosianna, Davids Sohn.“[3] Und dann hörten wir später die anderen Stimmen, die schrien: „Kreuzige ihn!“[4] Wieder eine Menschenmenge, die das Kreuz umringte, und die Soldaten, die ihm seine Kleider abnahmen, ihm eine Dornenkrone aufsetzten. Oben, auf eine Tafel über dem Kreuz, schrieben sie: „Jesus von Nazareth, der König der Juden.“ Es stimmte, er war der König, aber sie erkannten ihn nicht als König. Nur ein Soldat erkannte ihn als den König, der er war.[5]

Heute, in diesem Augenblick, ist er immer noch König. Im Buch der Offenbarung lesen wir erneut über den König der Könige, der für immer regiert und bald wiederkommt.[6] Jesus ist auferstanden. Hast du ihn als den König der Könige erkannt? Bei der Ankunft des Vaters am Berg Horeb können wir sehen und spüren, wie es aussieht, wenn der König kommt. Jesus wird auf die Erde zurückkehren, um uns in seine Gegenwart zu führen und uns ein für alle Mal ins Haus des Vaters zu holen. Kannst du den Trompetenklang hören? Der König kommt. Wie kannst du dich vorbereiten?

Tränen

Manchmal sind meine Pläne, wie ich dem König der Könige begegnen könnte, anders als ihre Umsetzung. Wie bei der Begegnung hatte ich viel geplant und vorbereitet, aber dann war alles ganz anders, als ich es mir vorgestellt hatte, nicht schlechter, nur anders. Manchmal spüre ich diese tiefe Sehnsucht in meinem Herzen, Gott zu begegnen. Anbetungsmusik ist für mich wie ein Schlüssel, der die Tür meines Herzens öffnet. Seine Sehnsucht nach seinen Kindern ist immer größer als unsere

[3] Vgl. Matthäus 21,9.

[4] Vgl. Matthäus 27,23.

[5] Vgl. Matthäus 27,54.

[6] Vgl. Offenbarung 19,11-16.

Sehnsucht nach ihm. Er möchte Zeit mit uns verbringen, und wenn wir unser Herz für ihn öffnen und seine Gegenwart erkennen, werden wir mit Ehrfurcht und Lobpreis erfüllt.

Hast du dich schon einmal so gefühlt, so in Ehrfurcht vor Gott, dass du mit tränennasser Stimme nur noch „Heilig, heilig, heilig“ sagen konntest? Ich möchte für dich und mich beten, dass wir die Sehnsucht des Vaters nach einer Begegnung mit uns, seinen Kindern, erkennen. Ich bete dafür, dass wir von Ehrfurcht und Staunen erfüllt werden. Ich bete dafür, dass du und ich seine Umarmung, seinen Trost und seine Liebe spüren. Ich bete dafür, dass du dich in seinen Armen sicher und geborgen fühlst, egal wo du gerade bist. Ich bete dafür, dass du diese himmlische Ruhe in seiner Gegenwart spürst, in der die Zeit stillsteht und du dich in diesem Moment der Ewigkeit verlierst. Ich bete auch für eine freudige Vorbereitung auf sein Kommen!

Und denk daran: Wenn dein Herz voller Tränen ist – Tränen der Freude oder Tränen der Trauer – lass sie in seine Hände fallen. Er wird sie auffangen und sie alle zählen. Keine Träne wird unbemerkt bleiben. Sie sind alle Teil der Vorbereitung. Tränen machen deine Augen frei, damit du Gott entdeckst und erkennst, dass er der heilige, allmächtige König und gleichzeitig dein dich liebender Vater ist.

Tag 28

Jura – Die zehn Verheißungen

Wie hast du das gestrige Treffen mit dem König erlebt? Hat sich etwas in deinem Herzen verändert, vielleicht wie du über Gott denkst oder was du in der Begegnung mit ihm fühlst?

Lass uns diesen neuen Tag willkommen heißen und einen Schritt weitergehen in der Beziehung zum Vater und einen Blick in sein Herz werfen. Was sind seine Pläne und was ist sein Wille für seine geliebten Kinder?

Die 28. Begegnung

Am nächsten Morgen hing eine dunkle Wolke über dem Berg. Ich vermutete, dass dies immer noch mit dem Vater, dem König, zu tun hatte. Nach dem gestrigen Tag hatte ich keine Angst mehr. Was könnte noch schlimmer sein als Gewitter, Feuer und Erdbeben? So stand ich auf und ging in die Wohnküche. Dort saß Jeschua und war in eine Schriftrolle vertieft; auf dem Tisch stand eine Tasse mit duftend heißer Flüssigkeit.

Ich trat neben ihn und schaute neugierig über seine Schulter. „Was liest du da?"

Er drehte sich um und sah mir in die Augen. „Setz dich, wir können beim Frühstück darüber reden." Dann rollte er das Buch zusammen und nahm den Wasserkessel vom Herd, um mir ein warmes Getränk einzuschenken.

„Essen wir alleine?", wollte ich wissen.

„Ja, der Vater spricht immer noch mit Mose." Er deutete auf das Buch und fuhr fort: „Sie reden darüber."

Jetzt wurde ich noch neugieriger. Ich versuchte zu erkennen, was auf dem Einband der Buchrolle stand. Jeschua reichte es mir, als ich mit dem Essen fertig war. Eilig rollte ich es auseinander und las die Einleitung. Gott, der HERR, war der Autor, und er hatte es für die aus der Gefangenschaft Befreiten geschrieben. Wie spannend! Es war vom Vater, dem König. Ich las weiter und fand zehn Punkte aufgelistet, die wie ein Gesetz zu lesen waren. Jeschua erklärte, der König habe mit diesem Buch seinem Volk ein Gesetz und eine Rechtsordnung gegeben. Zweifellos war das wichtig für dieses Volk, das immer in Gefangenschaft gelebt hatte. Ich wusste, wie wichtig Gesetze für das friedliche Zusammenleben der Menschen sein konnten.

„Ja", bestätigte Jeschua, „das ist wichtig. Aber noch wichtiger ist es, vorher die Beziehungsfrage zu klären. Die Menschen müssen entscheiden, unter wessen Herrschaft sie leben wollen." Ich weiß noch, wie er mir davon erzählt hat, wie sie sich nach ihrer Befreiung beklagt und sich nach den Fleischtöpfen Ägyptens zurückgesehnt hatten. Auf dem Weg ins Verheißene Land werden sie immer wieder auf andere Königreiche mit anderen Herrschaftsformen treffen. Wenn sie dann nicht wissen, wohin sie gehören wollen, werden sie sich mit weniger zufrieden geben und nie im Gelobten Land ankommen. Der Vater hat so viel mehr für sie im Verheißenen Land vorbereitet, aber wenn ihre Herzen nicht ganz ungeteilt ihm gehören und ihr Blick nicht allein auf ihn gerichtet ist, werden sie ihr Ziel nicht erreichen."

Ich las davon, wie gern der Vater gibt; das wusste ich. Ein paar Zeilen weiter stand, dass der Vater eifersüchtig ist. Er wünscht sich, dass seine Kinder bei ihm bleiben und seine Liebe erwidern. Er warnt ausdrücklich davor, anderen Göttern zu folgen.

Ich sah Jeschua verwirrt an. „Was bedeutet ‚andere Götter'? Es gibt doch nur einen Gott, den Vater, den König."

Er antwortete: „Das ist richtig, aber es gibt viele, die es nicht wissen und nicht wissen wollen. Sie glauben den Lügen des Feindes und machen sich ihre Götter aus Gold und Silber."

„Wer ist der Feind?" wollte ich wissen.

„Der Feind ist für alles Schlechte verantwortlich, er ist die Wurzel des Übels. Er ist das Böse. Er tritt oft ganz offensichtlich in Erscheinung und bringt Unglück über die Kinder des Königs, aber er verstellt sich auch und belügt die Menschen, um sie zu täuschen. Er verdreht die Wahrheit, um die Kontrolle zu erlangen und die Herrschaft an sich zu reißen. Er ist der Vater aller Lügen, und sein Reich ist die Finsternis."

Als Jeschua über den Feind sprach, lief mir eine Gänsehaut über den Rücken. „Wie soll ich den Feind erkennen, wenn er die Wahrheit verdreht?", fragte ich.

Jeschua erklärte mir, dass dieses Buch, das ich in der Hand hielt, mir dabei helfen würde. „Dies sind die Worte des Vaters, und darauf sollen seine Kinder hören. Wie die Schafe die Stimme des Hirten kennen, so kennt für gewöhnlich ein Kind die Stimme seines Vaters."

Ja, und ich kannte den Vater auch, und bei dem Gedanken an ihn wurde es mir warm ums Herz. Ich wusste, dass der Vater es gut mit mir meinte und mich vollkommen liebte. Ich wollte im Reich des Vaters leben, wo auch immer das sein mochte. Am besten gefiel es mir hier im Vaterhaus, in seiner Nähe. Ich hoffte, dass die befreiten Menschen das auch erkennen und sich für den Vater entscheiden würden. Es wäre schrecklich, wenn sie geradewegs aus ihrer alten Gefangenschaft in eine neue Gefangenschaft hineinschlittern würden.

Ich las weiter in den Worten des Königs und entdeckte viele Verheißungen. Neben dem, was der König von seinem Volk erwartete, gab es immer auch ein Versprechen, seinem Volk zum Segen. Er wollte denen Barmherzigkeit erweisen, die ihn liebten und seine Gebote hielten. Und in jedem Punkt, in jeder Forderung entdeckte ich, was ihm, dem Vater des Lichts, für seine Kinder wichtig war. Er möchte, dass es seinen Kindern gut geht und sie in Frieden leben. Einen Tag lang sollten sie sich ausruhen. Das war in der Gefangenschaft, in der sie ohne Pause arbeiten mussten, nicht der Fall gewesen.

Der Vater will, dass die Menschen in den Familien gut miteinander umgehen. Er will Leben. Er will Zusammenhalt in der Ehe. Er will beschenken; er ist ein Gott, der gerne gibt. Er will die Wahrheit. Er will Freude und Frieden. Und in all dem wünscht er sich nichts sehnlicher, als dass seine Kinder ihm nacheifern und das Gleiche wollen wie er.

Schließlich las ich eine Verheißung des Vaters, dass er seinen Kindern an dem Ort begegnen will, an dem sie sich an seinen Namen erinnern und ihn ehren. Ich las, dass sie einen Altar aus Erde für den Vater bauen und ihm dort Opfer bringen sollten. An diesem Ort wollte er sie segnen und beschenken.

Als ich diese Verheißung las, wollte ich am liebsten hinausrennen und einen solchen Ort bauen, um an den Vater zu denken und seinen

Namen anzurufen. Ich hatte schon so viele Namen von ihm gehört und ihn erlebt: Als *Jahwe,* den Gott, der ist, der war und der sein wird; als *El Roi,* den Gott, der mich sieht; oder als *Jahwe Nissi,* den Gott, dessen siegreiches Banner über mir weht. Ich fragte mich, welche neuen Namen ich noch lernen würde. Doch da ging schon die Tür auf und der Vater kam herein. Er begrüßte uns mit einem Lächeln auf dem Gesicht und wir unterhielten uns weiter über das Buch und was Mose darüber gesagt hatte.

~~~~~~~

Als Mose in die Wolke trat, um den Vater zu treffen, erlebte er eine intensive Zeit der Offenbarung und Lehre. Als ich anfing, das Gesetz zu lesen, das Gott ihm gegeben hatte, erinnerte ich mich an meine Studienzeit, in der ich eine Menge Gesetze gelernt hatte. Staunend wurde mir bewusst, dass jedes unserer heutigen Gesetze im Prinzip im Gesetz Gottes begründet ist. Diese alten Schriften sind voller Weisheit. Die „Zehn Gebote" sind die Grundlage für jedes Gesetz, aber was bedeuten sie für dich und mich persönlich?

Wüstenblumen: Persönliche Schritte für dich

Das Buch

Zuerst müssen wir einen tieferen Blick in das Buch werfen, um herauszufinden, was hinter den Gesetzen steckt. Das Buch ist vom König der Könige, dem allmächtigen Gott, geschrieben. Seine Absichten für seine Kinder sind immer gut. Es ist wichtig, das Herz des Vaters hinter den Gesetzen zu entdecken. Zuerst müssen wir verstehen, warum er es seinen Kindern gegeben hat. Für mich ist die Antwort ganz einfach: Liebe. Gott will seine Kinder beschützen. Das Gesetz aus dem Garten[1]

---

[1] Vgl. 1. Mose 2,17.
~~~~~~~

hatte nicht so viele Regeln wie das Gesetz auf dem Berg. Es war ganz einfach: Ihr dürft von allen Bäumen essen, nur nicht die Früchte vom Baum der Erkenntnis des Guten und des Bösen. Aber Adam und Eva aßen davon und verloren das Paradies; sie verloren die Gemeinschaft mit dem Vater und gerieten in Gefangenschaft. Es war die Gefangenschaft der Sünde und der Lasten des Lebens. Jahre später wurden die Israeliten in Ägypten gefangen gehalten. Das Gesetz Ägyptens war voller Druck, ohne Liebe.

Ich möchte dich einladen, das Herz des Vaters hinter dem Gesetz vom Berg Horeb zu entdecken. Es ist vom Vater an seine geliebten Kinder geschrieben. Seine erstgeborenen Kinder waren und sind noch immer das Volk Israel. Viele Menschen fragen, ob diese Regeln auch für seine anderen Kinder gelten. Die Frage, die sie damit dem Vater stellen, lautet eigentlich: Muss ich dir gehorchen? Vielleicht ist es an der Zeit, über eine andere Frage nachzudenken: Wer ist dein Vater?

Am Anfang ist es wichtig zu klären, zu wem wir gehören. Jeder von uns kann für sich entscheiden, ob er Gott folgen und ihm darin vertrauen möchte, dass er ein guter Vater ist. Ich möchte dich ermutigen: Gib dich nicht mit weniger zufrieden als mit dem, was der Vater für dich vorbereitet hat. Binde dein Herz nicht an einen anderen Gott. Du gehörst zu Gott, und der Vater will dein ganzes Herz. Er schenkt dir sein ganzes Herz, indem er dir seinen Sohn schenkt. Er hat uns Jesus geschenkt, und Jesus hat das Gesetz für das Volk Israel und für uns erfüllt.

> *Denn so sehr hat Gott die Welt geliebt, dass er seinen einzigen Sohn gab, damit jeder, der an ihn glaubt, nicht verloren geht, sondern ewiges Leben hat* (Johannes 3,16 ELB).

> *So gibt es nun keine Verdammnis für die, die in Christus Jesus sind. Denn das Gesetz des Geistes, der lebendig macht in Christus Jesus, hat dich frei gemacht von dem Gesetz der Sünde und des Todes* (Römer 8,1-2).

Ihr sollt nicht meinen, dass ich gekommen bin, das Gesetz oder die Propheten aufzulösen; ich bin nicht gekommen aufzulösen, sondern zu erfüllen (Matthäus 5,17).

Entdecke die Intention der Zehn Gebote

Wenn ich die Zehn Gebote aus 2. Mose 20,1-17 betrachte, wird mir klar, dass jedes Gebot ein Versprechen ist. Ich möchte dich einladen, über sie zu meditieren und dem Vater zu erlauben, heute zu deinem Herzen zu sprechen. Vielleicht möchte er dich auf etwas Bestimmtes aufmerksam machen. Vielleicht fällt es dir schwer, Ruhe zu finden, und der Herr lädt dich heute zur Ruhe ein. Oder brauchst du Ratschläge für Familie und Ehe? Frag den Vater und entdecke seine Geschenke für dich. Ich möchte dich einladen, auf die Stimme des Vaters zu hören und dich vor der Stimme der Verurteilung in Acht zu nehmen. Das Herz des Vaters ist voller Liebe.

In Johannes 10,10 können wir lesen, dass der Feind versucht zu stehlen und zu zerstören, aber der Herr wird dir Leben in Fülle geben. Er ist der gute Hirte, der seine Herde auf grüne Wiesen führt. Der gute Hirte sieht die Gefahren, die die Schafe nicht sehen können. Er weiß, welche Nahrung sie stärkt und ihnen hilft zu wachsen. Er kennt den Weg zum sicheren Stall. Aber es ist eine Frage des Vertrauens: Willst du auf ihn hören und ihm folgen?

Der Altar

Was für ein Versprechen, als Gott zu Mose sagte: *„Einen Altar aus Erde sollst du mir machen und darauf deine Brandopfer und Heilsopfer, deine Schafe und deine Rinder darbringen. An jedem Ort, wo ich meines Namens werde gedenken lassen, werde ich zu dir kommen und dich segnen“* (2. Mose 20,24 ELB).

Zu Beginn unserer Reise stellte sich der Herr als *Jahwe* vor – der „Ich bin, der ich bin“, der „Ich bin mit dir“. Ich kann über seinen Namen nachdenken und überlegen, was sein Name für mich bedeutet. Ich kann darüber nachdenken, wo ich seine

Gegenwart in meinem Leben und auf meinem Weg bereits erfahren habe. In welchen Situationen habe ich gespürt, dass *derjenige, der ist, war und sein wird*, mit mir ist? Was bedeutet das für mein Heute und mein Morgen? Wenn ich daran denke und mich an seinen Namen erinnere, wird er mir wieder begegnen.

Erinnerst du dich an den Brunnen, wo wir *El Roi* – den Gott, der dich sieht – getroffen haben? Was bedeutet dieser Name für dich? In welchen Situationen hast du dich von Gott gesehen gefühlt? Wo sehnst du dich danach, gesehen zu werden? Höre und denke auch über diesen Namen nach: *El Roi* – Ich bin der Gott, der dich sieht.

Erinnerst du dich an *Jahwe Jireh* – Gott, deinen Versorger? Er bereitete das kleine Lamm vor, um dich zu retten und dich in seine Gegenwart zu bringen. Weißt du noch, wie er den Sieg bei Refidim errungen hat? Wenn wir an den Kampf gegen Amalek denken, erinnern wir uns an *Jahwe Nissi* – Der Herr ist mein Banner, mein Siegesbanner. Der Herr ist siegreich, und der Feind ist besiegt. Wo immer du dich jetzt angegriffen fühlst, denke an seinen Namen und rufe ihn an. Gott ist ein mächtiger Kämpfer – *Jahwe Milchamah.*

Wenn du dich immer noch verletzt und verwundet fühlst, glaube, dass sein Name auch heute noch *Jahwe Rapha* ist und er über deinem Leben spricht: Ich bin der Herr, der dich heilt.

Es gibt so viele verschiedene Namen für Gott. Mit jedem Namen lernen wir eine neue Eigenschaft von ihm kennen, wir lernen ihn selbst besser kennen, begegnen ihm, wie er wirklich ist. Wenn wir voll Vertrauen an seinen Namen denken, werden sich seine Verheißungen erfüllen – er wird zu uns kommen und uns segnen. Ich bete dafür, dass du die Gegenwart des Herrn erfährst, wenn du an seine Namen denkst. An seine Namen zu denken, ist wie der Bau eines Altars, ein Ort, an dem wir seinen Namen mit Dank und Ehre erheben.

Woche 5

Hör auf mit dem Tanz um das Kalb – Gott wird dich befreien

Als aber das Volk sah, dass Mose ausblieb und nicht wieder von dem Berge herabkam, sammelte es sich gegen Aaron und sprach zu ihm: Auf, mache uns Götter, die vor uns hergehen! Denn wir wissen nicht, was diesem Mann Mose widerfahren ist, der uns aus Ägyptenland geführt hat.

Aaron sprach zu ihnen: Reißt ab die goldenen Ohrringe an den Ohren eurer Frauen, eurer Söhne und eurer Töchter und bringt sie zu mir. Da riss alles Volk sich die goldenen Ohrringe von den Ohren und brachte sie zu Aaron. Und er nahm sie von ihren Händen und formte das Gold und machte ein gegossenes Kalb. Und sie sprachen: Das sind deine Götter, Israel, die dich aus Ägyptenland geführt haben!

Als das Aaron sah, baute er einen Altar vor ihm und ließ ausrufen und sprach: Morgen ist des HERRN Fest. Und sie standen früh am Morgen auf und opferten Brandopfer und brachten dazu Dankopfer dar. Danach setzte sich das Volk, um zu essen und zu trinken, und sie standen auf, um ihre Lust zu treiben.

Der HERR sprach aber zu Mose: Geh, steig hinab; denn dein Volk, das du aus Ägyptenland geführt hast, hat schändlich gehandelt. Sie sind schnell von dem Wege gewichen, den ich ihnen geboten habe. Sie haben sich ein gegossenes Kalb gemacht und haben's angebetet und ihm geopfert und gesagt: Dies sind deine Götter, Israel, die dich aus Ägyptenland geführt haben.

Und der HERR sprach zu Mose: Ich habe dies Volk gesehen. Und siehe, es ist ein halsstarriges Volk. Und nun lass mich, dass mein Zorn über sie entbrenne und sie verzehre; dafür will ich dich zum großen Volk machen.

Mose wollte den HERRN, seinen Gott, besänftigen und sprach: Ach, HERR, warum will dein Zorn entbrennen über dein Volk, das du mit großer Kraft und starker Hand aus Ägyptenland geführt hast?

Warum sollen die Ägypter sagen: Er hat sie zu ihrem Unglück herausgeführt, dass er sie umbrächte im Gebirge und vertilgte sie von dem Erdboden? Kehre dich ab von deinem glühenden Zorn und lass dich des Unheils gereuen, das du über dein Volk bringen willst.

Gedenke an deine Knechte Abraham, Isaak und Israel, denen du bei dir selbst geschworen und verheißen hast: Ich will eure Nachkommen mehren wie die Sterne am Himmel, und dies ganze Land, das ich verheißen habe, will ich euren Nachkommen geben, und sie sollen es besitzen für ewig. Da gereute den HERRN das Unheil, das er seinem Volk angedroht hatte.

Mose wandte sich und stieg vom Berge und hatte die zwei Tafeln des Gesetzes in seiner Hand; die waren beschrieben auf beiden Seiten, vorn und hinten waren sie beschrieben. Und Gott hatte sie selbst gemacht, und die Schrift war Gottes Schrift, eingegraben in die Tafeln.

Als nun Josua das Geschrei des Volks hörte, sprach er zu Mose: Es ist ein Kriegsgeschrei im Lager.

Er antwortete: Es ist kein Geschrei wie bei einem Sieg, und es ist kein Geschrei wie bei einer Niederlage, ich höre Geschrei wie beim Tanz. Als Mose aber nahe zum Lager kam und das Kalb und das Tanzen sah, entbrannte sein Zorn, und er warf die Tafeln aus der Hand und zerbrach sie unten am Berge und nahm das Kalb, das sie gemacht hatten, und verbrannte es im Feuer und zermalmte es zu Pulver und streute es aufs Wasser und gab's den Israeliten zu trinken.

Und er sprach zu Aaron: Was hat dir dies Volk getan, dass du eine so große Sünde über sie gebracht hast? Aaron sprach: Mein Herr lasse seinen Zorn nicht entbrennen. Du weißt, dass dies Volk böse ist. Sie sprachen zu mir: Mache uns Götter, die vor uns hergehen; denn wir wissen nicht, was mit diesem Mann Mose geschehen ist, der uns aus Ägyptenland geführt hat. Ich sprach zu ihnen: Wer Gold hat, der reiße es ab und gebe es mir. Und ich warf es ins Feuer, und daraus ist dieses Kalb geworden.

Als nun Mose sah, dass das Volk zuchtlos geworden war – denn Aaron hatte sie zuchtlos werden lassen zum Gespött ihrer Widersacher –, trat Mose in das Tor des Lagers und rief: Her zu mir, wer dem HERRN angehört! Da sammelten sich zu ihm alle Söhne Levi. Und er sprach zu ihnen: So spricht der HERR, der Gott Israels: Ein jeder gürte sein Schwert um die Lenden und gehe durch das Lager hin und her von einem Tor zum andern und erschlage seinen Bruder, Freund und Nächsten.

Die Söhne Levi taten, wie ihnen Mose gesagt hatte; und es fielen an jenem Tage vom Volk dreitausend Mann.

Da sprach Mose: Füllt heute eure Hände zum Dienst für den HERRN – denn ein jeder ist wider seinen Sohn und Bruder gewesen –, damit euch heute Segen gegeben werde.

Am nächsten Morgen sprach Mose zum Volk: Ihr habt eine große Sünde getan; nun will ich hinaufsteigen zu dem HERRN, ob ich vielleicht Sühne erwirken kann für eure Sünde.

Als nun Mose wieder zu dem HERRN kam, sprach er: Ach, das Volk hat eine große Sünde getan, und sie haben sich Götter von Gold gemacht. Vergib ihnen doch ihre Sünde; wenn nicht, dann tilge mich aus deinem Buch, das du geschrieben hast.

Der HERR sprach zu Mose: Ich will den aus meinem Buch tilgen, der an mir gesündigt hat.

So geh nun hin und führe das Volk, wohin ich dir gesagt habe. Siehe, mein Engel soll vor dir hergehen. Ich werde aber ihre Sünde heimsuchen, wenn meine Zeit heimzusuchen gekommen ist.

Und der HERR schlug das Volk, weil sie sich das Kalb gemacht hatten, das Aaron angefertigt hatte

2. Mose 32,1-35

Tag 29

Das Bündnis – Du bist würdig

Jetzt haben wir über den Urheber des Gesetzes und seine Absichten nachgedacht. Wir haben über die Namen Gottes nachgedacht und darüber, wie sie uns von innen heraus verändern und gleichzeitig segnen können.

Ich weiß nicht, wie deine Situation im Moment aussieht. Vielleicht kannst du Gott immer noch nicht ganz vertrauen oder du kannst ihn in deinem Alltag momentan nicht sehen. Vielleicht kämpfst du mit den Lasten des Lebens, fühlst dich überfordert und verwirrt.

Ich möchte dich einladen, dich zu mir zu setzen, damit wir ihn gemeinsam suchen – lass uns sein Herz entdecken.

Die 29. Begegnung

Wir hatten noch bis spät in die Nacht zusammengesessen und über das Buch gesprochen. Es war, ehrlich gesagt, ganz schön kompliziert und ich hatte viele Fragen an den Vater. Ich wollte wissen, wie er dies oder jenes gemeint hatte und sich vorstellte. Es war genauso spannend wie in meinen Vorlesungen damals, als ich so viele Fragen an die Dozenten hatte. Aber es war auch ganz anders, denn ich saß mit dem König und Gesetzgeber in einer Person an einem Tisch und konnte ihn alles fragen! Er hatte sehr viel Geduld mit mir und beantwortete alle meine Fragen, bis mir schließlich vor Müdigkeit die Augen zufielen. Er sagte, ich solle mir nicht den Kopf zerbrechen; ich könne ihn oder Jeschua jederzeit alles fragen. Ich wusste, dass er sein Versprechen halten würde, denn bei ihnen spielte Zeit keine Rolle. Sie waren immer für mich da, egal, welche Frage oder welches Bedürfnis ich hatte.

Nach einer Nacht, in der ich tief und fest geschlafen hatte, war ich gespannt auf den neuen Tag. Schnell war ich angezogen und ging in die Wohnküche. Der Vater war bereits auf dem Berggipfel, um sich wieder mit Mose zu treffen. Wie fast jeden Tag saß Jeschua schon am Frühstückstisch, als ich eintrat. Heute sah er ein wenig nachdenklich, aber gleichzeitig auch glücklich aus. Als ich ihm gegenüber am Tisch Platz nahm, sah ich Tränen in seinen Augen.

„Heute ist ein besonderer Tag", erklärte er mir und suchte etwas in seiner Tasche.

Ich hatte mir gerade eine Tasse Tee eingeschenkt, als er mir seine geschlossene Hand entgegenstreckte. Ich war etwas skeptisch, hielt ihm aber meine geöffnete Hand hin, und er öffnete die seine, sodass ein kleiner Gegenstand herausfiel. Ich zog meine Hand heran und besah mir den Gegenstand genau. Meine Augen wurden ganz groß.

Der Vater hatte das Volk unten am Fuße des Berges durch Mose gefragt, ob sie ihm folgen und seine Gebote halten wollten. Und sie hatten Ja gesagt! Jeschuas Augen leuchteten hell! Der Vater hatte einige ausgewählte Vertreter der einzelnen Stämme zu einem Festessen auf den Berg eingeladen, um den Bund zu feiern.

Während er mir von seinem Volk erzählte, betrachtete ich den Ring in meiner Hand. Er war sehr filigran gearbeitet und aus purem Gold; zwölf Diamanten waren um einen tiefblauen Saphir gefasst. Der Stein glänzte wie das schönste Meeresblau. Irgendwie konnte ich mich nicht daran sattsehen. Dieser Ring musste unendlich wertvoll und kostbar sein, und mich ergriff eine tiefe Ehrfurcht. Nur nicht fallen lassen, dachte ich bei mir. Schnell wollte ich Jeschua den kostbaren Ring zurückgeben, aber er schüttelte nur den Kopf. Ich sollte den Ring behalten; er war ein Geschenk des Vaters für mich.

Ungläubig starrte ich ihn an. „Für mich? So etwas Wertvolles? So etwas Kostbares? Unmöglich, da muss ein Irrtum vorliegen! Was, wenn ich den Ring verliere oder beschädige?" Etwas so Wertvolles konnte ich doch nicht annehmen.

Jeschua hörte sich meinen Redeschwall wie immer geduldig an.

Dann sagte er nur: „Du bist es ihm wert. Du bist ihm alles wert. Er gibt sein Kostbarstes für dich. Zweifle niemals daran!"

Er erklärte mir, dass er mir den Ring gegeben hatte, damit ich seine Liebe nicht vergäße, und jedes Mal, wenn ich den Ring sehe, solle ich mich daran erinnern.

Seine Worte ließen keinen Raum für weitere Diskussionen, also stand ich auf, um eine Schachtel zu suchen, in der ich den Ring aufbewahren konnte. Aber Jeschua fragte mich, warum ich den Ring nicht einfach an meiner Hand tragen würde. „Wie willst du dich daran erinnern, wenn du den Ring irgendwo verstaust und ihn nicht trägst?"

Peinlich berührt hielt ich bei meiner Suche inne und steckte mir den Ring an den Finger. Er passte perfekt, wie für mich gemacht. Jetzt wollte ich wissen, wann der Vater nach Hause käme, damit ich mich bei ihm bedanken könne. Jeschua sagte, dass wir zu ihm gehen würden, weil auch wir zum Festmahl eingeladen seien.

Ich beeilte mich, das Frühstücksgeschirr wegzuräumen und mich auf das Festmahl vorzubereiten. Ich brauchte nicht lange zu überlegen, was ich anziehen sollte, denn ich trug ja bereits die von Jeschua gewaschenen weißen Kleider.

Wir machten uns auf den Weg und liefen aus unserem schönen Tal heraus, bis wir wieder den Granitboden des Berges unter unseren Füßen hatten. Diesmal ging es weder zum Gipfel noch ins Tal hinunter. Wir folgten auf halber Höhe des Berges einem Pfad, der uns auf eine Anhöhe führte, und da sah ich auch schon die Vertreter des Volkes, die Auserwählten. Ich schätze, es waren etwa siebzig Leute anwesend. Sie standen auf dem Berg vor einem festlich gedeckten Steintisch. Jeder fand einen Platz, so auch ich, als ich ankam. Jeschua musste noch einmal weg, aber er hatte mir meinem Platz gezeigt. Ich saß neben Josua. Wir kannten uns schon von der Schlacht gegen Amalek und kamen schnell ins Gespräch. Er erzählte mir, wie Mose am Fuß des Berges dem Volk die Worte des Königs vorgelesen hatte und wie sie darauf reagiert hatten. Mose hatte einen Altar gebaut und Tiere geschlachtet als Zeichen des Bundes. Das Blut der Tiere war das Zeichen zwischen Gott, dem König, und dem befreiten Volk.

In diesem Moment veränderte sich der Ort, an dem wir saßen. Der König war gekommen. Die Augen aller, die an dieser Festtafel saßen, wurden groß, die Gespräche verstummten. Ich musste meinen Blick neigen; obwohl ich den Vater kannte, war es doch der König in seiner Herrlichkeit, der hier erschien. Unter seinen Füßen sah ich Saphirplatten, so blau wie der Himmel. Dann fiel mein Blick auf den wunderschönen Ring an meinem Finger, der genau in dem gleichen Blau schimmerte, und mir wurde ganz warm ums Herz.

Nach einer Weile kam das Essen und die Feier begann. Wir aßen die köstlichsten Speisen und tranken aus goldenen Gefäßen. Der König blieb die ganze Zeit über da, während wir in seiner Gegenwart aßen und tranken. Alle fühlten sich geehrt und geadelt, als wären wir alle wie auserwählte Könige und Priester.

Nach dem Essen kam Jeschua zu Josua und sagte ihm, er werde mit Mose auf den Gipfel gerufen. Josua war ganz aufgeregt und stand sofort auf. Mose hielt eine kurze Rede, und dann machten sich alle auf den Weg, die einen hinauf, die anderen hinunter vom Berg, und wir, mein Freund Jeschua und ich, gingen zurück zum Haus des Vaters.

~~~~~~~

Willst du deine Sorgen hinter dir lassen und mit mir zum Berg Horeb gehen? Kannst du die Stimme des Vaters hören, die Mose auffordert, hinaufzukommen? Kannst du das Volk sehen, das am Fuße des Berges steht und den Worten Gottes lauscht? Kannst du ihre Stimmen hören, wie sie auf Gottes Ruf antworten: „Alles, was du gesagt hast, wollen wir tun“? Sie waren immer noch in der Wüste. Sie hatten so viele harte Zeiten durchgemacht und dennoch das fruchtbare Land noch nicht erreicht.

Vielleicht bist du in einer ähnlichen Situation; du bist durch harte Zeiten gegangen, aber du bist immer noch in der Wüste, und das fruchtbare Land scheint weit weg zu sein. Ich möchte dich heute ermutigen: Gib nicht auf! Gott hat einen Plan für dich. Er hat den Weg vorbereitet. Er ist der Weg und hat versprochen, mit dir vorwärtszugehen – Schritt für Schritt.
~~~~~~~

Wüstenblumen: Persönliche Schritte für dich

Was ist deine Antwort?

Ist Gott es wert, dass man ihm vertraut? Ja, er ist es wert! Das Volk Israel hat es Tag für Tag erlebt, und ich habe es auf meiner Wüstenreise miterlebt. Er wird auch dich durch deine Wüste führen. Und er fragt dich heute: „Vertraust du mir?" Das Volk Israel wurde aufgefordert, die Gebote zu erfüllen. Jesus ist gekommen, um das Gesetz für uns zu erfüllen, und wir sind aufgefordert, ihm einfach zu folgen. Für mich ist das Hingabe. Wie Mose, der einen Altar baute, müssen wir zum Kreuz kommen, unserem Ort des Opfers. Jesus wurde uns vom Vater als Opfergabe gegeben. In 2. Mose 24 lesen wir über das Blut des Alten Bundes. Das Blut von Jesus ist das Blut des Neuen Bundes.

Was bedeutet es, einen Altar zu bauen? Für mich bedeutet es, alles vor dem Kreuz niederzulegen, meinen Willen dem Willen des Vaters unterzuordnen. Ich lege alles nieder und lasse alles los. Auch wenn es noch so weh tut, übergebe ich Gott die Pläne meines Lebens, und er offenbart mir seine Pläne, Schritt für Schritt. Ich sehe immer noch nicht alles erfüllt, aber ich vertraue ihm, auch wenn ich es nicht sehe. Ich vertraue ihm, weil ich ihn kenne.

Heute möchte ich dich bitten, mit mir zum Kreuz zu kommen und deine Augen auf den Sohn zu richten, das Opferlamm – den, der dich liebt. Bist du bereit, ihm zu vertrauen? Willst du ihm deine Lebenspläne als Opfer darbringen? Wie lautet deine Antwort auf seinen Ruf in deiner eigenen, besonderen Situation? Willst du Gott, dem guten Vater, folgen? Du kannst ihm dein hingebungsvolles „Ja" heute neu geben.

Zwölf Eckpfeiler

Der Altar wurde mit zwölf Steinen gebaut, um an die zwölf Stämme Israels zu erinnern. Bei der Begegnung gab mir Jeschua den Ring mit zwölf Diamanten. Das Bild der Diamanten wird in Kapitel 21 der Offenbarung wiederholt, wo wir von dem neuen, himmlischen Jerusalem lesen. Gott wird alles neu machen! Es wird eine Zeit geben, in der es keinen Schmerz und keine Tränen mehr geben wird. Das neue Jerusalem hat zwölf Tore an seiner Mauer, und auf jedem Tor steht der Name eines der zwölf Stämme Israels geschrieben. Die Zahl der Grundsteine der Stadt ist ebenfalls zwölf. Auf ihnen stehen die Namen der zwölf Apostel des Lammes geschrieben.

Wo ist mein Name geschrieben?[1] Mein Name steht auf der Handfläche des Vaters geschrieben.[2] Er wird mich nie vergessen. Gibt es einen Eckstein und ein Tor, durch das ich gehen kann? Mein Eckstein ist Jesus Christus, und er will auch deiner sein. Wir können diese Tore durch seinen mächtigen Namen betreten: Jesus Christus. Der Vater hat uns seinen geliebten Sohn gegeben, damit wir das fruchtbare Land betreten und in das ewige Leben eingehen können. Wir mögen jetzt noch mit Schmerzen und Tränen leben, aber wir haben ein Tor, durch das wir im Namen Jesu in das neue Reich, das Himmelreich, eintreten können. Er hat uns einen Neuen Bund gegeben und wird uns zum Herzen des Vaters führen. Der Ring mit den zwölf Steinen wird für mich ein Zeichen und eine Erinnerung an die Liebe des Vaters sein.

Heute möchte ich dich einladen, dir vorzustellen, wie der Herr dir diesen Ring als Geschenk von sich gibt, um dich daran zu erinnern, wie wertvoll du für ihn bist. Zweifle nie daran!

---

[1] Vgl. Offenbarung 21,4.12.

[2] Vgl. Jesaja 49,16.

Seht und feiert mit dem Herrn

Jedes Mal, wenn ich 2. Mose 24 lese, bin ich fasziniert. Siebzig Älteste waren eingeladen, mit dem Vater auf dem Berg zu feiern. Kannst du dir das vorstellen? Kannst du dir vorstellen, zusammen mit diesen Leitern auf den Berg zu gehen? Sie durften Gott schauen, und unter seinen Füßen war ein Gebilde wie ein Meer von Saphirplatten.[3] Kannst du dir vorstellen, in seiner Gegenwart zu sitzen, zu essen und zu trinken? Ich spüre diese Einladung des Vaters so sehr.

Komm mit mir in die Gegenwart des Herrn. Komm und iss und trink in seiner Gegenwart. Komm, lass uns seine Herrlichkeit, seine Majestät anschauen. Wenn ich das Abendmahl nehme, kann ich ein wenig davon schmecken. Für mich ist das ein Tor, um in die himmlische Wirklichkeit einzutreten. Ich kann die Güte Gottes schmecken und sehen; seine Güte ist überwältigend. Lass uns noch einmal gemeinsam in die letzte Begegnung gehen und ein bisschen länger in Gottes Gegenwart verweilen. Wie siehst du Gottes Herrlichkeit? Jedes Mal, wenn ich versuche, mir vorzustellen, in Gottes Gegenwart zu gehen, spüre ich das Gewicht seiner Heiligkeit. Ist es mir erlaubt, einzutreten? Ich schaue nach unten, und mein Blick fällt auf den blauen Saphirring an meinem Finger. Ja, ich darf eintreten und bin auch eingeladen, weil er mir diesen Ring als Zeichen gegeben hat. Der Vater hat mir seinen Ring gegeben.

> *Er weiß, dass wir ihm gehören, denn er hat sein Siegel der Liebe auf unsere Herzen gedrückt und uns den Heiligen Geist geschenkt, so wie man einer Braut einen Verlobungsring schenkt – eine Anzahlung auf den kommenden Segen!* (2. Korinther 1,22 TPT).

Er gab uns seinen Sohn. Ich gehöre ihm, und er gehört zu mir.[4] Ein Ring ist ein besonderes Zeichen in einer Beziehung,

---

[3] Vgl. 2. Mose 24; vgl. auch Offenbarung 4,6.

[4] Vgl. Hohelied 2,16.

um das „Ja" zu feiern, das beide einander bei der Verlobung geben. Heute möchte ich dich einladen, dich an die Verheißungen zu erinnern, die der Herr dir gegeben hat. Vor einigen Jahren habe ich mir einen Ring gekauft, auf dem die Namen Gottes stehen, als Zeichen dafür, zu wem ich gehöre. Hast auch du ein sichtbares Zeichen der Erinnerung?

Tag 30

Das goldene Kalb – Wer ist das Zentrum deines Lebenstanzes?

Wir haben gestern über den Ring als Zeichen der Erinnerung gesprochen. Jedes Mal, wenn ich meinen Ring ansehe, erinnere ich mich, zu wem ich gehöre.

Heute möchte ich dich daran erinnern, wie sehr der Vater dich liebt.

Er sorgt sich sehr um dich. Du bist ihm wertvoll. Du bist sein geliebtes Kind. Zweifle nie daran! Zweifle nie an seiner wertschätzenden Liebe, auch wenn die ganze Welt um dich herum dir etwas anderes erzählt!

Die 30. Begegnung

Vierzig Tage und Nächte war der Vater schon fort. Er hatte Mose auf den Gipfel des Berges gerufen. Ich hatte gesehen, wie Mose in der Wolke verschwand, die den Gipfel bedeckte. Die Wolke hatte zuvor sechs Tage lang wie ein dichter Nebel auf dem Berg gehangen. Am siebten Tag hatte der König Mose zu sich gerufen. Danach schien der Berg zu glühen. Ich stand vor unserer Hütte und schaute nach oben. Der Gipfel sah aus wie ein verzehrendes Feuer.

Der siebte Tag war der verordnete Ruhetag und ich genoss diese ruhige Zeit. Aber danach ging es irgendwie bergab. Ich vermisste den Vater mit seinem Lachen, seinen Geschichten und den gemütlichen Stunden vor dem Kamin – all das fehlte mir. Als ich zum Gipfel hinaufblickte, der wie die lodernden Flammen im Kamin glühte, musste ich immer nur daran denken, dass der Vater nicht mit mir am Kamin saß und ich nicht wie Mose auf dem Gipfel war. Ich konnte mir fast vorstellen, wie sie dort saßen und alles besprachen. Jeschua hatte mir erzählt, der Vater habe Pläne und Entwürfe für ein Zelt angefertigt, das Mose für ihn bauen solle, damit der König mit ihnen ins

Land der Verheißung ziehen könne. Er zeigte Mose dort oben diese Pläne und erklärte ihm genau, wie es werden sollte, sein Zelt, seine Hütte, seine Wohnung.

Ehrlich gesagt, konnte ich kaum an etwas anderes denken, als an die beiden dort oben auf dem Gipfel. Jeschua konnte mich kaum noch aufmuntern. Alles schien mir so trist und grau, so wie das Grau der Wolke, die den Berg umgeben hatte. Warum nur durfte ich nicht auf den Gipfel? Es gefiel mir auch nicht, dass der Vater Pläne hatte, diesen schönen Ort hier zu verlassen, um mit den Menschen in seinem neuen Zelt zu reisen. Jeder Tag kam mir so leer vor ohne ihn. Ich fragte Jeschua immer wieder, wann der Vater endlich nach Hause käme, und bekam nur zu hören, dass alles seine Zeit brauchte.

Meine Gedanken drehten sich innerlich im Kreis: Wie lange noch sollte ich hier warten? Die meiste Zeit verbrachte ich damit, Holz zu hacken. Draußen auf einem alten Baumstumpf zerhackte ich einen Stamm nach dem anderen. Ich hatte schon die ganze Längsseite an der Hütte mit dem Holz vollgestapelt und war müde. Meine Energie war verbraucht. Da beschloss ich, ins Tal hinunterzuwandern. Ich fragte Jeschua, ob es in Ordnung sei, wenn ich mich unten unters Volk mischen würde. Er sah mich nur traurig an. Da fragte ich mich, wann er sich so verändert hatte.

Ich brauchte jetzt wirklich eine Luftveränderung. So schnürte ich mir ein kleines Bündel und zog los, einfach bergab. Achtlos kickte ich einen Stein vor mir her. Längst hatte ich unser gemütliches Tal hinter mir gelassen und befand mich wieder mitten zwischen den Granitfelsen. Das raue Gestein ragte an vielen Stellen spitz empor, und ich musste aufpassen, wohin ich trat.

Einen Augenblick lang war ich unaufmerksam, abgelenkt, weil ich den Schrei eines Adlers über mir hörte, und im gleichen Moment war eine Schlange zwischen den Steinen aufgetaucht. Ich hatte zu den Bergen hochgeschaut, doch als ich das Zischen der Schlange hörte, wich ich zurück und war dem Abgrund gefährlich nahegekommen. Meine Augen waren wie gebannt, mein Blick gefangen von dieser grünen, zischenden Schlange, die mich direkt anstarrte. Mein Herz schlug laut. Ich fühlte mich in die Enge getrieben und traute mich nicht mehr, mich zu bewegen.

Dann kam mir ein seltsamer Gedanke: „Der Stein, der Stein, der Stein! Gib ihr deinen blauen Stein!" So schnell mir der Gedanke durch den Kopf geschossen war, setzte ich ihn auch in die Tat um. Ich zog den Ring von meinem Finger und warf ihn der Schlange entgegen. Durch diese Bewegung war sie tatsächlich abgelenkt und schoss hastig hinter dem blauen Saphir her, als ob sie ihre Beute packen wollte. Das war meine Chance, an ihr vorbeizuspringen. Als der Weg, den die Schlange mir versperrt hatte, frei war, rannte ich um mein Leben. Ich sprang einfach über die größten Steine, immer weiter bergab. Hin und wieder stolperte ich und zerriss dabei meine schönen weißen Kleider am scharfen Gestein. Nun ja, weiß waren sie schon lange nicht mehr, dachte ich. Als ich völlig außer Atem den Fuß des Berges erreicht hatte, hielt ich keuchend inne; die Hände auf den Oberschenkeln abgestützt, rang ich nach Luft.

Dann hörte ich die Musik und das laute Geschrei. Hatte das Volk auch einen Angriff erlebt, genau wie ich? Was war hier passiert? Mit pochendem Herzen näherte ich mich dem Lager, aber ich sah keine feindlichen Truppen, keine Angreifer. Je näher ich kam, umso deutlicher hörte ich die Gesänge. Es waren keine Kriegsschreie, es klang eher so, als ob es etwas zu feiern gäbe. Vielleicht war Mose zurückgekommen und sie feierten seine Rückkehr!

Ich schlenderte ins Lager, immer in Richtung der Gesänge. Dann sah ich eine Menschentraube. Sie tanzten und sangen, und in ihrer Mitte stand ein riesiges goldenes Kalb. Die Stimmung war aggressiv, aber auch mitreißend. Schnell hatte mich jemand untergehakt und mich mit hineingenommen in den Kreis des Tanzes um dieses Kalb. Ich verstand nicht, was hier vor sich ging, aber ehe ich mich versah, tanzte ich mit ihnen. Es machte ja auch irgendwie Spaß, und endlich konnte ich abschalten. Endlich konnte ich meine ganze Enttäuschung hinter mir lassen und meiner Wut Raum geben. Ich fühlte mich enttäuscht vom Vater und war eifersüchtig auf Mose, und ich war wütend. Warum auch immer, ich tanzte und hüpfte, ohne nachzudenken, immer im Kreis herum um dieses Kalb. Es glänzte golden, leuchtete in der Sonne. Die Menge grölte. Mir lief ein Schauer über den Rücken, aber ich machte mit.

Dann hörte ich einen Schrei, der durch Mark und Bein ging und die ausgelassene Stimmung durchbrach. Abrupt war der Tanz beendet, die Musik verstummt. Alle starrten entsetzt in die Richtung, aus der der anhaltende Schrei kam. Ich hielt mich noch immer an den Schultern meiner Mittänzer fest, aber plötzlich war alles stehengeblieben, mein Bein in der Vorwärtsbewegung erstarrt. Wie eingefroren war die Szenerie. Dann sah ich ihn, Mose, der vom Horeb herabgekommen war. In seinen Händen trug er das in Stein gemeißelte Buch.

Sein alles durchdringender Schrei wollte nicht enden. Dann krachten die Steinplatten scheppernd zu Boden, zersprangen am Granitgestein des Horeb in tausend Einzelteile. Mein Herz brach auf die gleiche Weise. Ich wusste, dass die Steintafeln die Handschrift des Vaters getragen hatten, und plötzlich wurde mir bewusst, dass ich auf einen vollkommen falschen Weg geraten war.

Wie war es nur so weit gekommen, dass ich meine schlechte Laune auf Jeschua geschoben hatte, als sei es seine Schuld oder seine Verantwortung gewesen? Wo kamen diese Gefühle von Neid und Ungeduld her? Warum hatte ich nicht mehr auf den Adler geachtet, der über mir flog, und war stattdessen der Schlange erlegen? Warum hatte ich meinen Ring weggeworfen, und warum tanzte ich hier vor einem goldenen Kalb?

Alles war aus dem Ruder gelaufen, das wusste ich jetzt. Ich konnte mir nicht vorstellen, wie ich dem Vater jemals wieder gegenübertreten sollte. Ich erinnerte mich an Jeschuas trauriges Gesicht, als ich ihm gesagt hatte, dass ich den Berggipfel verlassen würde. Jetzt war es zu spät, um umzukehren. Ich war viel zu weit weg.

~~~~~~~

Ich bin immer noch schockiert von dieser Begegnung. Wenn ich bisher die Geschichte vom goldenen Kalb gelesen hatte, hatte ich mir oft gedacht: Wie konnte es so schnell passieren, dass sie Gott verließen? Aber bei dieser Begegnung wurde mir klar, dass mein eigenes Herz in Gefahr ist, wenn ich nicht nah bei meinem Freund Jesus bleibe. Wenn ich mich von ihm entferne, und sei es auch nur für eine kurze Zeit, kann es sein,
~~~~~~~

dass ich um ein goldenes Kalb tanze, ohne es sofort zu realisieren. Es beginnt oft mit einer Kleinigkeit.

Wüstenblumen: Persönliche Schritte für dich

Die kleinen Füchse

In der Begegnung und in meinem Alltag wurde mir klar, dass die Trennung von Gott oft mit den kleinen Dingen beginnt. Es kommt selten vor, dass wir an einem Tag dem Herzen des Vaters noch nahe sind und schon am nächsten Tag plötzlich weggehen. Diese Distanz zu entwickeln, ist auch eine Reise in kleinen Schritten – aber dieses Mal Schritt für Schritt weg vom Herzen des Vaters. Als Jugendliche dachte ich, dass ich keine anderen Christen brauchte. Sie waren mir zu religiös, und ich wollte frei sein. Ich begann, mein eigenes Glaubenssystem zu entwerfen und verließ Schritt für Schritt die Grundlagen des Wortes Gottes. Doch zusammen mit diesem Fundament warf ich auch die Segnungen weg. Ich ließ zurück, was der Herr in mich hineingelegt hatte. Ich warf es weg, genau wie meinen Ring der Erinnerung.

Vielleicht kennst du diese „kleinen Dinge", wie Enttäuschung, Ärger, Neid, Ungeduld usw. Gefühle sind an sich nicht schlecht. Aber sie können mir einen Hinweis geben auf einen Mangel in mir, den ich auf Gott übertrage, anstatt ihm ehrlich zu sagen, was in mir ist, und meinen Mangel von seiner Vaterliebe ausfüllen zu lassen. Im Hohelied 2,15 steht geschrieben, dass wir uns vor den kleinen Füchsen hüten sollen, die versuchen, den Weinberg zu zerstören. Der Weinberg ist ein Bild für unsere Beziehung zu Gott.

Was hindert dich daran, Gott näherzukommen? Siehst du die kleinen Füchse, die deine Beziehung zum Herrn stören? Lass uns diese kleinen Füchse gemeinsam mit dem Herrn fangen. Das Gebet ist eine gute Methode der Fuchsjagd, also lass uns beten:

Herr, ich bete, dass du uns die kleinen Füchse zeigst, die die Intimität mit dir stören. Heute bringen wir sie zu dir und lassen sie am Kreuz zurück. Hier am Kreuz halten wir dir jeden Mangel hin und bitten dich, dass du ihn mit deiner Vaterliebe stillst. Wir bitten dich um Vergebung dafür, dass wir diese kleinen Füchse in unser Herz, in unser Denken oder in unsere Worte gelassen haben. Wir bitten dich, unseren Weinberg zu säubern und ihn mit gesunden Grenzen zu schützen.

Heiliger Geist, wir bitten dich, uns daran zu erinnern, wenn die kleinen Füchse wieder in unsere Nähe kommen. Wir bitten dich um die Kraft, „Nein!" zu sagen und deinem Willen und Wort zu gehorchen und uns deiner Vaterliebe anzuvertrauen. In Jesu Namen. Amen.

Die Schlange

Hast du schon einmal Gottes Wirken erlebt oder eine besondere Zeit mit Gott auf einem Berggipfel verbracht? Hast du schon einmal seine Gegenwart gespürt, vielleicht auf einer Konferenz oder in einem Gottesdienst, aber sobald du in deinen Alltag zurückgekehrt bist, ging es ohne ihn weiter, diesmal bergab? Ich kenne solche Zeiten der Enttäuschung, in denen es mit mir bergab ging und ich nicht in der Lage war, meinen Kopf zu heben. Hätte ich meinen Kopf nur einen Moment länger erhoben gehalten, hätte ich den Adler über mir fliegen sehen. Der Adler ist für mich ein Zeichen für Gottes Gegenwart. Er hat eine andere Perspektive auf meine Umstände und beobachtet mich mit seinem festen und klaren Blick. Er wird mich mit seinem Ruf leiten und mich vor den Angriffen des Feindes warnen.

Bei der Begegnung verlor ich den Blickkontakt mit dem Adler und war durch den feindlichen Angriff abgelenkt. Ich war verwirrt und so verängstigt, dass ich keine andere Möglichkeit sah, mich zu schützen, als den Ring wegzuwerfen. Angst ist nie ein guter Helfer oder Ratgeber. Angst hält dich immer von dem größeren Bild ab, das der Herr von deinem Leben und deinen Umständen hat. Die Angst hat mich oft verwirrt und dazu geführt, dass ich so viele gute Dinge, die der Herr in mein Herz gelegt hatte, dem Feind überlassen habe.

Ich möchte dich ermutigen, dich vor den Angriffen des Feindes in Acht zu nehmen. Ich möchte dich ermutigen, deine Augen auf den Herrn zu richten. Höre auf seine sanfte und liebevolle Stimme, die deinen Namen ruft, und erlaube ihm, dich zu führen und zu beschützen. Sei still und erkenne, dass er Gott ist, und fürchte dich nicht!

Gib deine Ängste ab an mich. Sei still und erkenne, dass ich Gott bin. Ich bin Gott über alle Völker, und ich bin erhaben über die ganze Erde (Psalm 46,10 TPT).

Das goldene Kalb

Bei der Begegnung begann ich mit den anderen um das goldene Kalb zu tanzen. Das geschah ganz plötzlich. Auch wenn ich mich ein wenig unwohl fühlte, genoss ich den Tanz. Manchmal kreist der Tanz unseres Lebens um ein goldenes Kalb.

Wer ist das Zentrum meines Lebenstanzes? Mehrere Jahre lang war das Zentrum meines Lebenstanzes nicht Jesus. Als Teenager hatte ich ihn verlassen. Ich warf meinen Ring weg und geriet in ungesunde Beziehungen. Diese Beziehungen wurden zum Zentrum meines Lebenstanzes. Ich versuchte, anderen mehr zu gefallen als Gott. Ein weiterer Tanz fand statt, als ich meinen ersten Job bekam. Ich versuchte, eine Arbeit zu erfüllen, die nicht für mich bestimmt war. Meine leblosen und leeren Kreistänze endeten mit einem Schrei, wie wir ihn von Mose hörten. Mein Leben war zerbrochen wie die Steinplatten mit den Worten, die mit Gottes eigenem Finger geschrieben waren. Und im selben Moment spürte ich diese schwere Last: Ich bin zu weit weg von Gott.

Ich habe mich gefragt, wie das alles passieren konnte. Vielleicht warst du schon einmal in einer ähnlichen Situation. Bist du jemals um etwas anderes oder jemand anderen als Jesus getanzt? Ich muss mich oft fragen: Ist in meinem Leben etwas aus dem Gleichgewicht geraten? Fange ich an, um ein goldenes Kalb zu tanzen?

Heute möchte ich dich einladen, ehrlich zu sein und einen tiefen Blick auf dein Leben zu werfen. Was ist das Zentrum deines Lebenstanzes? Macht dein Tanz dir Spaß? Du musst das Thema deines Lebenstanzes nicht ändern, wenn du das nicht willst. Ich möchte nur die Freiheit bezeugen, die ich an dem Tag gefunden habe, als ich das Thema meines Lebenstanzes änderte. Als ich völlig zerbrochen war, wurde Jesus zum Mittelpunkt meines Lebens, und ich werde diesen Platz nie wieder hergeben. Aber ich muss mein Herz immer wieder überprüfen, um es nicht auf ungesunde Weise an jemanden oder etwas anderes zu binden. Wahre Freude entsteht, wenn Jesus sich im Mittelpunkt befindet.

Tag 31

Gericht – Geliebt

Wie fühlst du dich heute? Ich hoffe, du fühlst nicht die Schwere von gestern auf dir lasten, aber manchmal müssen wir auch das aushalten. Wir müssen auf den Herrn warten, der kommen und uns von unserer Last befreien wird. Wir kennen ihn als den Gott der zweiten Chance. Ich selbst habe eine zweite Chance bekommen und bin immer noch dankbar dafür.

Was ist mit dir? Wartest du auf deine zweite Chance? Vielleicht brauchst du sie nicht, weil du ihn nie verlassen und nie ein Abbild von jemandem oder etwas anderem umkreist hast. Wenn das so ist, dann sei dankbar! Dankbarkeit führt direkt zu Gottes Herzen. Es gibt einen Platz, der für dich, seinen treuen Diener, vorbereitet ist, aber es gibt auch einen Platz für den Sünder. Ich weiß das, weil ich selbst einer war.

Die 31. Begegnung

Mose rannte an mir vorbei. Er lief geradewegs auf das goldene Kalb zu und stieß es um. Der metallische Klang durchbrach die Stille, und die Tänzer wichen erschrocken zurück. Es war so, als begriffen erst in diesem Moment alle um mich her, was sie getan hatten. Der Bann war gebrochen, und ich sah, wie die ersten Tränen flossen, hörte hier und da ein tiefes Schluchzen aus zerrissenen Seelen kommen. Ich spürte auch, wie meine Wangen feucht wurden. Was hatte ich getan? Warum nur hatte ich Jeschua allein gelassen, oben im Haus des Vaters? Mit einem Mal wurde mir auch bewusst, dass der Vater jetzt nach Hause gekommen war und mich dort nicht wie beim letzten Mal sehnsüchtig auf seine Rückkehr wartend vorfand. Dieses Mal war ich weit, weit weg. Ich schämte mich und bereute, was ich getan hatte, und konnte doch nichts mehr rückgängig machen.

Mose hatte ein Feuer entfacht; das goldene Kalb lag in dessen Mitte. Die Flammen fraßen es auf; sie schlugen um sich und verzehrten das goldene Objekt der Selbstsucht. Denn in Wirklichkeit war es nichts anderes. Das Kalb war ein Beweis dafür, wie weit die Menschen ohne Gott gehen. Ich selbst hatte das Gleiche getan; wie oft war auch ich schon vom Weg abgekommen. Ich war den Berg des Königs ohne ihn hinuntergelaufen und hatte alles verloren. Achtlos hatte ich den Ring weggeworfen, den Ring des Bundes, um mich von der Schlange „freizukaufen", die mir nach dem Leben trachtete.

Mose war wütend und zermalmte das, was nach dem Feuer vom Kalb noch übrig war. Das Pulver, das dabei herauskam, streute er ins Wasser und gab jedem der Tänzer davon zu trinken. Alle waren sie stehen geblieben, auch ich fühlte mich nicht in der Lage, einen Schritt zu tun. Am liebsten wäre ich vor Scham davongelaufen, aber nun stand ich hier und ließ mir von Mose den Becher mit der bitteren Mischung reichen. Mose, den ich so beneidet hatte, reichte mir den Kelch, und ich trank. Am liebsten hätte ich das bittere Getränk ausgespuckt. Es schmeckte metallisch in meinem Mund, und mein Magen zog sich zusammen. Aber ich schluckte es hinunter, denn ich war mir meiner Schuld bewusst.

Nachdem jeder getrunken hatte, ging Mose zu Aaron und stellte ihn zur Rede. Warum nur hatte er das zugelassen? Aaron gab dem Volk die Schuld und sagte, er habe ihnen nur das gegeben, worum sie gebeten hätten. Das Kalb war aus ihren eigenen Schmuckstücken gemacht. Mose sah die Zügellosigkeit des Volkes und die Schuld seines Bruders, der die Zügel hatte schleifen lassen.

Dann stellte er sich ins Tor des Lagers und rief mit lauter Stimme: „Kommt her zu mir, alle, die dem Herrn angehören", und denen, die zu ihm kamen, gab er den Befehl, die anderen zu töten.

Mein Herz raste. Wohin sollte ich fliehen? Zu Mose im Tor konnte ich nicht gehen, weil ich glaubte, dass ich mit meiner Schuld nicht mehr zum König gehörte. Aber ich wollte auch nicht sterben. Mitten im Getümmel nahm ich meine Beine in die Hand und rannte so schnell ich konnte aus dem Lager. Ich rannte und rannte. Ich lief immer weiter, sah keinen Weg, lief ohne Richtung, ohne Ziel. Immer weiter, immer schneller rannte ich in die Wüste, bis ich stolperte und der Länge nach hinfiel. Mein Herz schrie vor Schmerz. Nichts anderes tat mir weh von meinem Sturz, außer meinem Herzen. Meine Hände waren aufgeschürft, aber das war mir egal. Ich lag einfach da, am Boden zerstört. Ich hatte alles verloren, alles kaputt gemacht.

Meine Tränen rannen über meine Wangen, tropften in den Sand, und ich schrie immer wieder: „Es tut mir leid, es tut mir leid! Vergib mir! Es tut mir so leid!"

Ich schlug mit meinen blutigen, zur Faust geballten Händen auf den Wüstenboden, immer und immer wieder, und schluchzte laut.

Mit einem Mal spürte ich, dass jemand meine Hände nahm. Dann hörte ich Jeschuas Stimme: „Hör auf! Es ist genug!"

Er beugte sich zu mir herunter und sah mir in die Augen. Sein Blick war ernst, aber auch voller Liebe. Er sprach sanft und doch mit Autorität: „Ich verurteile dich nicht, also hör du auch auf, dich zu verurteilen."

Augenblicklich wurde ich ruhig. Das konnte er doch unmöglich ernst meinen!? Ich war es nicht wert, dass er mir vergab, einfach so. Aber dann ergriff er meine Hand und öffnete meine Faust.

„Vergiss nie, wie sehr der Vater und ich dich lieben!", sagte er und steckte mir den blauen Saphir wieder an meinen Finger, von dem ich ihn achtlos weggerissen hatte.

Wo hatte er den Ring gefunden? Wie hatte er ihn der Schlange entrissen? Ich schaute ihn an und sah einen Schmerz, den ich vorher nicht gesehen hatte. Ich wusste, dass es ihn viel gekostet hatte, mir diesen Ring erneut zu geben. Verlegen blickte ich zu Boden.

Dann sagte er einfach: „Steh auf!", und ich rappelte mich hoch.

Ich klopfte den Schmutz von meinen einst weißen Kleidern, und dann sah ich Levantino. Er kam auf mich zu, stupste mich an und schmiegte seinen Kopf an meine Seite. Ich fühlte mich einer solchen Liebe immer noch nicht würdig. Die Tränen wollten einfach nicht aufhören zu fließen. Jeschua saß bereits auf dem weißen Riesen. Er rief mir zu, schnell aufzusteigen, wir müssten zu Hause sein, bevor die Sonne unterginge.

~~~~~~~

Es gab eine Zeit in meinem Leben, da glaubte ich, dass meine Schuld zu groß war, um sie vergeben zu bekommen, und dass es keinen Weg zurück zu Gott gäbe. Das war, bevor ich ihn
~~~~~~~

wirklich als guten Vater kennenlernte. Doch es gibt keine Schuld, die zu groß ist; es gibt keine Sünde, die so groß ist, dass das Blut des Lammes sie nicht bedecken könnte.

Das ist meine Ermutigung für dich heute: Wenn du einmal ein Kind Gottes geworden bist, bleibst du sein Kind, auch wenn du wegläufst. Der Vater wartet darauf, dass du zurückkommst. Er hat seinen Sohn gesandt, um dich und mich zu retten.

Wüstenblumen: Persönliche Schritte für dich

Die bittere Portion

Die Israeliten mussten die bittere Portion trinken, die Mose ihnen reichte. Manchmal musst du in deinem Leben vielleicht etwas ähnlich Schmerzhaftes trinken. Ich musste auch meinen Becher trinken. Ich weiß, dass ich ihn als Konsequenz meines sündigen Verhaltens trinken musste. Jesus vergab mir meine Sünde, aber ich musste trotzdem die Verantwortung für mein Verhalten übernehmen.

Heute möchte ich dich ermutigen, Schuld ernst zu nehmen. Bring sie vor den Herrn Jesus und lass dir von ihm vergeben, aber übernimm die Verantwortung für dein Verhalten, auch wenn du eine bittere Portion trinken musst. Das ist keine Strafe, sondern es geht darum, vor Gott und den Menschen ehrlich zu sein. Manchmal bedeutet das, zuerst Gott um Vergebung zu bitten und dann auch andere Menschen.

Komm zurück zum Herrn

Das Volk Israel musste eine Entscheidung treffen, also fragte Mose sie, ob sie dem Herrn noch folgen wollten. Jeder muss seine eigene Antwort finden und entscheiden, wem er folgen will. Manchmal ist es nicht leicht, ehrlich zu sich selbst zu sein. Möchte ich mein goldenes Kalb der Selbstsucht verlassen? Vielleicht sind auch Scham oder Selbstmitleid wie ein goldenes Kalb, um das ich tanze.

Bei der Begegnung dachte ich, ich könne wegen meiner Schuld nicht zum Vater zurückkehren. Wenn du ähnliche Gedanken hast, möchte ich dich ermutigen, ehrlich zu dir selbst zu sein und dich zu entscheiden, zum Herrn Jesus zurückzukehren. Lauf nicht weg in die Wüste. Er sehnt sich danach, die Beziehung mit dir wiederherzustellen.

Vergiss nie, wie sehr dich der Vater liebt

Kennst du die Geschichte, die Jesus in Lukas 15,11-32 von dem Sohn erzählt, der den Vater verließ und sein Erbe verschwendete? Der Sohn verlor alles, was der Vater ihm gegeben hatte, aber an seinem Tiefpunkt erinnerte sich der Sohn an die Güte des Vaters und beschloss, nach Hause zurückzukehren. Der Vater wartete mit bedingungsloser Liebe auf seinen verlorenen Sohn, ohne ihn zu verurteilen. Er gab dem Sohn seinen Ring zurück und stellte seine Rechte wieder her. Er schenkte ihm neue Schuhe und Kleidung.

Das ist es, was ich in meinem eigenen Leben und auch in dieser Begegnung erlebt habe. Der Vater wartet auf uns, wenn wir zu ihm zurückkommen. Er wird uns alle unsere unverdienten Rechte als wertvoller Sohn oder wertvolle Tochter zurückgeben. Der Ring des himmlischen Vaters ist ein Symbol der Wiederherstellung. Heute möchte ich dich ermutigen, auf die Stimme des Herrn Jesus zu hören und darauf, wie er dich in diese Beziehung der Vaterliebe Gottes zurückruft. Versuche dir vorzustellen, wie er dir seinen Ring gibt, dir direkt in die Augen schaut und sagt: „Vergiss nie, wie sehr der Vater und ich dich lieben."

Tag 32

Zippora – Vom Umgang mit Eifersucht

Ich liebe Sonnenuntergänge, besonders am Meer. Ich weiß nicht, wie viele Bilder ich schon gemacht habe. Dieser letzte Moment des Lichts am Ende des Tages, bevor die Nacht hereinbricht, ist so besonders schön. Bevor ich abends ins Bett gehe, denke ich noch einmal über meinen Tag nach und gebe alles im Gebet und in Dankbarkeit an den Herrn zurück. Am Ende des Tages ist es wichtig, alles loszulassen, wie in der Begegnung, als Jesus sagte, es sei wichtig, vor Sonnenuntergang ins Haus des Vaters zurückzukehren.

Die 32. Begegnung

Wir hatten es tatsächlich geschafft, vor Sonnenuntergang zum Haus des Vaters zu kommen. Gerade als wir die Pferde im Stall versorgt und die Veranda erreicht hatten, ging die Sonne unter. Es war ein besonders beeindruckender Sonnenuntergang; rotglühend war dieser Ball, wie Feuer mit glänzendem Gold in der Mitte.

Ich hatte irgendwie Angst, dem Vater zu begegnen, und hoffte insgeheim fast, dass er nicht zu Hause war. Doch da ging die Tür auf. Der Vater trat zu uns heraus in den Sonnenuntergang und schloss mich herzlich in seine liebenden Arme.

Wieder sagte er die Worte, die ich vor einer Weile von ihm zur Begrüßung gehört hatte: „Schön, dass du da bist! Ich habe dich so sehr vermisst!"

Er, der Vater, hatte mich vermisst, weil ich mich von ihm abgewandt hatte. Er, der Vater, hatte mir verziehen, das spürte ich an seiner Umarmung. Und ich wusste, dass es wichtig war, dass wir vor Sonnenuntergang zusammengefunden hatten. Als ich wieder in meinem Zimmer war, sah ich mich um und verstand immer noch nicht, warum ich jemals weggelaufen war. Aber jetzt war ich zurück, und ich war so dankbar dafür.

Am nächsten Morgen wurde ich von Vogelgezwitscher geweckt. Ich öffnete meine Augen und sah einen kleinen Vogel auf dem Fenstersims hin und her hüpfen. Das Vögelchen sah so klein und verletzlich aus und hatte doch eine laute, fröhliche Stimme. Dieser lebhafte Gesang war ansteckend und weckte auch in mir die Sonnenseite. Ich stand auf, streckte mich und fand frische weiße Kleidung auf dem Stuhl neben meinem Bett. Sicher hatte Jeschua sie dorthin gelegt – gewaschen, geflickt, neu gemacht und zu mir gebracht, um mir zu zeigen, dass alles in Ordnung war und dass wir noch mal neu anfangen würden. Immer wieder von vorne anfangen – dafür schämte ich mich ein wenig. Dann spürte ich einen Kloß im Hals, weil mich diese unerschütterliche Liebe so berührte. Aber vor allem war ich erfüllt von tiefer Dankbarkeit für diese neue Chance und von Freude auf den neuen Tag, der vor mir lag.

Als ich nach draußen ging, war ich überrascht, dass Jeschua nicht am Frühstückstisch saß. Dort lag nur ein Zettel, auf dem stand, dass wir uns an der Höhle treffen würden. Daneben fand ich ein Bündel mit Verpflegung für unterwegs. Schnell goss ich mir eine Tasse Tee ein, der auf einem Rest Glut warmgehalten wurde. Dann machte ich mich auf den Weg. Diesmal ging es nicht bergab, darüber war ich froh. Neben der Tür hatte ich den Wanderstock gefunden, der mir schon so oft nützlich gewesen war. Mittlerweile kannte ich den Weg aus unserem schönen Tal heraus und folgte einem schmalen Pfad bergauf.

Ich fragte mich, was Jeschua von mir in der Höhle wollte. Während sich meine Gedanken alle möglichen Szenarien ausmalten, verfolgte mich der Gesang, der mich am Morgen geweckt hatte. Dann erblickte ich erneut dieses kleine Vögelchen, wie es munter von einem Stein zum anderen hüpfte. Als mein Weg nicht mehr zu erkennen war, folgte ich einfach dem fröhlichen Zwitschern, und tatsächlich hatte ich auf diese Weise bald die Höhle erreicht.

Zuerst genoss ich die Aussicht. Die Sonne schien und ein Friede, der mir gestern noch verloren schien, erfüllte nun mein Herz. Als ich mich wieder umwandte, blickte ich in die sanften Augen Jeschuas. Er wartete am Eingang der Höhle auf mich. Es war gut, hier oben zu sein, denn so erinnerte ich mich an all das Gute, das ich hier in der

Vergangenheit erlebt hatte. Ich erinnerte mich daran, wie Jeschua mich versorgt hatte, als ich in der Höhle festsaß, und wie er mich dann dort heraus befreite.

Jeschua zeigte auf das Lagerfeuer, das an der gleichen Stelle brannte wie damals. „Setz dich! Wir müssen reden ..."

Seine Stimme klang ernst. Als ich mich setzte, reichte er mir etwas von dem Getränk, das über dem Feuer kochte. Nach einem Moment der Stille schaute er mir direkt in die Augen, und ich sah einen tiefen Schmerz in den seinen, den ich kaum aushielt. Dann plapperte ich einfach drauf los und sagte ihm, dass es mir leidtat, wie alles gelaufen war, und dass ich nicht wisse, wie ich so tief hatte fallen können. Irgendwie war ich nervös und meine Stimme klang etwas schrill. Es fiel mir schwer, meine Gefühle zu beschreiben – meine Eifersucht auf Mose, meine Unzufriedenheit, meine Ungeduld. Er hörte einfach zu, bis ich alles rausgelassen hatte und schließlich innehielt. Dann stand er auf, ging in die Höhle und kam mit einem Gegenstand zurück, der schwer in seinen Händen ruhte. Es war eine große, goldene Krone. Er setzte sie vorsichtig auf einem Stein ab. Dies sei die Krone seines Vaters, des Königs, erklärte er ruhig.

So viel Gold, so viel Schönheit! Ich konnte keine Worte finden und starrte einfach mit großen Augen auf diesen kostbaren Gegenstand. Für mich gab es keine Frage, zu wem ich gehören wollte. Ich wollte zu dem König gehören, der mich so liebevoll väterlich in das Reich seines Sohnes aufgenommen hatte. Das war mir sehr klar, und schnell sprach ich es aus. Dabei spürte ich, wie wichtig es war, diese Tatsache laut auszusprechen, denn als ich das tat, löste sich etwas, das mich unterschwellig, tief in meinem Inneren noch immer beschäftigt hatte, seit ich in die Wüste geflohen war. Es war vergleichbar mit der Entscheidung, die Mose dem Volk nach der Zerstörung des goldenen Kalbs abverlangt hatte.

Ich hatte gedacht, ich sei nicht würdig, mich an die Seite des Königs zu stellen, aber jetzt wusste ich, dass der König mich bereits dorthin gestellt hatte. Es war seine Entscheidung, eine Entscheidung der Liebe. Ich musste nur auf seine Liebe antworten. Das hatte ich heute getan, und Jeschua freute sich darüber; das konnte ich an seinem strahlenden Gesicht sehen.

Dann fragte er mich, ob ich auch die Gefühle der Eifersucht unter die Krone legen wolle. Wir sprachen weiter über dieses Gefühl, woher es kam, wo meine Augen getrübt waren und wo mein Herz getäuscht worden war. Wir sprachen über den Ursprung in meinem Herzen, den Raum, der noch nicht ganz von der Vaterliebe durchdrungen war. Hinter meiner Eifersucht versteckte sich die Sehnsucht nach der Liebe und der Annahme des Vaters. Wir sprachen darüber und auch über Mose, der so viel Verantwortung zu tragen hatte, die ich vorher nicht bemerkt oder wirklich verstanden hatte. Jeschua erzählte mir von Zippora, Moses Frau, und seinen beiden Söhnen, die weit weg in Midian lebten. Plötzlich wurde mir klar, wie egozentrisch ich gewesen war. Ich hatte nur meine eigenen Sehnsüchte gesehen und seine Segnungen beneidet, ohne das ganze Bild zu sehen. Ich hatte eigentlich so viel, und Moses Leben hatte auch seinen Teil an Entbehrungen und Einsamkeit. In meiner Freundschaft zu Jeschua fand ich den, der meine Sehnsucht gestillt und mich zum Vater geführt hatte.

„Ja, ich will diese falsche Eifersucht unter die Krone des Königs legen und in dir meine Sehnsucht stillen", sagte ich erleichtert, und als ich diese Worte sprach, wurde mein Herz leichter.

Schließlich erklärte Jeschua mir den Unterschied zwischen der Eifersucht seines Vaters und der meinen. Er erklärte, wie sehr es den König geschmerzt hatte, als sein Volk vor dem Kalb tanzte. Diese heilige Eifersucht drückte den Schmerz und die Wut aus, die er empfand, weil sein Volk ihm die Treue geschworen hatte und dann untreu geworden war. Es war so, wie sich ein Bräutigam fühlen würde, wenn seine Braut ihn nach der Hochzeit mit einem anderen betrügt.

Ja, ich verstand, wie sich der König zu Recht gefühlt hatte. Ich erkannte den Ursprung meiner Gefühle und auch den Unterschied zwischen meinen Gefühlen der Eifersucht und seiner heiligen Eifersucht. Wir saßen noch eine Weile am Feuer und blickten auf die Krone. Ich war dankbar für diesen Tag, an dem alles ans Licht kommen konnte, was in mir falsch gelaufen war, und auf diese Weise richtiggestellt werden konnte. Es war wichtig, einen neuen Blick darauf zu werfen. Es war, als würde ich meine eigene Krone vor die Füße des Einen legen, den ich liebte, um meine Hingabe an ihn zu erneuern, weil ich wusste, wie sehr er mich zuerst geliebt hatte.

Hast du jemals gespürt, wie dich die Last eines schwierigen oder schmerzhaften Tages bis in die Nacht hinein verfolgt? Vielleicht kennst du die Unruhe, wenn du keinen Schlaf finden kannst. Vielleicht suchst du nach einem Ausweg aus deinem Gedankenkarussell?

Auf meiner Wüstenreise hat mir der Herr gezeigt, wie wichtig es ist, meine Sorgen am Ende des Tages hinter mir zu lassen.

Wüstenblumen: Persönliche Schritte für dich

Sonnenuntergang

In den Worten aus Epheser 4,26 liegt ein Segen: *„Zürnt ihr, so sündigt nicht; lasst die Sonne nicht über eurem Zorn untergehen.“*[1] Wenn ich meine aufgewühlten Emotionen am Ende des Tages nicht loslasse, werde ich keine Ruhe finden. Was auch immer meine Gefühle ausgelöst hat, es ist die gesündeste Entscheidung, sie vor Sonnenuntergang in Gottes Hände loszulassen.

In früheren Zeiten, als es noch keinen Strom gab, bedeutete der Sonnenuntergang das Ende des Tages. Manchmal ist es wichtig, einen Konflikt zu lösen oder meine Gefühle zu klären, bevor der Tag zu Ende geht. Wenn mir das nicht gelingt, gehe ich spazieren oder mache Sport, um meine Gedanken zu sortieren. Oft passen meine Gefühle nicht zu dem Konflikt. Wenn ich dann nach draußen gehe, kann ich meinen Kopf freimachen und finde Ruhe.

---

[1] Vgl. TPT: *„Lasst euch aber nicht von der Leidenschaft eurer Gefühle zur Sünde verleiten! Lasst euch nicht vom Zorn beherrschen oder zur Rache treiben, auch nicht für einen Tag.“*

Der nächste Schritt ist Vergebung. Vielleicht kann ich direkt mit einer anderen Person sprechen oder den Vater um Vergebung bitten. All das kann ich im Gebet tun. Das Tagebuchschreiben war und ist mein „Sonnenuntergangsweg", bei dem ich alles aufschreibe, bevor ich schlafen gehe. Ich möchte dich ermutigen, dein Ritual für den Sonnenuntergang zu finden. Der Vater wartet mit seiner Umarmung auf dich.

Zippora

Zippora, der Name von Moses Frau, bedeutet „Vögelin"[2]. Mose traf sie in der Wüste, als er aus Ägypten floh. Wir begegnen Zippora drei Mal in der Bibel. Zuerst wurden sie und ihre sechs Schwestern von anderen Hirten an dem Brunnen verjagt, an dem sie ihre Herde tränken wollten. Mose sah ihre Not, beschützte sie und half ihr mit ihrer Herde. Für seine Hilfe wurde er von ihrem Vater, Jethro, dem Priester aus Midian, zum Essen eingeladen und bekam Zippora zur Frau.[3] Mose und Zippora bekamen zwei Söhne: Gerschom und Elieser.

Das zweite Mal, dass wir von Zippora lesen, ist direkt nach Moses Begegnung mit Gott am Dornbusch in 2. Mose 4,25. Er war auf dem Weg nach Hause, um Jethro zu bitten, ihn das Volk Israel aus der Wüste führen zu lassen. Da hatte er eine Begegnung mit dem Engel Gottes, in der sie um Leben und Tod miteinander rangen, denn Mose hatte Gott nicht gehorcht und seine Söhne, Gerschom und Elieser, nicht beschnitten. Zippora tat, was Mose hätte tun sollen, und sprach dann die Worte: *„Du bist für mich mein Blutbräutigam."* Die Beschneidung war das Zeichen für den Bund mit Gott und durfte nicht geringgeschätzt oder ignoriert werden.

Das dritte Mal taucht Zippora am Berg Horeb auf (vgl. 2. Mose 18). Mose hatte sie zu ihrem Vater Jethro zurückgeschickt, bevor er nach Ägypten zog, um sein Volk aus der

---

[2] Vgl. Worterklärung AT der Elberfelder Studienbibel #7002, von „zippor" (#6979): „Gefieder, Geflügel, Vögel … oder auch einzelner Vogel."

[3] Vgl. 2. Mose 2,21.

Sklaverei zu befreien. Jethro ging mit ihr und ihren Söhnen nur für einen kurzen Aufenthalt zum Berg Horeb.

Oft habe ich mich gefragt, wie sich Zippora wohl gefühlt haben mochte. Ihre Lebensgeschichte sah nicht traumhaft aus. Aber sie war von der Weisheit ihres Vaters umgeben. In diesen drei kleinen Episoden bekommen wir einen kleinen Einblick und sehen Gottes Hand auf ihrem Leben. Gott segnete Mose durch sie in der Wüste; sie rettete sein Leben. Ihre Worte wurden zu einem Symbol für unseren Herrn Jesus Christus – unseren Blutbräutigam, der uns aus der Sklaverei befreit hat. Am Ende musste sie Mose gehen lassen.

Wenn ich an Zippora denke, lerne ich, nicht nach dem Augenschein zu urteilen. Ich versuche, tiefer zu schauen, bevor ich über mich und andere urteile. Der Heilige Geist will uns leiten, so wie mich der kleine Vogel bei dieser Begegnung geleitet hat. Der Geist des Herrn will uns zu unserem Bräutigam, Jesus, führen. Der Heilige Geist gibt Weisheit und Erkenntnis und hilft uns zu verstehen, was wir nicht mit den Augen, sondern nur mit dem Herzen sehen können. Der Heilige Geist wird unsere Herzen beschneiden, wie Zippora ihre Söhne beschnitt.

Die Krone

In der Begegnung musste ich lernen, alles unter die Krone des Königs zu legen. Ich musste mich entscheiden, vor Gott ehrlich zu sein und mit ihm über die Dinge zu sprechen, die mich von ihm weggeführt hatten.

Bei der Begegnung hatte ich mit Neid und Eifersucht zu kämpfen. Kennst du solche Gefühle? Eine liebe Freundin riet mir, es könne sehr hilfreich sein, hinzuschauen, woher dieses Gefühl komme, und es als Hinweisgeber auf einen tieferliegenden Schmerz, eine unerfüllte Sehnsucht zu betrachten. Bevor ich die Eifersucht als Schuld bekenne, kann ich mich zu Jesus wenden und ihn bitten, diesen tieferliegenden Schmerz anzuschauen und meine unerfüllte Sehnsucht zu stillen.

Was möchtest du unter die Krone des Vaters bringen? Versuche dir vorzustellen, wie du dort mit Jeschua sitzt. Vielleicht wird er dir einige versteckte blinde Flecken in dir offenbaren. Du kannst sicher sein, dass alles, was er dir zeigt, aus Liebe geschieht. Alles, was du mit ihm betrachtest und unter seine Krone legst, wird dich frei machen. Seine Liebe befreit dich tief in deinem Inneren.

Ich brauche diese Zeiten, um mit dem Herrn zusammenzusitzen und alles unter seine Krone zu legen. Was auch immer ich fühle – Scham, Ärger, Angst, Sorgen, Eifersucht – ich bin eingeladen, es mit ihm gemeinsam anzuschauen und unter die Krone des Vaters zu legen. Er will und wird in mir und über mein Leben regieren, wenn ich alles in seine Hände loslasse. Komm, und setz dich zu mir und wirf einen Blick auf die Krone des Vaters, den Ort der Freiheit und der tiefen, inneren Heilung.

Tag 33

Das Zelt – Rede mit Gott wie mit einem Freund

Wie war es für dich, alles unter die Krone des Vaters zu legen? Die Krone ist das Zeichen für die Herrschaft des Königs. Wenn ich mein Leben unter Gottes Krone und Herrschaft stelle, werde ich frei. Negatives muss mich nicht mehr niederreißen; wenn ich das erkenne, kann ich mich daran erinnern, zu wem ich gehöre. Ich gehöre zu Gott, dem Schöpfer des Himmels und der Erde. Er ist derjenige, der mich liebt, der mich sieht und der sich um mich kümmert.

Die 33. Begegnung

Kurz vor Sonnenuntergang hatten wir unser Zelt etwas unterhalb des Gipfels aufgeschlagen, falls ein Wind aufkäme. Wir fanden eine geschützte Nische zwischen ein paar Felsbrocken. Ich war froh, nicht in der Höhle übernachten zu müssen. Vielleicht brauchte ich da noch Heilung ... Aber warum sollte der Höhleneingang ein zweites Mal über mir einstürzen? Das war ziemlich unrealistisch, doch meine Gefühle hinkten diesen Überlegungen noch hinterher.

Als die Sonne unterging, wurde es schnell kalt. Wir saßen noch eine Weile am Lagerfeuer und wärmten unsere Hände an den heißen Teetassen. Ich hatte Frieden und war dankbar dafür. Aber was war mit dem Volk unten am Fuße des Berges passiert? Hatten sie auch Vergebung und Frieden gefunden? Ich sah von meiner Teetasse hoch und stellte Jeschua diese Frage.

Er blickte ins Feuer und erzählte mir vom Vater, der sich heute mit Mose getroffen hatte, ebenfalls in einem Zelt, vor dem Lager. Der Vater hatte beschlossen, nun doch nicht mit dem Volk in das verheißene Land zu ziehen, da sie so widerspenstig waren, dass er sie in seiner Heiligkeit unterwegs verzehren würde. Wie die Feuerflammen, die das Feuerholz vor uns verbrannten, so würde auch das Feuer der Gerechtigkeit das Urteil des Königs vollstrecken, das sie verdient hätten. Statt selbst mit ihnen zu ziehen, wollte er einen Engel schicken, der seinem Volk vorausgehen sollte.

Nach dem Urteil des Vaters hatte er sie aufgefordert, ihren Schmuck abzulegen. Sie bereuten ihre Sünde sichtlich und legten bereitwillig all ihren restlichen Schmuck ab, den sie nicht für das goldene Kalb hergegeben hatten, und legten alles als Zeichen ihrer Reue vor dem Berg nieder.

Irgendwie war ich immer zur falschen Zeit am falschen Ort. Wieder hatte ich so viel verpasst, was unten im Lager mit Gottes Volk passiert war! Außerdem war es Mose, der so viel wunderbare Zeit mit dem Vater verbrachte, und nicht ich ... Als ich bemerkte, dass sich meine Gedanken in diese Richtung drehten, schrie ich verzweifelt auf: „STOPP!"

Jeschua sah mich an und fragte mich, ob er zu viel erzählt habe. Es war schwer für mich, ihm die Wahrheit zu gestehen. Ich wand mich ein wenig, doch dann sprach ich aus, was mir durch den Kopf gegangen war. Wir waren Freunde. Er würde mich verstehen. Er hatte mich immer verstanden. Er reagierte genau so, wie ich es erwartet hatte. Er hörte mir verständnisvoll zu und lobte mich dafür, dass ich es geschafft hatte, meine negativen Gedanken zu stoppen und mit ihm darüber zu sprechen. Das war genau der richtige Weg.

Dann sagte Jeschua, dass ich mich nicht zu ärgern brauchte über etwas, das ich anscheinend verpasste. Der Vater unterhielt sich mit Mose, genauso wie Jeschua sich hier mit mir unterhielt. Sie waren Freunde wie wir. Mose musste mit dem Vater über diese außergewöhnliche Verantwortung für das Volk sprechen, nach all dem, was geschehen war, so wie ich mit Jeschua gemeinsam über alles nachgedacht hatte, was in letzter Zeit passiert war. Es war wichtig gewesen, noch einmal gemeinsam hinzuschauen, um weiterzukommen.

Es war auch wichtig, dass das Volk unten sehen konnte, wie Mose und der Vater sich trafen. Jedes Mal, wenn der Vater zum Zelt kam, umgab ihn eine Wolke. „Das ist sicher ein großartiger Anblick", sagte ich. Doch bevor ich wieder in Selbstmitleid versinken konnte, meinte Jeschua, ich würde noch die Gelegenheit haben, es zu beobachten. Dann erzählte er mir:

„Das Volk kommt mit allem, was es auf dem Herzen hat, zu Mose ans Zelt und Mose bringt diese Anliegen vor Gott. Er spricht mit dem Vater darüber und gibt ihnen dann weiter, was Gott gesagt hat."

„Mose hat also eine wichtige Funktion – er ist eine Art Vermittler?", fragte ich.

„Ja, so etwas in der Art. Du wirst später mehr darüber erfahren. Mose wird bald wieder auf den Gipfel kommen."

Na hoffentlich bin ich dann nicht gerade wieder am Fuß des Berges, dachte ich bei mir. Als hätte Jeschua meine Gedanken erraten, begann er zu lachen und sagte, ich solle mir keine Sorgen machen, er habe eine Überraschung für mich. Er sagte mir auch, dass ich mich bei der nächsten Begegnung zwischen Mose und dem Vater oben in der Höhle verstecken und ihr Gespräch belauschen könne. „Was für eine großartige Idee!", freute ich mich über diesen Vorschlag.

Aber die Höhle? Musste das sein? Würde ich tatsächlich zurück in die Höhle gehen müssen? Meine Freude wurde plötzlich gedämpft, aber anstatt meine Gefühle für mich zu behalten, sprach ich aus, was ich empfand. Ich erzählte Jeschua von meiner große Angst davor, dass nochmal ein Unglück passieren und ich wieder dort gefangen sein würde, oder – noch schlimmer – für immer lebendig begraben. Jeschua hörte mir wie immer geduldig zu, ließ mich ausreden. Dann ermutigte er mich, mich an alles zu erinnern, was wir dort oben erlebt hatten, und sagte, wir würden morgen zusammen in die Höhle gehen, damit ich ausprobieren könne, wie es mir dabei geht.

Mit gemischten Gefühlen stimmte ich diesem Vorschlag zu und ging zum Zelt. Jeschua saß noch ein wenig länger draußen und betrachtete die Sterne, die der Vater geschaffen hatte. Hier oben schienen sie gar nicht so fern und strahlten etwas Tröstliches aus. Ich fragte mich, warum ich so besorgt war, wo ich doch wusste, dass Jeschua mich in die Höhle begleiten und dass ich Mose und den Vater miteinander reden hören würde. Der Vater, der diese Sterne geschaffen hatte, würde die Höhle über mir sicher nicht einstürzen lassen. Plötzlich erinnerte ich mich an die Worte Jeschuas, er und der Vater seien eins. Endlich verstand ich, dass ich wirklich nichts verpassen würde und überhaupt keine Angst haben musste.

Das Volk Israel musste Schmuck und Juwelen am Fuße des Berges Horeb ablegen. Wir wollen uns nun damit beschäftigen, was das für uns bedeutet. Wir haben bereits darüber nachgedacht, dass wir unsere negativen Gedanken unter der Krone des Vaters ablegen dürfen. In der heutigen Begegnung musste ich nun lernen, mit meinem negativen Denken aufzuhören. Aber was bedeutet es, auch meinen Schmuck am Berg der Begegnung abzulegen?

Wüstenblumen: Persönliche Schritte für dich

Nimm deinen Schmuck ab

Bevor die Israeliten Ägypten verließen, forderten sie von ihren ägyptischen Nachbarn Kleidung und Schmuck, so wie Gott es ihnen aufgetragen hatte. Ich weiß nicht, ob es für sie als Sklaven andere Zeichen von Reichtum gab, als den ägyptischen Schmuck. Ich kann mir vorstellen, dass dieser Schmuck und die besonderen Kleider ihnen das Gefühl gaben, wertvoll zu sein, und ihr Selbstvertrauen stärkten. Aber diese äußeren Zeichen von Reichtum machen uns nicht wertvoll. Wenn wir lange Zeit in der Sklaverei leben, vergessen wir, wie besonders wir geschaffen sind.

Manchmal füllen wir unsere Wunden mit Reichtum. Doch der ganze Reichtum der Welt kann in die falsche Richtung führen, wenn du nicht alles unter die Krone des Vaters legst. Wir müssen uns entscheiden, wem wir folgen wollen. Das Volk Israel musste als Sklaven hart arbeiten, um Prunkgebäude für den Pharao, wie z. B. die großen Pyramiden oder die Sphinx, als Zeichen für dessen Reichtum zu bauen. Oft denken wir dasselbe: Wir müssen hart für unseren Reichtum arbeiten. Dabei vergessen wir, wie anders das Reich des Vaters ist. Er ist der Schöpfer der Welt. Er muss keine Zeichen für seinen Reichtum erschaffen.

Der Berg Horeb ist der Berg der Begegnung. Gott kommt aus dem Himmelreich herab und berührt die Erde. Das ist der Ort, an dem wir alles ablegen dürfen, was für uns einen Wert hat. Jesus sagt uns in Matthäus 6,21, dass dort, wo unser Schatz ist, auch unser Herz sein wird. Er möchte, dass wir uns Schätze im Himmel sammeln.

Als ich jung im Glauben war, bat ich den Herrn, mir zu zeigen, wo mein Herz an irgendwelche äußeren Dinge gebunden war. In dieser Zeit habe ich viele Dinge weggeworfen: Musik, Bücher und sogar Kleidung. Ich möchte mich immer wieder selbst prüfen und Gott bitten, mir Bereiche zu zeigen, in denen ich etwas ablegen muss. Vielleicht ist es vordergründig gar nicht verwerflich, aber wenn mein Herz daran gebunden ist und es mich daran hindert, in Gottes Gegenwart zu gehen, muss ich lernen loszulassen. Dabei kann es sich um äußeren „Schmuck" wie Kleidung, Autos, Häuser oder andere materielle Dinge handeln, aber auch um inneren „Schmuck", wie Stolz oder Selbstgerechtigkeit, oder auch um meinen Medienkonsum. Es ist eine gute Angewohnheit, alles abzulegen, immer und immer wieder.

Heute möchte ich dich ermutigen, dich zu fragen, wo du dein Herz an einen materiellen oder emotionalen Schmuck gebunden hast. Ich bete, dass der Herr dir zeigt, was dich daran hindert, in seiner Gegenwart zu verweilen. Ich möchte dich ermutigen, alles am Berg Horeb abzulegen, so wie es das Volk Israel getan hat. Du kannst es einfach im Gebet tun. Manchmal hat es mir auch geholfen, es laut vor einem Freund oder Geistlichen auszusprechen und in Gegenwart eines anderen Buße zu tun. Eine andere Person kann deine Entscheidung bezeugen und dich unterstützen. Wie die Bibel sagt, sind zwei besser als einer,[1] und es ist einfacher, es gemeinsam zu tun.

---

[1] Vgl. Prediger 4,9-12.

Das Zelt

Mose baute am Fuß des Bergs Horeb ein Zelt und nannte es „Zelt der Begegnung". Jeder, der den Herrn suchte, konnte mit seinen Fragen dorthin gehen. Wenn Mose das Zelt betrat, senkte sich die Wolke herab und blieb vor der Tür des Zeltes stehen, und der Herr sprach mit Mose.[2] Das Volk Israel stand draußen und betete Gott an.

Wenn du dir diese Bibelstelle bildlich vorstellst, wo bist du da gerade? Bist du im Lager und gehst hinaus, um den Herrn zu suchen? Vielleicht bist du vor deinem Zelt und betest an, oder vielleicht bist du wie Mose und sprichst mit dem Herrn von Angesicht zu Angesicht wie ein Freund. Vielleicht möchtest du deine Position ändern. Ich möchte dich einladen, einmal hinzuspüren, wie du dich in deiner Position fühlst. Ist sie angenehm für dich? Gibt es etwas, das du vermisst? Was ist dein erster Gedanke?

In 2. Korinther 5,1-10 beschreibt der Apostel Paulus unseren Körper wie ein Zelt. Ein Zelt ist eine vorübergehende Behausung. Wir sind hier auf dieser Erde nicht zu Hause; unser Zuhause ist im Himmel. Dort, in unserer ewigen Heimat, werden wir einen neuen Körper bekommen. Der Herr Jesus hat uns in Johannes 14,2 gesagt, dass es im Haus seines Vaters viele Wohnungen gibt und dass er uns eine Wohnung bereiten wird. Es gibt einen Platz, der in der Ewigkeit für uns bereitet ist. Aber auch in unserem täglichen Leben, hier und jetzt, steht uns noch mehr von ihm zur Verfügung.

In Vers 23 sagt Jesus: *„Wer mich liebt, der wird mein Wort halten; und mein Vater wird ihn lieben, und wir werden zu ihm kommen und Wohnung bei ihm nehmen"*. Ich mag Kirchen, aber wir müssen nicht in ein Gebäude gehen, um Gott zu begegnen. Er möchte jeden Tag in uns wohnen.

---

[2] Vgl. 2. Mose 33,9.

Gott, mein Freund

Ich liebe die Stelle, in der geschrieben steht, dass der Herr von Angesicht zu Angesicht zu Mose sprach, so wie jemand mit seinem Freund spricht.[3] Das ist Gottes Wunsch. Der Vater möchte immer noch genauso mit seinen Kindern sprechen, wie er es in Eden oder im Zelt der Begegnung mit Mose getan hat. Mose symbolisiert hier, was Jesus tat; er kam in dieses vorübergehende Zelt dieser Welt. Jesus möchte in uns leben. Durch ihn können wir mit Gott dem Vater wie mit einem Freund sprechen. In Johannes 15,15 sagte Jesus zu seinen Jüngern, dass er sie und uns nicht länger Knechte oder Sklaven nennen wird, sondern Freunde. Er will seinen Freunden alles offenbaren, was er von seinem Vater hört. Wir können es in Gottes Wort lesen.

Denke an deinen engsten Freund, eine Person, die du liebst und der du vertraust, und versuche, mit derselben vertrauten Offenheit in das Zelt der Begegnung zum Vater zu gehen. Für mich war es ein Lernprozess, mit Gott wie mit einem Freund zu sprechen. Zuerst musste ich lernen, ihm zu vertrauen und das Zelt der Begegnung mit der Gewissheit zu betreten, dass ich dort geliebt und gewollt bin. Das bereitete mir den Weg und half mir, mein Herz im Gebet zu öffnen und ihm alles ehrlich zu sagen. Es entstand ein Raum, um auf die Stimme des Vaters zu hören. Ist das nicht erstaunlich? Gott ist mein Freund, und ich bin sein Zelt. Dieser Ort und die Freundschaft mit Gott in Christus gilt auch dir.

---

[3] Vgl. 2. Mose 33,11.

Tag 34

Die Höhle – Gottvertrauen in Wartezeiten

Gestern haben wir über Freundschaft mit Gott und die Wohnung Gottes gesprochen. Es gab Zeiten in meinem Leben, in denen ich Gottes Wahrheit mit meinem Verstand kannte, aber nicht mit meinem Herzen. In meinem Herzen steckte noch so viel alte Angst aus meiner Vergangenheit, die mich daran hinderte, in Freiheit zu leben. Vielleicht kannst du das nachvollziehen.

Was war oder ist deine Höhle? Vielleicht hat dich eine Beziehung gelehrt, dass du niemandem vertrauen kannst, oder vielleicht war es ein plötzlicher Verlust oder ein schweres Trauma. Was auch immer der Grund ist, der dich daran hindert, dem Herrn von ganzem Herzen zu vertrauen, heute möchte ich dich ermutigen und dich einladen, gemeinsam mit dem Herrn zurück in deine Höhle zu gehen.

Die 34. Begegnung

Früh am Morgen, noch vor dem ersten Sonnenstrahl, gingen wir wieder hinauf zum Gipfel. Wir saßen einfach da und sahen uns den Sonnenaufgang an. Wir beobachteten, wie die Sonne aus ihrem „Zelt" hervorkam, so wie wir es kurz zuvor getan hatten, und in ihre Bahn trat. Er hat versprochen, dass die Sonne niemals ihren Weg verlassen wird. Wie oft hatte ich dagegen schon meinen Weg verlassen? Doch er war immer noch an meiner Seite. Mein Blick war ganz auf das aufgehende Licht der Sonne gerichtet. Immer wieder konnte ich mich an einem Sonnenaufgang erfreuen, genau wie an Gottes treuer Liebe. Es war so schön zu beobachten, wie das Sonnenlicht die Dunkelheit der Nacht vertrieb und einfach immer heller und heller wurde. So blieben wir sitzen und schauten zu, bis die Sonne vollständig in einen neuen Tag aufgegangen war.

Nach einem kleinen Picknick an unserer Feuerstelle stand Jeschua auf, und ich wusste, dass die Zeit gekommen war. Die Höhle ... Ich richtete mich auf meinen wackeligen Beinen auf und folgte ihm.

Ermutigend wartete er, bis ich neben ihm war, legte seine Hand auf meinen Rücken und sagte: „Hab keine Angst, ich bin bei dir!"

So wagte ich den ersten Schritt in das Dunkel der Höhle hinein. Aber sobald Jeschua seinen Fuß in die Höhle setzte, wurde es heller. Es schien, als gäbe das Weiß seiner Kleidung ein helles Licht ab, das jeden Winkel ausleuchtete.

Ich blieb dicht an seiner Seite und spürte tatsächlich, wie die Angst abnahm. Er schien seine Kraft auf mich zu übertragen! Ich brauchte seine Kraft, weil ich mich in diesem Moment so schwach fühlte. Wir sahen uns jeden Winkel der Höhle an und sprachen dann über das Unglück, das mir hier widerfahren war. Wir redeten über meine Todesangst, die mein Inneres erschüttert hatte, als das Erdbeben den Steinrutsch verursachte. Da spürte ich, wie tief diese Angst noch saß, der Glaube, dass ich jeden Moment sterben könnte. Die Angst war kaum zu ertragen, und ich zitterte heftig, so wie damals.

In diesem Moment legte Jeschua seine Hand auf meine Schulter und sagte: „Du wirst leben und nicht sterben." Er wiederholte es ein- oder zweimal: „Du wirst leben und nicht sterben."[1]

Seine Hand auf meiner Schulter fühlte sich warm an. Ein tiefer Friede durchströmte mich. Mit jedem Wort aus seinem Mund wurde meine Angst weniger und meine Seele gesünder. Dann sprach ich alles aus, was ich seit jenem Tag in mir trug: meine Verlassenheit, meine Hilflosigkeit, meine Verzweiflung und all den Schmerz, den ich in dieser Höhle empfunden hatte. Während ich sprach, ruhte seine Hand die ganze Zeit auf meiner Schulter. Wir standen dort mitten in der Höhle. Während meine Augen die Höhlenwände sahen, die heute etwas heller wirkten, sah mein inneres Auge nur das Dunkel, das mich damals umgeben hatte.

Dann hörte ich seine beruhigende Stimme: „Es ist vorbei. Du bist frei!" Er wiederholte auch diese Worte: „Es ist vorbei. Du bist frei! Es ist vorbei!"

---

[1] Vgl. Psalm 118,17.

Wieder spürte ich, dass sich etwas in mir veränderte. Da, wo sich mein Herz vorher eng angefühlt hatte, wurde es weit, und ich konnte mit einem Mal tief durchatmen. Der Druck auf meiner Brust, der mir die Luft zum Atmen geraubt hatte, war verschwunden. Wir standen noch eine ganze Weile schweigend da.

Die Bilder meiner Gefangenschaft verschwammen vor meinem geistigen Auge, aber ein Bild blieb. Ich sah mich selbst in der Höhle sitzen und schützend die Hände über mich halten, ganz verkrampft, voller Angst, um mich vor den herabfallenden Steinen zu schützen. Dann spürte ich, wie sich eine Träne aus dem Augenwinkel löste, und ich schluchzte auf. Jeschua zog mich in seine Arme.

Als ich an seiner Schulter weinte, hörte ich ihn sagen: „Es tut mir leid, dass du so gelitten hast. Vertrau mir: Diese Höhle wird kein zweites Mal über dir zusammenbrechen. Das verspreche ich dir!"

Ich verstand, was er sagte, und fand es logisch. Aber ich löste mich aus seiner Umarmung, weil ich nicht sicher war, ob mein Herz seinen Worten folgen konnte.

Er sah mir direkt in die Augen und ich hörte seine Stimme: „Vertraue mir! Ich werde dich beschützen. Ich passe auf dich auf."

Dann nahm er meine Hand und zog mich direkt zur Höhlenwand. Ich spürte den harten Felsen unter meinen Fingern.

„Diese Mauern werden nicht über dir zusammenbrechen", sagte er, diesmal mit fester Stimme. „Diese Steine bleiben fest an ihrem Platz. Diese Steine halten stand."

Langsam fing auch mein Herz an zu glauben; das spürte ich. Ich ging ein paar Schritte an der Höhlenwand entlang, berührte den kühlen Stein und realisierte, wie fest er sich anfühlte. Ich schaute mir alles genau an und konnte keine Risse entdecken; alles sah stabil aus. Nach meiner Inspektion wandte ich mich wieder Jeschua zu. Er hatte mich beobachtet. Als ich ein wenig skeptisch an der Mauer entlangging, lächelte er. Ich kannte dieses Lächeln, und es erreichte mein Herz. Ich konnte nicht anders, als ebenfalls zu lächeln.

Die Schwere war endlich verschwunden. Ich war frei – frei von aller Angst, die ich hier erlebt hatte und die mir immer noch vor Augen malen wollte, was noch alles Schlimmes passieren könnte. Befreit trat ich hinaus ins Sonnenlicht und strahlte nun auch selbst. Es war ein friedvolles, leises Lachen, das mich erfüllte. Ich genoss die Aussicht, die Weite, die vor mir lag. Aber ich wusste auch, dass ich keine Angst mehr vor der Enge haben musste und dass ich es wagen konnte, wieder in die Höhle hineinzugehen. Ich wusste jetzt, dass mir in der Höhle nichts Schlimmes passieren würde, denn das hatte mein Freund Jeschua mir versprochen. Und ich wusste, dass ich ihm vertrauen konnte.

~~~~~~~

Wie fühlst du dich nach dem Lesen dieses Kapitels? Spürst du immer noch die Angst vor deiner Höhle? Manchmal braucht Heilung Zeit. Du musst nichts überstürzen. Manchmal ist es gut, die Hilfe von jemand anderem anzunehmen. Hab keine Angst, dich jemandem anzuvertrauen, der mit dir durch deine Höhle geht. Ich habe beides erlebt. Ich hatte Menschen, die mit mir durch meine Höhle gegangen sind, und ich musste auch lernen, langsam allein zu gehen. Aber alles in allem war es ein Weg in die Freiheit, als ich mich meinen eigenen Ängsten in meiner Höhle zu stellen begann.

Aus der Begegnung von heute möchte ich wieder drei Schritte hervorheben, wie der Herr mich durch meine schmerzhaften Situationen herausgeführt hat. Ich bete, dass seine Worte auch zu deinem Herzen und deiner Seele sprechen und du Freiheit und Heilung findest.
~~~~~~~

Wüstenblumen: Persönliche Schritte für dich

Hab keine Angst – ich bin bei dir!

Der Weg zurück in die Höhle schien mir dunkel und angstbesetzt. Ich musste meine Augen auf Jesus richten. Mit ihm wird jede dunkle Situation ein bisschen heller. Sie mag immer noch schmerzhaft sein, aber derjenige, der das Licht ist, macht es möglich, sich der Dunkelheit zu stellen.

Wenn du zurück in deine Höhle gehst, möchte ich dich ermutigen, deine Augen auf den Herrn zu richten, den Schöpfer des Himmels und der Erde. Er ist der Sieger, der jede Dunkelheit und den Tod am Kreuz ein für alle Mal überwunden hat. Er regiert. Er ist dein souveräner Freund. Schau ihm in die Augen und höre auf seine Stimme, die dir sagt: „Hab keine Angst! Ich bin bei dir!"

Es ist vorbei – du bist frei!

Manchmal sind schmerzhafte Erinnerungen tief in unserem Herzen verborgen. Ich musste lernen, nicht vor ihnen wegzulaufen und Worte für meinen Schmerz zu finden. Ich durchlief eine Zeit, in der ich nur malen konnte. Ich lernte, wie wichtig es war, meinen Schmerz auszudrücken, und nach einer Weile lernte ich, auch darüber zu sprechen. Manchmal kann Todesangst tief in der Seele festsitzen und auch Krankheiten verursachen.

Wenn du diese Angst erlebst, höre auf diese heilenden Worte aus Psalm 118,17:

> *Ich werde nicht sterben, sondern leben und des HERRN Werke verkündigen.*

Höre und wiederhole diese Worte des Herrn, bis du die Veränderung in deinem Herzen spürst. In der Begegnung wurde ich befreit, um über all die anderen Gefühle zu sprechen, die mit meiner Angst verbunden waren. Die Verheißungen des Herrn waren so wichtig für mich, sowohl in der Begegnung als auch in meinem täglichen Leben. Ich musste lernen, dass die schmerzhaften Erfahrungen in meine Vergangenheit gehören und nicht in meine Zukunft. Sie sind vorbei.

Was auch immer du in deiner Vergangenheit erlebt hast, ich ermutige dich, deine Vergangenheit hinter dir zu lassen und auf diese Worte zu hören: „Es ist vorbei! Du bist frei! Es ist vorbei!" Während du zuhörst, kannst du beobachten, wie die Dunkelheit flieht. In der Begegnung konnte ich die Veränderung körperlich spüren und ich atmete tief durch. Es war, als würde sich ein Ventil öffnen und der Druck, den ich innerlich gespürt hatte, nachlassen.

Ich bete dafür, dass du die Stimme des Herrn hörst, wenn du deine Höhle betrittst. Ich bete, dass du die innere Heilung wahrnimmst, die gerade jetzt in dir stattfindet. Und ich bete auch dafür, dass du die Veränderung körperlich spürst und dass deine innere Heilung sich auch äußerlich auswirkt, indem sich deine gesundheitlichen Probleme bessern.

Vertrau mir – ich werde dich beschützen!

Bei der Begegnung in der Höhle musste ich die Wände berühren. Ich musste umhergehen und mit meinen Augen sehen, dass die Mauern nicht wieder einstürzen würden. Wenn wir Zerbruch erleben, müssen wir langsam lernen, wieder zu vertrauen. Das ist ein gewaltiger Schritt. Vielleicht kannst du Gott nicht mehr vertrauen, weil er den Schmerz oder den Verlust hat geschehen lassen. Ich habe keine Antworten darauf, warum es so viel Leid in dieser Welt gibt, aber ich weiß, dass Jesus uns in unserem Leid nie alleine lässt. Er ist der Einzige, der es vollkommen versteht, weil er alles erlitten hat.

Bei der Begegnung war ich von seiner Liebe überwältigt. Es gab Situationen in meinem Leben, in denen ich mich selbst schützen musste, so wie bei der Begegnung. Vielleicht hast du das Gleiche erlebt und musstest dich vor deinen fallenden Steinen schützen. Ich habe den inneren Eindruck, dass es dem Herrn leidtut, wie du dich gefühlt hast. Lass mich diese Worte wiederholen und in deine schmerzhafte Situation hineinsprechen: „Es tut mir leid, dass du so gelitten hast."

Als ich jemand Wichtiges in meinem Leben verlor, fragte ich: „Herr, wo bist du in dieser Situation?" Er antwortete mir mit den Worten des Psalm 23, dass er bei mir ist. Das war der Beginn meiner Rückkehr in eine vertrauensvolle Beziehung zu Gott. Heute möchte ich dich einladen, diesen ersten Schritt des Vertrauens zu tun. Vielleicht kannst du diese Worte aus Psalm 23 lesen und über sie meditieren. Nach diesem ersten Schritt musste ich dem Versprechen Gottes glauben, dass meine Höhle nicht wieder zusammenbrechen würde. Ich musste glauben, dass er mich beschützen würde.

Manchmal muss ich diese Wahrheit neu in mir aufnehmen. Unsere Welt ist voller schlechter Nachrichten und Gefahren, aber wir können dem Herrn vertrauen, dass er mit uns ist und uns auf unserem Weg durch die Wüste beschützt. Er wird uns nach Hause ins Vaterhaus führen. Selbst wenn wir sterben, müssen wir uns nicht fürchten, denn der Herr, unser Gott, ist mit uns. Er wird uns wie sein Lamm im Saum seines Hirtenmantels durchtragen.[2]

Ich bete für dich, dass du neue Zuversicht schöpfst und glauben kannst, dass der gute Hirte dich beschützen wird und dass er für dich sorgt, weil er mit dir durch dein Leben geht – durch jede Wüste, Dunkelheit und sogar durch den Tod. Nimm seine Hand und höre auf seine Worte: „Vertraue mir! Ich werde dich beschützen! Ich kümmere mich um dich!"

---

[2] Vgl. Jesaja 40,11.

Tag 35

Raum für dich – Für immer verändert

Vielleicht war es gestern nicht leicht, wieder in deine Höhle zu gehen, aber ich möchte dich daran erinnern, dass Heilung Zeit braucht.

Heute ist ein neuer Tag. Ich musste lernen, in diesem neuen Leben zu leben, das der Herr für mich vorbereitet hat, und ich möchte dich ermutigen, einen Blick in das Neue zu werfen.

Die 35. Begegnung

Am Abend saßen wir wieder an unserer Feuerstelle und schauten uns den Sonnenuntergang an. Als ich in meinem Zelt lag, konnte ich lange Zeit nicht einschlafen. Ich fragte Jeschua nach Mose, was er noch mit dem Vater im Zelt am Fuße des Berges zu besprechen hatte, und wann er wieder auf den Gipfel kommen würde. Wieder wusste Jeschua die Antwort, denn er kannte beide gut, den Vater und Mose. Er begann, mir von Mose zu erzählen und davon, dass er ihn mit Namen kannte. Sein Name bedeutete: „Ich habe dich aus dem Wasser gezogen." Jeschua kannte auch seine Geschichte; er kannte ihn von klein auf.

Dann hielt er inne und sagte: „So wie dich, ich kenne dich mit Namen. Ich kenne dich. Ich weiß, woher du kommst und wohin du gehst. Ich war dein Begleiter, ich bin dein Begleiter und ich werde immer dein Begleiter sein."

Genau darum ging es auch bei Mose.

Mose wollte vom Vater wissen, ob er mit ihm gehen würde in das Land der Verheißung. Er wollte auf der Wüstenreise nicht ohne den Vater weitergehen, sondern lieber in dieser Wüste bleiben, als allein zu gehen. Der Vater versprach, ihnen voranzugehen und sie weiterzuführen. Er werde sie selbst in die Ruhe führen. „Wow!", dachte ich, als ich Jeschuas Worten zuhörte: Zur Ruhe, dahin wollte ich auch kommen. Ich fühlte mich oft so erschöpft von meinen alltäglichen

Lasten. Ich versuchte, alles zu managen und meine alltäglichen Aufgaben wie ein Hamster im Hamsterrad abzuarbeiten, nur dass sich das Rad immer schneller drehte, aber ich nie vorwärts kam in Richtung Ruhe. Hier bei meinem Freund fühlte ich mich der Ruhe nahe, nach der ich mich sehnte – nahe bei Jeschua, der mir mit sanfter Stimme alles über den Vater erzählte. Das beruhigte mein Herz.

Jeschua sprach zu mir über die Sehnsucht im Herzen. Auch Mose trug eine Sehnsucht im Herzen: Er wollte die Herrlichkeit des Vaters sehen. Langsam wurde ich müde, und im Halbschlaf, hörte ich die Worte: *„Es ist ein Raum bei mir auf dem Felsen, ein Raum für dich. In der Felskluft werde ich meine Hand über dich halten, bis ich vorübergegangen bin, und du darfst hinter mir herschauen, aber mein Angesicht darfst du nicht sehen."*[1]

Am nächsten Morgen hallten die gleichen Worte in mir wider: „Da ist ein Raum für mich." Wie oft hatte ich mir gewünscht, dass jemand diese Worte zu mir sagt: „Komm zu mir, da ist ein Raum für dich! Dort bist du in Sicherheit. Ich habe Zeit für dich."

Ich öffnete meine Augen und hörte draußen die Stimme Jeschuas, die meinen Namen rief. Schnell stand ich auf und lief aus dem Zelt. „Komm!", rief er und winkte mir zu: „Ich will dir etwas zeigen!"

Wir gingen das kleine Stück bergauf zur Höhle. Dieses Mal hatte ich keine Angst mehr. Aber ich war aufgeregt und gespannt, was er mir zeigen wollte. Wir blieben vor der Höhle stehen. Er sah mich an und sagte: „Geh hinein! Da ist ein Raum für dich ..."

Ich ging hinein und Kerzenlicht erhellte die Höhle. Aber je weiter ich ging, desto weniger sah der Raum wie eine Höhle aus. Gerahmte Bilder hingen an den Wänden, in der Mitte stand ein festlich gedeckter Tisch auf einem roten Teppich. Unser Frühstück stand darauf und in der Mitte des Tisches strahlte ein siebenarmiger Kerzenleuchter. Weiter hinten gab es ein Bücherregal und auf dem Boden lagen Sitzkissen in einer gemütlichen Ecke. All das nahm ich wahr, während leise Musik den Raum erfüllte. „Wow!", dachte ich, als ich mir jedes Detail ansah.

---

[1] Vgl. 2. Mose 33,21-23, hier frei formuliert.

Ich ging von einem Bild zum nächsten. Da war eine Momentaufnahme vom Garten mit dem Pinguin, der gerade ins Wasser sprang, und noch eins vom Geparden, der in die Wüste floh. Staunend schaute ich auf die Bilder: Ich sah den Brunnen El Roi und den Fluss, der durch die Wüste floss. Ich sah Levantino mit dem kleinen Mädchen auf dem Rücken. Ich sah das Vaterhaus mit den Schaukelstühlen auf der Veranda und dem Schild über der Eingangstür auf dem „Herzlich Willkommen" stand. Das letzte Bild zeigte den Sonnenaufgang, den wir gestern von hier oben gesehen hatten. Ich war überwältigt. Mit wie viel Liebe hatte Jeschua diesen Raum gestaltet und die Bilder eingerahmt. Es war unglaublich, wie er das alles seit gestern geschafft hatte. Vermutlich hatte er die ganze Nacht kein Auge zugemacht.

Ich wandte mich ihm zu, um ihm zu danken, aber mir fehlten die Worte. Wir setzten uns an den festlich gedeckten Tisch und aßen gemeinsam unser Frühstück. Immer wieder ließ ich meinen Blick durch die Höhle schweifen; dies war ein anderer Ort geworden. Es war nicht mehr der Ort meiner Gefangenschaft. Es war jetzt mein Raum, ein Ort, der die Bilder meiner Begegnungen mit meinem Freund Jeschua an seinen Wänden trug. Ich konnte mich nun gar nicht mehr an die Angst erinnern, die ich hier empfunden hatte, so sehr hatte sich dieser Raum verändert. Ich war völlig überwältigt.

Als wir mit dem Essen fertig waren, erklärte Jeschua, Mose werde bald kommen, um sich mit dem Vater zu treffen. Ich solle hier in der Höhle bleiben und warten. Von hier aus würde ich alles hören können, was sie besprachen, aber ich war verborgen. Das sei besonders wichtig, denn diese Begegnung mit dem Vater sei etwas ganz Besonderes und Persönliches, und Mose solle sich nicht beobachtet fühlen.

„Klar", sagte ich und nickte.

Jeschua hatte noch etwas zu erledigen, aber mir würde bestimmt nicht langweilig werden. Sicher würde ich im Bücherregal etwas finden, das mich interessierte. Hier sei ich sicher und mit allem versorgt, sagte Jeschua mit einer ausholenden Handbewegung, bevor er die Höhle verließ. Ich schaute mich noch einmal um und sah, was er alles für meine Zeit hier vorbereitet hatte: Die Obstschale auf der Festtafel und einige andere Köstlichkeiten standen dort unter Hauben abgedeckt bereit, und sogar ein paar Getränke waren vorhanden. Er hatte an alles gedacht. Dann schlenderte ich zum Bücherregal hinüber, nahm mir ein Buch und machte es mir in der Sitzecke bequem. Zufrieden und glücklich lehnte ich mich zurück und begann zu lesen.

~~~~~~~

Als ich diese Begegnung schrieb, konnte ich meine Tränen nicht zurückhalten. Ich spürte die Liebe Gottes in einer ganz besonderen Weise. Er hatte die Höhle in einen wunderschönen Ort verwandelt, nur für uns.

Heute bete ich, dass du die Liebe des Vaters erfährst, wenn er deine Höhle in etwas Neues verwandelt. Er kann Schönheit aus Asche erschaffen.[2] Du denkst vielleicht, dass ich deine Geschichte nicht kenne. Ja, das stimmt, aber ich kenne denjenigen, der dich und deine Geschichte kennt.

Wüstenblumen: Persönliche Schritte für dich

Ich kenne dich beim Namen

Als Mose am Berg Horeb mit Gott sprach, sagte er zu ihm: „Ich kenne dich mit Namen." Gott kannte Mose vom ersten Augenblick seines Lebens an. Er hatte seine ganze Geschichte gesehen: Wie seine Eltern versuchten, ihn zu retten, wie er in einem Korb auf das Wasser gesetzt und von der Tochter des Pharaos gefunden wurde. Gott hatte gesehen, wie Mose in zwei verschiedenen Kulturen und Religionen aufwuchs, schließlich zum Mörder wurde und in die Wüste floh. Er hatte jeden einzelnen Tag dieser vierzig Jahre Wüstenleben miterlebt. Als Gott zu Mose sprach und sagte: „Ich kenne dich mit

[2] Vgl. Jesaja 61,3.
~~~~~~~

Namen", sagte er ihm damit, dass er von seinem Schöpfer voll und ganz gekannt war.

Was ist die Bedeutung deines Namens? Was hörst du, was Gott über dein Leben spricht? Als ich eine neue Definition meines Namens herausfand, änderte das die Perspektive meines Denkens. Aber mehr noch als die Bedeutung meines Namens hat mich die Gewissheit der Liebe des Vaters verändert. Gott weiß, was ich durchgemacht habe. Er weiß auch, was du durchgemacht hast – was du jetzt gerade durchlebst und was du in Zukunft erleben wirst.

In Psalm 139 beschreibt König David, dass Gott uns schon gesehen hat, bevor wir überhaupt geboren wurden. Er hat uns im Schoß unserer Mutter bereitet und kennt jeden einzelnen Tag unseres Lebens. Er verspricht dir, dass er bei allem, was du durchmachst, bei dir sein wird, bis du im Vaterhaus angekommen bist.

Er wird dich zur Ruhe führen

Mose bat Gott, ihn mit dem ganzen Volk durch die Wüste zu führen. Wenn nicht, sagte er, würde er lieber in der Wüste bleiben – ohne Gott wollte er nirgendwo hingehen. Mose lernte in seinem Leben, dass es keinen Sinn macht, ohne Gott zu gehen. Er wusste, dass er ohne Gott niemals in der Lage sein würde, das Volk Israel in das Gelobte Land zu führen. Auch ich weiß, dass ich mein Leben nicht ohne Gott werde meistern können. Ohne Gott will und werde ich nirgendwo hingehen können. Ich brauche ihn und seine Gegenwart ständig in meinem Leben. Er ist wie die Luft, die ich zum Atmen brauche. Er ist wie die Sonne, die den Beginn eines neuen Tages in meinem Leben zeigt. Er ist das Wasser, das meinen Durst stillt; ohne ihn würde ich verdursten. Er ist meine Kraft, meine Nahrung, meine Lebensquelle. Er bringt mich in Bewegung, er bringt mich zum Lächeln. Er ist mein Ein und Alles. Ein Tag in seiner Gegenwart ist besser als tausend sonst wo.[3]

---

[3] Vgl. Psalm 84,11.

Es mag für dich seltsam klingen, aber das ist das Ergebnis meiner Wüstenreise. Er ist mit mir durch die Wüste gegangen, und er will auch mit dir gehen. Er will uns in das Verheißene Land führen. Nimm seine Hand und lass dich von ihm führen. Vielleicht fühlst du dich manchmal im Leben überfordert, weil du dich wie der kleine Hamster im Rad fühlst. Lass den Herrn deinen endlosen Kreislauf stoppen und erlaube ihm, dich zur Ruhe zu führen. Er sehnt sich danach, jeden Tag deines Lebens mit dir zu verbringen.

Ich schöpfe und lebe aus diesen Ruhezeiten mit dem Herrn. Diese Zeiten stärken mich, damit ich mich der Verantwortung in meinem Leben stellen kann. Eines Tages wird er zurückkommen und uns mit sich zum Vater nehmen. Dort werden wir unsere ewige Ruhe finden. Aber denke nicht, dass das langweilig sein wird; es wird der Beginn eines endlosen Abenteuers sein. Ich weiß, dass es noch so viel mehr gibt. Hier auf der Erde und in der Ewigkeit, wo auch immer wir sind, die Hauptsache ist, dass er bei uns ist.

Es gibt einen Raum für dich

Ich hätte nie gedacht, dass sich eine Höhle in einen schönen und sicheren Ort verwandeln kann, aber genau das hat der Herr getan. Ich war tief berührt von seiner Liebe in dieser Begegnung, als ich all die gerahmten Bilder von unseren Abenteuern entdeckte. Der Herr macht Schönheit aus Asche. Es gibt so viele Erinnerungen an seine Gegenwart während unserer Wüstenreise. Es gibt so viele Erinnerungen in meinem Leben, in denen der Herr etwas Hässliches und Schmerzhaftes in etwas Neues und Heilsames verwandelt hat. Als er in diese Situationen hineinkam, spürte ich, wie er mein Herz Schritt für Schritt wiederherstellte. Diese Erinnerungen sind wie Schätze.

Ich möchte dich einladen, einen Moment lang über die schmerzhaften und herausfordernden Situationen in deinem Leben nachzudenken und darüber, wie der Herr sie in etwas Neues verwandelt hat oder wie er sie für dich verwandeln könnte. Versuche dir vorzustellen, wie er die Erinnerungen an deine lebensverändernden Erfahrungen mit ihm einrahmen würde. Versuche dir den Raum vorzustellen, den er für dich geschaffen hat. Wie könnte er aussehen? Was würdest du brauchen, um dich sicher und geborgen zu fühlen? Was sollte dort sein, damit du Ruhe und Erfrischung findest? Gibt es etwas zu essen? Wie sehen die Sitzgelegenheiten aus? Welche Farben gefallen dir, und welche Temperatur ist richtig? Vielleicht brauchst du eine Decke, die du um dich wickeln kannst. Welche Farbe hat sie? Versuche dir vorzustellen, wie sie sich auf deiner Haut anfühlt. Versuche, dir das Material vorzustellen. Ist es weich und glatt oder gibt es raue Stellen? Wie sieht deine Decke aus? Ist sie schön mit verschiedenen Farben oder einfarbig? Wie fühlst du dich mit dieser Decke? Ist sie warm wie eine Umarmung oder erfrischend kühl wie eine leichte Brise?

Ich bete, dass der Herr dir genau in diesem Moment das gibt, was dein Herz zur Heilung braucht. Ich bete, dass du seine liebevolle Umarmung erlebst und dass sein Strom der Heilung und Freude in dein Herz fließt. Ich bete für die Wiederherstellung von Hoffnung und Freude. Ich bitte den Vater, einen sicheren Ort in deinem Herzen zu schaffen.

Wenn du jetzt in Not bist, bete ich für einen sicheren Ort, an dem du geborgen bist. Ich bete für deinen Schutz und spreche den Segen des Vaters aus 4. Mose 6,24-26 über dir aus:

Der HERR segne dich und behüte dich;
der HERR lasse sein Angesicht leuchten über dir
und sei dir gnädig;
der HERR hebe sein Angesicht über dich
und gebe dir Frieden.

Woche 6

Triff den eifersüchtig liebenden Gott am Berg

Und der HERR sprach zu Mose: Haue dir zwei steinerne Tafeln zu, wie die ersten waren, dass ich die Worte darauf schreibe, die auf den ersten Tafeln standen, welche du zerbrochen hast. Und sei morgen bereit, dass du früh auf den Berg Sinai steigst und dort zu mir trittst auf dem Gipfel des Berges. Und lass niemand mit dir hinaufsteigen; es soll auch niemand gesehen werden auf dem ganzen Berge. Auch kein Schaf und Rind lass weiden gegen diesen Berg hin.

Und Mose hieb zwei steinerne Tafeln zu, wie die ersten waren, und stand am Morgen früh auf und stieg auf den Berg Sinai, wie ihm der HERR geboten hatte, und nahm die zwei steinernen Tafeln in seine Hand. Da kam der HERR hernieder in einer Wolke und trat daselbst zu ihm. Und er rief aus den Namen des HERRN.

Und der HERR ging vor seinem Angesicht vorüber, und er rief aus: HERR, HERR[1]*, Gott, barmherzig und gnädig und geduldig und von großer Gnade und Treue, der da Tausenden Gnade bewahrt und vergibt Missetat, Übertretung und*

---

[1] Wo hier HERR steht, steht im Urtext Jahwe, also: *ICH BIN, ICH BIN … barmherzig und gnädig …* – interessant, finde ich, womit er seinen Namen hier identifiziert: Gnade, Barmherzigkeit, Güte, Treue, Vergebung – das ist der große ICH BIN.

Sünde, aber ungestraft lässt er niemand, sondern sucht die Missetat der Väter heim an Kindern und Kindeskindern bis ins dritte und vierte Glied.

Und Mose neigte sich eilends zur Erde und betete an und sprach: Hab ich, HERR, Gnade vor deinen Augen gefunden, so gehe der Herr in unserer Mitte, denn es ist ein halsstarriges Volk; und vergib uns unsere Missetat und Sünde und lass uns dein Erbbesitz sein.

Und der HERR sprach: Siehe, ich will einen Bund schließen: Vor deinem ganzen Volk will ich Wunder tun, wie sie nicht geschaffen sind in allen Landen und unter allen Völkern, und das ganze Volk, in dessen Mitte du bist, soll des HERRN Werk sehen; denn wunderbar wird sein, was ich an dir tun werde.

Halte, was ich dir heute gebiete. Siehe, ich will vor dir her ausstoßen die Amoriter, Kanaaniter, Hetiter, Perisiter, Hiwiter und Jebusiter. Hüte dich, einen Bund zu schließen mit den Bewohnern des Landes, in das du kommst, damit sie dir nicht zum Fallstrick werden in deiner Mitte; sondern ihre Altäre sollst du umstürzen und ihre Steinmale zerbrechen und ihre heiligen Pfähle umhauen; denn du sollst keinen andern Gott anbeten. Denn der HERR heißt ein Eiferer; ein eifernder Gott ist er.

Hüte dich, einen Bund zu schließen mit den Bewohnern des Landes, damit sie, wenn sie ihren Göttern nachlaufen und ihnen opfern, dich nicht einladen und du von ihrem Opfer isst und damit du für deine Söhne ihre Töchter nicht zu Frauen nimmst und diese dann ihren Göttern nachlaufen und machen, dass deine Söhne auch ihren Göttern nachhuren! Du sollst dir keine gegossenen Götterbilder machen.

Das Fest der Ungesäuerten Brote sollst du halten. Sieben Tage sollst du ungesäuertes Brot essen, wie ich dir geboten habe, zur Zeit des Monats Abib; denn im Monat Abib bist du aus Ägypten gezogen (2. Mose 34,1-18).

Tag 36

Gottes Name – Gott begegnen

Gott bereitete für Mose einen Raum vor, an dem er ihn in seiner Herrlichkeit vorbeiziehen sehen würde. Für mich wurde dieser Raum in der Felskluft zu einem Symbol dafür, wie der Herr unser Leben verändern kann, wenn wir mit ihm unterwegs sind.

In 5. Mose 32,4 lesen wir, dass der Herr der Fels ist. Er ist unsere Zuflucht, unser Schutz. Ich dachte immer, ich müsste höher hinauf und mich nach dieser einzigartigen Begegnung mit Gott ausstrecken, wie Mose es tat, aber Jesus kommt zu mir, um in mir zu wohnen, und er lädt mich ein, in ihm zu wohnen. Er hat diesen Raum für mich in sich selbst vorbereitet. In Jesus, unserem festen Felsen, ist dieser Ort der Begegnung. Schauen wir uns an, wie die Begegnung für Mose ausgesehen haben könnte.

Die 36. Begegnung

Ich war neugierig. Als ich draußen ein Geräusch hörte, schlich ich mich in Richtung Höhleneingang. Vorsichtig schaute ich um die Ecke und sah Mose, wie er sich zum Gipfel hochschleppte. In seinen Händen trug er zwei große Steinplatten. Der Aufstieg mit dem Gewicht der Platten und ohne freie Hand, um sich abzustützen, war offensichtlich ziemlich anstrengend. Draußen war es, als läge ein dichter Nebel über dem Berg. Nein, es war kein Nebel! Ich spürte, dass es etwas viel Größeres war: Die Wolke der Gegenwart Gottes senkte sich wieder einmal auf den Gipfel. Ich zog mich schnell in meine Höhle zurück, denn ich wusste, dass nun der König kommen würde.

Dann hörte ich die mächtige, dröhnende Stimme des Königs. Er rief seinen eigenen Namen laut aus: „JAHWE, der HERR, der starke Gott."

Es war ein heiliger Moment, als ich auf die Stimme des Königs hörte. Ich konnte kaum atmen. So sehr ich den Vater auch liebte, so sehr fürchtete ich den König. Es war keine Angst in dem Sinne, dass ich befürchtete, er würde mir etwas Böses antun. Nein, es war vielmehr die Gewissheit, dass hier der Herrscher des Alls in seiner Herrlichkeit auf den Gipfel des Berges herabgekommen war. Er war nicht nur irgendein König oder Kanzler. Nein! Er war der Schöpfer der Welt, des Universums, der alle Macht hat und dem alles untertan ist.

Dann hörte ich ihn seine Wesenszüge laut verkünden, dass er barmherzig und gnädig ist, langsam zum Zorn und von großer Gnade, überreich an Liebe und Treue. Es war, wie wenn sich zwei Personen zum ersten Mal begegnen und sich gegenseitig vorstellen. So sprach Gott zu Mose, der so sehr mit der Schuld und dem Versagen des Volkes zu kämpfen hatte. Was für ein Versprechen des Königs! Er verdammte sein Volk nicht. Stattdessen verkündete er seine Gnade, seine Vergebungsbereitschaft, aber auch seine Gerechtigkeit und Strafe.

Das war mir zu groß, zu heilig. Ich war froh, dass ich in meinem Versteck nichts sehen konnte. Sonst hätte mich das Ganze umgehauen. Aber in meinem Inneren stellte ich mir den König vor, wie er auf einem großen Thron sitzt, seine Herrschaftskrone trägt und sein Zepter Mose und dem Volk als Zeichen seiner Vergebung und Barmherzigkeit entgegenstreckt. Die Israeliten hatten den Tod verdient, aber Gott schenkte ihnen das Leben. Das war Gnade. Auch mir war Gnade widerfahren, als Jeschua mir den Ring des Vaters wieder an den Finger gesteckt hatte – so war seine unendliche Liebe!

Nach einer kurzen Stille hörte ich die Stimme Moses, wie er um Vergebung bat, um Annahme des Volkes und darum, dass Gott mit ihnen in ihrer Mitte ziehen möge. Ich verstand Mose und spürte in meinem Herzen den Wunsch und die Sehnsucht, dass Gott auch mit mir weitergehen würde. Auch ich wollte den mächtigen König bei mir haben, wenn ich meines Weges ging, damit er mir den Weg zeigen konnte. Dann dachte ich an Jeschua, und Dankbarkeit erfüllte mich. Er hatte mir dieses Versprechen bereits gegeben, und ich hatte erfahren, dass er an meiner Seite war. Wieder erinnerte ich mich an seine Worte: „Der Vater und ich sind eins."

Die Stimme des Königs hallte noch einmal laut herab: *„Ich schließe einen Bund mit dir; ich verbinde mich mit dir und mit dem Volk, wir* *gehören zusammen. Ihr werdet meine Wunder sehen. Ich habe große Dinge mit dir vor."*[1]

Gespannt hörte ich ihm zu, obwohl ich mich nicht anstrengen musste, um die Worte zu verstehen, denn sie waren laut, voller Kraft und Autorität. Ich spürte, dass hier etwas Großes vor sich ging. Es war nicht nur ein Versprechen, sondern ein göttlicher Befehl, ein Erlass des Königs, dem sich alle beugen mussten.

Er sprach weiter, und dann hörte ich wieder einen seiner Namen: „Qanna" – der Eifersüchtige.[2]

Der König wollte nicht, dass sich das Volk mit anderen Göttern einlässt. Er beschrieb, was das Volk erwarten würde, wenn es sich auf den Weg ins Gelobte Land machte. Sie würden anderen Göttern begegnen, und dann kam es darauf an, wie sie sich verhielten. Sie sollten die Gedenksteine und Standbilder dieser falschen Götter umstoßen und zerbrechen.

Das warf Fragen in mir auf: Was würde das für mich bedeuten? Wo würde ich auf feindselige Menschen treffen? Würde ich ihre falschen Götter erkennen? Darüber wollte ich unbedingt mit Jeschua sprechen und ihn bitten, mir zu helfen. Wie oft hatte ich schon versagt? Ich wusste, dass ich es nicht allein schaffen würde, und ich war dankbar, dass ich es nicht allein schaffen musste.

Der König wiederholte das Gesetz, das auf den Steintafeln stand, die Mose mitgebracht hatte. Ich kannte diese Worte bereits, aber dann ließ mich ein bestimmter Satz innehalten. Der König versprach, das feindliche Volk zu vertreiben, wenn das ganze Volk dreimal im Jahr vor ihm, dem Herrscher, dem Herrn, dem Gott Israels, erscheinen würde.

„Dann", sagte er „werde ich eure Grenzen erweitern, und niemand soll euer Land begehren."

Was für ein Versprechen. Könnte das auch für mich gelten? Würde der König auch den Feind vor mir vertreiben, das, was mich noch immer plagte, aus dem Weg räumen? Würde er auch mir ein Land

---

[1] Vgl. 2. Mose 34,10, hier frei formuliert.

[2] Vgl. Worterklärung AT der Elberfelder Studienbibel #7224 (qanna): „eifern, eifersüchtig". Vgl. auch 2. Mose 34,14.

zum Besitz geben? Was für ein Land würde das sein? Es wäre ein Land, das niemand anderes begehren wird, ein Land, das mir niemand wegnehmen würde, da der König versprach, die Grenzen dieses Landes zu schützen. Und er würde meine Grenzen nicht nur schützen, sondern sie sogar noch erweitern! Wann würde für mich die Zeit kommen, in das Land in dem Milch und Honig fließen, weiterzuziehen? War es auch für mich an der Zeit, meine Wüste hinter mir zu lassen und in ein neues Land aufzubrechen? Nachdenklich zog ich mich in meine Leseecke zurück und ließ mich auf die weichen Kissen fallen, mein Herz voller Verheißungen und mein Kopf voller Fragen.

~~~~~~~

Kannst du dir vorstellen, dem lebendigen Gott zu begegnen, wie es Mose tat? Am Kreuz bereitete Jesus uns den Weg dazu und wurde zu unserem Felsen, unserem geheimen Ort des Bleibens. Lasst uns den Raum betreten, der für uns vorbereitet wurde. Lasst uns auf das hören, was er heute durch die Worte, die er zu Mose gesprochen hat, zu unseren Herzen spricht.

Wüstenblumen: Persönliche Schritte für dich

Sein Name

Wenn wir Gott begegnen, möchten wir wissen, mit wem wir es zu tun haben. In 2. Mose 34,6 lesen wir, wie der Herr sich vorstellte, als er in der Wolke herabstieg: *„Und der HERR ging vor seinem Angesicht vorüber, und er rief aus: HERR, HERR, Gott, barmherzig und gnädig und geduldig und von großer Gnade und Treue“*.

Auf unserer Reise haben wir all diese Eigenschaften bei Jeschua und dem Vater gesehen. Auch ich habe den dreieinen Gott in meinem Leben auf diese Weise erfahren. Ich kenne ihn mit Namen. Aber ich möchte ihn noch besser kennenlernen.
~~~~~~~

Ich fühle die Einladung, ihn zu bitten, mir und dir zum Beispiel neu in seiner überreichen Güte zu begegnen. Möchtest du Gott noch mehr kennenlernen? Sehnst du dich danach, Gott, den Barmherzigen, den Gnädigen, den Langmütigen, treuen Gott zu kennen?

Bitte ihn, dir seinen Namen zu offenbaren. Ich glaube, er zeigt uns gerne, wer er ist. Als Menschen haben wir so viele verwirrende Bilder in unseren Köpfen, aber passen diese Bilder dazu, wer und wie er wirklich ist? Was ist dein Bild von ihm? Manchmal bin ich mir nicht sicher, wie ich die beiden Bilder zusammenbringen soll: den liebenden Vater und den König der Könige. In Vers 7 lesen wir, wie barmherzig, fürsorglich und vergebend Gott ist. Das habe ich in der Begegnung und auch in meinem Leben erfahren. Ich trage immer noch seinen Ring an meinem Finger, dieses kleine Zeichen der Barmherzigkeit und Wiederherstellung.

Ich möchte dich heute dazu ermutigen, dich an seine Barmherzigkeit und Vergebung zu erinnern. Ich bete dafür, dass du ihn immer besser kennenlernst. Vielleicht kannst du einige Zeit damit verbringen, über seinen Namen zu meditieren: „El Qanna", der eifersüchtige, leidenschaftlich liebende Gott. Eifersucht ist nicht immer zerstörerisch. Hier ist sie ein Zeichen von Gottes Liebe und seinem Wunsch, dass sein Volk seine Braut ist und allein auf ihn als ihren Bräutigam schaut.

Das Bündnis

Auf dem Berggipfel gibt Gott seinem geliebten Volk einen neuen Bund. Die Steintafeln sind wie ein Vertrag, ähnlich wie bei einer Hochzeit, bei der Braut und Bräutigam ihren Bund unterschreiben müssen. Hast du ihn schon unterschrieben? Es geht nicht darum, Regeln zu erfüllen. Es geht um Liebe, wie in der Ehe.

Mose und das Volk Israel mussten eine Entscheidung treffen. Gott warnte sie auch davor, mit den Bewohnern des Landes, durch das sie ziehen würden, Bündnisse oder gegenseitige Vereinbarungen zu schließen. Das ist auch eine Mahnung für uns, wenn wir uns auf den Weg zum Haus des Vaters machen. Wir müssen vorsichtig sein mit dem, was die Bewohner der Welt uns anbieten. Gott will, dass wir ihn allein anbeten. Ich muss mich oft fragen, ob mein Herz ganz ihm gehört, wenn ich durch diese verrückte Welt gehe. Bete ich ihn an, oder bin ich versucht, jemanden oder etwas anderes anzubeten?

Der Herr befahl Mose, sie sollten die Altäre zerstören und ihre Götzen in Stücke schlagen. Wir sollten den Herrn bitten, uns zu zeigen, was das für uns bedeutet. Vielleicht siehst du ein inneres Bild dessen, was der Herr möchte, dass du es abreißt und zerstörst. Mir hat er zum Beispiel gezeigt, dass ich in meinem Leben weder Symbole anderer Religionen, wie z. B. kleine Buddhas, in meiner Wohnung akzeptieren kann, noch den Einfluss der Freimaurerei in meiner Familienlinie. Ich möchte in den Dingen, mit denen ich mich umgebe, rein sein. Einige Dinge kann ich praktisch tun, wie z. B. bestimmte Gegenstände wegwerfen, andere kann ich im Gebet vor Gott bringen. Ich habe den Herrn gebeten, mir solche Altäre in meinem Leben zu zeigen, damit ich Buße tun, um Vergebung bitten und sie vollständig entfernen kann. In seinem Wesen, das in seinem Namen Ausdruck findet, ist er eifersüchtig, aber auch barmherzig.

Das Versprechen

Wenn wir 2. Mose 34 lesen, entdecken wir viele Verheißungen. Erstens sagte er zu Mose, er werde Wunder tun, die noch niemand auf der Welt gesehen habe. Unser Herr Jesus hat Wunder getan, die die Welt nicht gesehen hat, und er wird durch seine Nachfolger weiterhin Wunder tun, bis er wiederkommt.

Auf welches Wunder wartest du? Kannst du dir ausmalen, wie der Herr seine Verheißung erfüllen wird? Kannst du dir vorstellen, dass dein Wunder zu einem Zeugnis seiner Herrlichkeit vor allen Völkern wird, sodass jeder sehen wird, dass es das Werk des Herrn ist? Stell dir das vor – *vor allen,* sodass jeder sehen wird, dass es das Werk des Herrn ist. Es geht nicht um das Wunder. Es geht nur um den Herrn!

> *Und der HERR sprach: Siehe, ich will einen Bund schließen: Vor deinem ganzen Volk will ich Wunder tun, wie sie nicht geschaffen sind in allen Landen und unter allen Völkern, und das ganze Volk, in dessen Mitte du bist, soll des HERRN Werk sehen; denn wunderbar wird sein, was ich an dir tun werde* (2. Mose 34,10).

Ein weiteres Versprechen ist, dass er den Feind vertreiben und unsere Grenzen erweitern wird. Gibt es einen Feind, der noch einen Teil deines verheißenen Landes bewohnt? Lass uns den Herrn bitten, den Feind aus unserem Land zu vertreiben, wie er es in seinem Wort versprochen hat. Wie denkst du über deine Grenzen? Sind sie weit oder einengend? Vielleicht wartest du auf den Einen, der deine Grenzen erweitern wird. Denke daran, dass wir mit neuen Grenzen auch mehr Verantwortung für unser neues Land bekommen werden. Lasst uns den Herrn um seine Grenzen bitten und auch um seine Kraft, dieses erweiterte Land zu betreten.

Manchmal fühle ich mich überwältigt von der Verantwortung, die der Herr mir übertragen hat. In diesen Momenten muss ich erkennen, dass es nicht auf meine Stärke, sondern auf seine Macht ankommt. In meiner Schwachheit muss ich in der Kraft des Herrn wandeln, damit er in mir größer wird, so wie meine Grenzen. Ich bete dafür, dass der Herr dir einen Einblick in dein Land und die umliegenden Grenzen gibt. Ich bete dafür, dass er dich zu den Verheißungen führt, die er für dich vorbereitet hat.

Tag 37

Abbas Mantel – Bedeckt mit Heiligkeit

Wir wollen heute einen weiteren Schritt vorwärts gehen. Gestern waren wir Teil dieser erstaunlichen Begegnung zwischen dem Herrn und Mose auf dem Berggipfel. Aber wir haben gemerkt, dass dies alles auch mit unserem Leben zu tun hat, dass es letztlich darum geht, wie eng wir mit unserem Herrn, dem Fels des Heils, leben. Er hat diesen sicheren Ort geschaffen, an dem wir ihm jeden Tag begegnen können. Als ich diese kleinen Begegnungen schrieb, fand ich im 2. Buch Mose einen weiteren Schatz, den ich mit dir teilen möchte.

Die 37. Begegnung

Ich lag in den weichen Kissen und dachte über die Begegnung Moses mit dem König nach. Wie hatte er ihn, den König, gesehen? Mose wollte die Herrlichkeit des Königs sehen, aber es war ihm nicht erlaubt, ihn direkt von Angesicht zu Angesicht zu sehen. Während der König an ihm vorbeiging, hatte Mose vorne am Höhleneingang, versteckt in der Felsnische, gestanden. Dann hatte er ihm hinterher sehen dürfen. Was hatte Mose nun gesehen? Wie hatte er den König erlebt? War es wie bei mir mit dem Vater? Nein, es muss anders gewesen sein. Ich hatte einen Unterschied in ihren Stimmen gehört. Diese Begegnung war größer, herrlich und heilig. Ein leichter Schauer überkam mich bei der Ahnung der Größe dieser Begegnung.

Ich schaute mich um und fand etwas Weiches neben mir; ich dachte, es sei eine Decke und wickelte mich darin ein. Die Decke war warm und weich und lila, und sie war von einem weißen, wollweichen Saum umgeben. Sofort wurde mir warm und eine Schwere überkam mich, sodass ich vor Müdigkeit einschlief. In meinem Traum sah ich Mose vorne in der Felskluft der Höhle stehen, und die riesige Hand des Königs bedeckte ihn wie ein Schirm. Hier war er sicher und geborgen.

Es war ein wunderschönes Bild von einer großen, starken Hand, die Schutz spendet.

Dann sah ich den König an ihm vorbeiziehen, sein Mantel wallte bei jedem seiner Schritte, der Saum seines Mantels bedeckte den Berggipfel. Er hob seine Hand, und Mose trat vor die Höhle und sah hinter ihm her. Alles, was er sehen konnte, war der riesige Saum seines Gewandes, der direkt vom Thronsaal herabzuwallen schien. Dieser Moment war so kostbar, dass Mose sich hinter dem König auf den felsigen Boden niederwarf. Als ich aufwachte, hatte ich meine Hände fest in den Stoff der Decke geklammert und dachte augenblicklich an den Mantel des Königs.

Ich streckte mich ein wenig und griff zum Bücherregal. Ich erkannte das Buch, das Jeschua mir im Vaterhaus gezeigt hatte, und blätterte Seite für Seite durch. Ich fand viele Skizzen und Beschreibungen des wunderschönen Zeltes, das Mose und das Volk für den Vater bauen sollten, damit er mit ihnen auf die Reise gehen konnte. Fasziniert las ich, wie das Zelt gebaut werden und was darin aufbewahrt werden sollte. Da wollte ich unbedingt dabei sein und mit meinen eigenen Augen sehen, wie sie es für den König bauten.

Dann las ich, was Moses Bruder Aaron und dessen Söhne anziehen sollten, wenn sie ins Zelt kamen, um dem König zu dienen. Es war spannend zu lesen, wie er das Zusammenleben des Volkes regelte und wie seine Auserwählten ihm begegnen konnten. Überhaupt fand ich es interessant, dass Aaron ein so großes Amt übertragen wurde, nachdem er doch das goldene Kalb als einen Götzen für das Volk gegossen hatte. Auch das war Gnade, die überfließende Liebe des Königs. Aaron hatte versagt und bekam trotzdem eine große Aufgabe. Ihm und seinen Nachkommen in allen Generationen wurde die Ehre zuteil, für das Volk vor dem wahren Gott zu dienen und anbetend vor ihn zu treten.

Um in die Gegenwart des Königs einzutreten, sollten Aaron und alle zukünftigen Priester sich zuerst reinigen; er sollte den ganzen Staub und Schmutz abwaschen, der an ihm haftete. Dann wurde ihm das hohepriesterliche Gewand angelegt. Auch dieses sah wie ein Mantel aus blauem Purpur aus. Ich wusste, wie wichtig das Obergewand in der Wüste war, wenn es nachts kalt wurde; man konnte sich darin einwickeln und warmhalten, so wie ich mich gerade in diese wärmende Decke gekuschelt hatte.

Unten bei den Leuten hatte ich gehört, dass dieser Alltagsmantel „Abba"[1] genannt wurde. Bei diesem Gedanken wurde es mir ganz warm ums Herz, und ich kuschelte mich augenblicklich noch tiefer hinein in meine Decke. So schön war mir die Vorstellung, dass ich mich in den Mantel meines Vaters einhüllen konnte. Abba, so wie Jeschua seinen Vater nannte. Ich war mir nicht sicher, ob es dasselbe Wort war, aber es hörte sich zumindest so an. Der Mantel bot Wärme und Schutz. Bei dem Gedanken an den König spürte ich auch seine Heiligkeit und seine Macht, die mich umhüllen. Wie wäre es, wenn der König mich mit seiner Heiligkeit, Reinheit und Macht bedecken würde?

Ich las weiter über den Mantel des Hohepriesters. An ihm befanden sich Schulterstücke mit Onyxsteinen, in die die Namen der zwölf Stämme eingraviert waren. Auch auf dem Brustschild, das daran befestigt war, waren diese Namen auf zwölf Edelsteinen eingraviert. Auf diese Weise konnte der Hohepriester die Namen der Kinder Israels auf seinen Schultern und auf seinem Herzen tragen, wenn er in das Heiligtum, in die Gegenwart des Königs, eintrat. Als ich das las, war ich tief berührt. Wer trug meinen Namen in der Gegenwart des Königs? Ein anderer Gedanke regte sich in mir: Wessen Namen könnte ich dem König sagen, vor ihn tragen? Wie erstaunlich, ihn, den König, persönlich zu kennen und Vater zu nennen.

~~~~~~~

Dieses Kapitel ist voll von verschiedenen Kleidern. Heilige Kleidung. Da ist zunächst das Gewand des Königs. Die Kleidung von Königen und Königinnen ist kostbar und meist sehr teuer. Wir sehen sie vielleicht im Fernsehen und denken: „So werde ich nie gekleidet sein", aber halte einen Moment inne.

---

[1] Die Menschen in Israel nannten ihren Alltagsmantel „abba". Die Bauern trugen einen Mantel, den sie nachts um sich wickelten, und den nannten sie „abba". https://www.bibelkommentare.de/index.php?page=dict&article_id=4086
~~~~~~~

Wir sind vom König, unserem Vater, dazu berufen, unser Leben als Könige und Priester zu leben.[2] Was bedeutet das genau?

Wüstenblumen: Persönliche Schritte für dich

Der Saum des Königs

Bei der Begegnung träumte ich davon, wie Mose den König vorbeiziehen sah. Kannst du dir diesen Moment vorstellen? Versuche die Augen deines Herzens zu öffnen und das Gewand des Königs zu sehen. In Jesaja 6,1 können wir lesen, dass Jesaja sah, wie der Saum des königlichen Gewandes den Thronsaal füllte.

Ich möchte das mit meinen eigenen Augen sehen und dabei auf die Knie fallen und den Herrn, den König der Könige, anbeten. Seine Heiligkeit wäre zu viel für meine menschlichen Augen. Ich müsste von der Hand des Vaters bedeckt werden. In dieser schützenden Hand des Herrn sehe ich die Liebe des Vaters zu Mose. Gott ließ Moses Wunsch wahr werden, indem er es ihm ermöglichte, hinter ihm her zu sehen.

Was ist dein Traum von einer Begegnung mit dem heiligen Gott? Auf welche Weise sehnst du dich danach, den König der Könige zu sehen? Wir können Gott vielleicht noch nicht mit unseren natürlichen Augen sehen, bis er uns in die Ewigkeit mitnimmt, aber wir können ihn oder den Saum seines Gewandes schon mit unseren inneren Augen sehen. Ich bete dafür, dass der Herr uns die Augen des Herzens öffnet, damit wir ihn in seiner Majestät und Herrlichkeit wahrnehmen können.

Vielleicht kannst du Jesus sehen, wenn du deine Augen schließt. Kannst du dir vorstellen, wie er durch eine Menschenmenge geht und auf die kranke und einsame Frau aus

---

[2] Vgl. Offenbarung 1,6.

Markus 5,25-34 trifft? Sie wagte es, den Saum seines Gewandes zu berühren, um von ihrem Leiden, ihrer körperlichen Krankheit, ihrer Scham und ihrer Einsamkeit geheilt zu werden. Vielleicht kannst du dich mit dieser Frau identifizieren. Ich möchte dich ermutigen, die Hand auszustrecken, um den Saum des Königs zu ergreifen und die Heilung zu empfangen, die von unserem kostbaren König Jesus ausgeht. Kannst du dir vorstellen, wie er innehält und sich umdreht, um dich anzuschauen? Kannst du seine liebenden Augen sehen? Lass uns gemeinsam für das danken, was er für uns getan hat und mit jeder neuen liebevollen Berührung tun wird.

Die Hand des Vaters

Ich möchte einfach nur einen Moment unter der Hand des Vaters ausruhen. Ich liebe diese Beschreibung so sehr. Unter seiner Hand sind wir sicher. Es gibt so viele Bibelverse über Gottes Hand. Ich möchte dich ermutigen, sie laut zu lesen. Gottes Hand ist stark und mächtig. Nachdem er die Welt erschaffen hatte, formte er mit seinen Händen den Menschen.[3] Seine liebenden Hände haben uns geschaffen.

Wenn wir unter der Hand Gottes gehen, sind wir sicher und geborgen. Er wird uns mit seiner Hand retten.[4] Er hat uns in seine beiden Handflächen eingezeichnet.[5] Seine rechte Hand ist mächtig. Er hat die Wasser der Erde in der Mulde seiner Hand gemessen.[6] Er bedeckt seine Hände mit Blitzen.[7] Dieser mächtige Gott hat uns in die Hände seines geliebten Sohnes, Jesus, gegeben.[8]

---

[3] Vgl. 1. Mose 2,8.

[4] Vgl. 2. Mose 13,14.

[5] Vgl. Jesaja 49,16

[6] Vgl. Jesaja 40,12.

[7] Vgl. Hiob 36,32.

[8] Im Hohepriesterlichen Gebet in Johannes 17 spricht Jesus mit dem Vater über uns, seine Kinder, die der Vater in seine Hände gegeben hat. Er wiederholt diesen Gedanken mehrmals, zum Beispiel in Johannes 17,2.6.9.

Du kennst vielleicht das Kinderlied: „Gott hält die ganze Welt in seiner Hand." Ich glaube immer noch an diese Worte, die ich als Kind in der Sonntagsschule gelernt habe. Auch wenn die ganze Welt um mich herum auseinanderfällt, glaube ich immer noch, dass Gott mich in seiner starken und mächtigen Hand hält. Und ich glaube das auch für dich: Gott hält dich in seiner Hand.

Auf meinem Weg durch die Wüste gab es beängstigende Momente, in denen ich das Gefühl hatte, in ein riesiges, schwarzes Loch zu fallen. In diesen Momenten erinnerten mich meine Freunde daran, dass ich nie tiefer fallen kann als in die Hände des Vaters. Manchmal war es schwer, das zu glauben, aber er hat mich nie im Stich gelassen. Wenn ich heute auf diese Zeiten zurückblicke, kann ich bezeugen, dass er mich jedes Mal auffing, wenn ich fiel.

Heute möchte ich dies auch über dir aussprechen: Du kannst niemals tiefer fallen als in die Hand des Vaters. Diese Hand wird dich niemals loslassen. Er wird dich bedecken, wie er Mose bedeckt und wie er mich bedeckt hat. Sei gesegnet mit diesem Bild der Hand des Vaters, die dich behutsam hält, voller Liebe und Schutz.

Die Vorbereitung der Leviten

Um ehrlich zu sein, war ich etwas überrascht, dass Gott Aaron nicht aus seiner Hand fallen ließ, nachdem er mit seinen Händen das goldene Kalb als falschen Gott gemacht und dann das Volk Israel in eine so schreckliche Sünde geführt hatte. Und ehrlich gesagt, bin ich manchmal auch überrascht, dass er mich nicht aus seiner Hand gelassen hat, als ich auf Abwegen ging. Aber so ist unser Gott: voller Barmherzigkeit. Wenn wir zu ihm zurückkehren, wird er uns wieder in seine barmherzigen Hände aufnehmen. Wie Aaron und seine Söhne müssen wir unsere Herzen und Hände durch sein Blut reinigen. Und wie Aaron werden wir auch neue Kleider bekommen, damit wir in Gottes heiliger Gegenwart dienen können.

Morgen werden wir mehr über diese Kleidung und alles, was sie für uns bedeutet, lesen. Jetzt wollen wir erst einmal darüber nachdenken, dass der Herr uns dazu berufen hat, wie Könige und Priester in seiner Gegenwart zu leben. Er hat uns dazu berufen, mit ihm zu regieren. Wie können wir in Gerechtigkeit herrschen? Wir müssen ein Gewand der Demut tragen. Wir müssen uns unter die mächtige Hand Gottes demütigen.[9] Eines der mächtigsten Werkzeuge, um mit dem Herrn zu herrschen, ist, die Namen unserer Lieben im Gebet zu ihm ins Allerheiligste zu bringen. Ich bin dankbar für die Menschen, die im Laufe der Jahre für mich gebetet haben, bis ich Jesus und seine Heilung gefunden habe, und für die, die weiter für mich beten.

Heute möchte ich dich ermutigen, die Namen deiner Lieben auf deinen Schultern und deinem Herzen in die Gegenwart des Herrn zu tragen. Manchmal können wir nicht sehen, welche Wunder geschehen oder welche Antworten er schickt, aber ich bin mir sicher, dass es dem Herrn trotzdem gefällt, wenn wir ihm unsere Freunde, Familien, Nachbarn, Kollegen, Politiker und sogar unsere Feinde bringen.

Ich möchte dich heute mit dem Bild von Aaron zurücklassen, der die Namen der Stämme Israels auf seiner Schulter und Brust trägt. Versuche dir vorzustellen, wie er gekleidet zu sein, und mit den Namen, die der Herr auf deine Schulter und dein Herz gelegt hat, ins Allerheiligste zu treten. Stell dich einfach vor den Altar in Gottes Gegenwart und halte dort einen Moment inne.

---

[9] Vgl. 1. Petrus 5,6.

Tag 38

Leiden – Gottes Gerechtigkeit

Welche Kleidung trägst du heute? Während unserer Wüstenreise haben wir viel über Kleidung gesprochen. Damit die Israeliten Gott am Berg Horeb treffen konnten, mussten sie sich vorbereiten und die vom Wüstenstaub schmutzigen Kleider waschen.

Gestern haben wir über die besonderen Gewänder des Königs und die Gewänder der Leviten nachgedacht. Heute nähern wir uns dem Ende unserer Wüstenreise, und während ich diese Begegnungen geschrieben habe, hat mich der Herr auf Ostersonntag, die Feier seiner Auferstehung, vorbereitet.

Die 38. Begegnung

Ich verbrachte viele Tage in der Höhle und dachte über das nach, was ich gelesen hatte. Ich hatte von den köstlichen Speisen gegessen, die Jeschua für mich bereitgestellt hatte, und fühlte mich nun gestärkt und ausgeruht. Nach fast vierzig Tagen kam Jeschua zu mir zurück. Ich war so froh, seine Stimme zu hören und ihn zu sehen, aber ich erschrak, als er vor mir stand. Er sah ausgemergelt aus, sein Körper war mit Striemen und Wunden überzogen, sein Mantel zerrissen und blutgetränkt.

Wer hatte ihn nur so zugerichtet?

Ich spürte, wie Tränen und Wut in mir aufstiegen. Warum nur musste Jeschua so oft und so viel leiden? Ich verstand es nicht. Doch was ich in seinen Augen sah, war reine Liebe. Ich fragte ihn, ob er sich hinsetzen, etwas essen und ausruhen wolle. Ich holte einen Teller, um ihm etwas zu essen zu reichen, aber er lehnte ab, schüttelte nur den Kopf und sagte: „Es ist Zeit, Abschied zu nehmen."

Ich war verwirrt über das, was er sagte. Warum sollte ich mich verabschieden? Die Höhle! Es musste die Höhle sein. Ja, ich wusste, dass ich meine Höhle irgendwann verlassen musste, und wenn es heute wäre, wäre das auch okay. Ich war sowieso sehr gespannt, herauszufinden, was mich unten am Fuße des Berges erwartete. Ich wollte sehen, wie die Menschen die Pläne des Vaters umsetzten. Ich wollte ihnen bei der Arbeit über die Schulter schauen, und vielleicht könnte ich ja sogar ein bisschen helfen.

All das sprudelte aus mir heraus, aber dann sah ich ihn fragend an. Sein Gesichtsausdruck war ernst. Mit dem Abschied von der Höhle läge ich gar nicht so verkehrt. Es sei nun an der Zeit, aus der Höhle ins Sonnenlicht zu treten und weiterzugehen. Ich wollte schon losstürmen. In meiner Verzweiflung schlug ich ihm vor, dass wir zusammen mithelfen könnten am Zelt für den Vater, für den König, aber er schüttelte nur wieder den Kopf.

„Ich komme nicht mit. Es ist Zeit, Abschied zu nehmen – voneinander."

„Nein!" schrie ich. „Das kann nicht sein. Ohne dich kann ich nicht leben! Ohne dich will ich nicht leben! Ich will mit dir gehen. Wohin willst du denn gehen?"

Ich wollte ihm überallhin folgen! Ich brauchte ihn! Er war mein bester Freund, mein Begleiter. Er hatte mir versprochen, dass er mich nie verlassen würde. Ich war außer mir; das konnte doch alles nicht wahr sein. Aber tief im Inneren wusste ich, dass es so war. Ich sah, dass es ihm nicht gut ging. Der Vater hatte ihm einen besonderen Auftrag gegeben, und ich konnte den Weg, den er gehen musste, nicht mitgehen.

Tränen rannen über meine Wangen. „Warum?", fragte ich schluchzend. „Warum willst du mich verlassen?"

„Ich werde dich nicht verlassen. Ich werde immer bei dir sein – durch meinen Geist!" Wie sollte ich das verstehen?

Als Antwort auf meine stumme Frage sagte er: „Empfange meinen Geist!" Dann drehte er sich um und ging in Richtung Höhlenausgang.

„Nein, geh nicht!", schrie ich und rannte hinter ihm her.

Ich hielt ihn am Arm fest und sah ihm in die Augen. Auch er weinte. Schnell lockerte ich meinen Griff, denn ich sah seine Wunden und es tat mir leid, dass ich ihn so sehr bedrängt hatte.

„Warte", flüsterte ich und rannte zurück in meine Leseecke, nahm die kuschelige, lila Decke und lief zurück zu ihm. Ich hielt sie ihm hin, wollte sie ihm um die Schultern legen, weil sein Mantel so zerrissen war. Ich wollte, dass er sich wärmen konnte, wenn er schon gehen musste. Ich wollte ihm irgendwie helfen, denn sein Weg schien kein leichter zu sein, aber er schüttelte wieder den Kopf.

Dann nahm er mir die Decke aus der Hand und legte sie mir um die Schultern. Erst in diesem Moment bemerkte ich, dass es ein Mantel war.

„Ich kleide dich mit Gerechtigkeit", sagte er, als er mir den Mantel umlegte. Dann umarmte er mich und wiederholte seine Worte: „Empfange meinen Geist!"

Dieses Mal wusste ich, dass ich ihn nicht aufhalten konnte. Ich sackte auf meine Knie und weinte. Mein Blick folgte seiner Silhouette, die aus der Höhle heraus ins Licht trat und dann darin verschwand. Lange Zeit blieb ich so am Boden liegen, voller Schmerz und Trauer, und doch ummantelt von seiner Gerechtigkeit, umhüllt von seiner Liebe. Neben dem Schmerz spürte ich auch seine Liebe, durch die Wärme dieses Mantels und seine nachhallenden Worte in meinem Herzen: „Ich kleide dich mit Gerechtigkeit." Ich hatte das nicht verdient. Es war *seine* Gerechtigkeit. Er hatte diesen Mantel verdient. Er hätte ihn gebraucht. Tränen liefen mir über das Gesicht und ich wischte sie unbewusst mit dem Saum des Mantels ab. Dieser Moment war so tröstlich, dass ich endlich aufstehen konnte.

Ich zog den Mantel fest um meine Schultern und blickte nochmals zurück in die Höhle. Leise flüsterte ich: „Leb wohl!" und ging hinaus ins Sonnenlicht. Meine Augen mussten sich erst langsam daran gewöhnen. Ich setzte mich einfach auf den Gipfel und hielt mein Gesicht mit geschlossenen Augen in die Sonne.

Die Spuren meiner Tränen waren getrocknet. Die Wärme des Sonnenlichts erreichte langsam mein Innerstes, und ich machte mich an den Abstieg zum Fuße des Berges. Er hatte versprochen, bei mir zu bleiben. Aber wie? Das verstand ich noch nicht. Es schien, als müsste ich warten, bis ich seinen Geist empfangen konnte.

~~~~~~~

Während ich diese Begegnungen schrieb, sah ich in meinem Inneren, wie Jeschua mich in der Höhle besuchte, und empfand
~~~~~~~

eine tiefe Trauer. Der Karfreitag war so nah, und während ich im Johannesevangelium die Kapitel 18 und 19 las, stellte ich mir vor, wie die Jünger ihre letzten Tage mit Jesus verbrachten. Es war, als könnte ich ein wenig von dem mitempfinden, was sie gefühlt haben könnten, als sie sich von ihrem Freund und Lehrer verabschieden mussten.

Wüstenblumen: Persönliche Schritte für dich

Striemen und Wunden

Wenn ich versuche, mir vorzustellen, was ihm widerfahren ist, kann ich immer noch nicht glauben, dass er alle diese Dinge für mich erlitten hat. Er wurde verraten, gefangen genommen, gefoltert und geschlagen. Sein Mantel wurde zerrissen. In Johannes 19,2 lesen wir, dass Jesus mit einem purpurnen Gewand bekleidet war. Bevor er gekreuzigt wurde, versuchten sie, ihn mit diesem Gewand zu verspotten, weil sie nicht glaubten, dass er der Sohn Gottes, der König der Könige war. Doch es gibt keinen anderen als ihn!

Auf dem Weg zum Kreuz war sein Gewand mit seinem Blut durchtränkt. Er wurde so oft geschlagen, dass sein Körper mit Wunden übersät war wie eine einzige große Wunde. Unter dem Kreuz teilten die Soldaten seine Oberbekleidung; nur sein Untergewand zerrissen sie nicht. Er war der König der Könige, aber nur wenige erkannten das, und auch heute erkennen nur wenige, wer er wirklich ist und was er für uns getan hat.

Im Alten Testament lesen wir oft von Menschen, die ihre Kleider in Stücke zerrissen, wenn sie Trauer empfanden. Die Menschen, die den Mantel unseres Herrn Jesus zerrissen, taten dies aus Wut, Hass und Angst. Wie oft reagiere ich in ähnlicher Weise, wenn ich das Leid anderer nicht sehe? Wie oft bekleide ich sie so, wie ich es für meinen kostbaren Freund

Jesus getan hätte? Ich muss mich immer wieder neu fragen, ob ich die Wunden meines Nächsten zudecke und sie beschütze, oder ob ich über sie spreche? Gebe ich ihnen Ratschläge, ohne sie zu fragen, oder liebe ich sie einfach so, wie sie sind? Was ich einem seiner geringsten Brüder antue, tue ich auch ihm an. Aber das ist noch nicht alles. Sein Leiden hat mein Herz auf eine neue Weise berührt – in einer Tiefe, die mein Inneres erschüttert. Er hat all das erlitten ... für mich.

Der Mantel der Gerechtigkeit

Jesus hat auf dem Weg zum Kreuz für dich und mich gelitten; das war der Auftrag des Vaters, um den Weg zurück zu seinem Herzen zu eröffnen. Jesus wurde der letzte „Adam"[1] genannt, weil der erste Adam die Beziehung zum Vater verloren hatte und Jesus kam, um sie wiederherzustellen. Er ist den Weg zum Kreuz gegangen, um die Distanz zwischen dir und Gott zu überwinden. Mit jedem Schritt kommt er deinem Herzen näher, und dann wird es diesen einen Moment geben, in dem du den Kopf hebst und in seine liebevollen Augen schaust. Wenn du seine ausgestreckten Arme am Kreuz siehst, wirst du erkennen, dass er all das für dich getan hat, um dich, sein kostbares Kind, wiederherzustellen und dich zum Vater zurückzubringen. Er wird dich in seine königlichen Gewänder hüllen und dich nach Hause bringen. Was auch immer du getan hast, was auch immer dich von ihm ferngehalten hat, wird in dem Moment, in dem du ihn um Vergebung bittest, von seiner Gerechtigkeit bedeckt sein. Heute möchte ich dich ermutigen: Nimm seine Vergebung an; nimm seinen Mantel der Gerechtigkeit an.

Und noch etwas geschieht, wenn du zum Kreuz kommst: Er wird auch deine Wunden bedecken.

So viele Menschen haben gelitten und leiden immer noch unter den Angriffen des Feindes, aber am Kreuz wird Jesus uns mit seinen Kleidern bedecken. In Jesaja 61,3 lesen wir,

[1] Vgl. 1. Korinther 15,47 GNB.

dass er uns anstelle von (zerrissenen) Trauerkleidern schöne neue Kleider wie für ein Freudenfest geben wird.[2] Und am Ende dieses Kapitels lesen wir in Vers 10 diese wertvollen Worte, und ich bete, dass du heute durch sie Heilung erfährst:

> *Ich freue mich im HERRN, und meine Seele ist fröhlich in meinem Gott; denn er hat mir die Kleider des Heils angezogen und mich mit dem Mantel der Gerechtigkeit gekleidet, wie einen Bräutigam mit priesterlichem Kopfschmuck geziert und wie eine Braut, die in ihrem Geschmeide prangt.*

Zeit, Abschied zu nehmen

Ich kann mir nur ein wenig vorstellen, wie sich die Jünger fühlten, als sie Jesus am Kreuz sterben sahen. Ihre Herzen müssen in Stücke gerissen sein. Jesus hatte versucht, sie vorzubereiten, aber sie hatten es nicht verstanden.

Vielleicht hat es dich an die Worte von Petrus[3] erinnert, als ich in der Begegnung zu Jeschua sagte, dass ich mit ihm gehen möchte. Aber ich weiß, dass ich seinen Weg nicht gehen kann und auch nicht muss. Er ist ein für alle Mal ans Kreuz gegangen.[4] Er hat seinen Auftrag erfüllt. Bevor er seine Jünger verließ, sagte er in Johannes 16,7 zu ihnen, dass es gut sei, dass er zum Vater gehe, denn wenn er nicht ginge, würden sie seinen Geist nicht empfangen. Sein Geist ist der Geist des Trostes,[5] der Weisheit und Erkenntnis, und das ist die Art, wie Jesus in unseren Herzen wohnen möchte.

Vielleicht bist du traurig darüber, dass du Jesus nicht wie einen anderen Mensch sehen kannst, mit dem du von Angesicht zu Angesicht reden kannst; lass mich dir die gute Nachricht sagen: Eines Tages wirst du ihn sehen. Er ist auferstanden und wartet darauf, uns in das Haus seines Vaters zu bringen.

---

[2] Frei nach GNB.

[3] Vgl. Johannes 13,34-38.

[4] Vgl. Römer 6,10.

[5] Vgl. Johannes 14,26.

Bis zu diesem Tag hat er uns seinen Geist hinterlassen, der uns Trost, Weisheit, Freude und vieles mehr bringt. Durch ihn können wir Jesus schon jetzt mit den Augen unseres Herzens sehen.

Heute möchte ich dich einladen, dein Herz zu öffnen und das Geschenk des Vaters, den Heiligen Geist, zu empfangen. Als Jesus die Erde verließ, versprach er uns, dass er uns nie verlassen würde, und das ist wahr. Er wird auch dich nie verlassen, denn er will durch seinen Geist in dir wohnen. Also, sei nicht traurig, wenn du am Ende des Weges ankommst. Er wird mit dir weitergehen, Schritt für Schritt. Er wird jeden Tag bei dir sein, bis zum Ende der Zeit.

Tag 39

Eine Hütte bauen – Entdecke deine Gaben

Wie geht es dir heute? Meine Tränen sind getrocknet, aber ich weiß auch, wo ich neuen Trost finden kann, wenn noch mehr Tränen fließen. Vielleicht sieht dein Leben immer noch so aus wie die Wüste. Halte durch! Gib nicht auf! Es wird einen Weg durch die Wüste geben. Ich kenne den, der den Weg bereitet hat, den, der der Weg ist.

Heute ist der vorletzte Tag unserer Reise. Während wir uns auf den letzten Tag vorbereiten, wollen wir einen letzten Blick auf den Berg Horeb werfen.

Die 39. Begegnung

Immer schneller lief ich bergab. Ich brauchte Ablenkung. Ich brauchte Gemeinschaft. Mit gesenktem Blick hielt ich Ausschau nach gefährlichen Wegstücken, Geröll oder Schlangen. Davon hatte ich genug! Dann hielt ich kurz inne und blickte zum Fuß des Berges hinunter; dort sah ich das Volk Gottes wie Ameisen hin und her wuseln. Mich erfasste wieder die Neugier, die ich auf dem Gipfel des Berges verspürt hatte, als ich mir gewünscht hatte, dabei zu sein, wenn sie die Pläne des Königs umsetzen würden.

Ich beeilte mich mit meinem Abstieg und betrat den Lagerplatz, den Ort, den ich vor Tagen nach dem Tanz um das goldene Kalb voller Schuldgefühle verlassen hatte, aber jetzt kehrte ich zurück, ummantelt mit der Gerechtigkeit meines Freundes Jeschua. Die Stimmung war jetzt anders als damals, als sie das goldene Kalb umkreist und angebetet hatten. Diesmal waren alle emsig damit beschäftigt, eine Wohnstätte für den König zu gestalten: ein Zelt. Sie nannten sie „Stiftshütte".

Die einen webten Zeltbahnen, andere sägten Holzbretter. Die nächsten waren mit Goldschmiedearbeiten beschäftigt, um die Gegenstände für die Stiftshütte herzustellen. Jeder war irgendwie beschäftigt und strahlte Frieden aus. Es war so anders als an dem Tag mit dem goldenen Kalb.

Ich ging durch die Zeltreihen und sah mir ihre Arbeiten an. Dann hörte ich, wie jemand mit Mose sprach – ich kannte seine Stimme inzwischen gut. Als ich um eine Zeltwand bog, sah ich ein paar Kunsthandwerker vor hohen Stapeln verschiedenfarbiger Stoffe stehen, daneben waren ebenfalls Gold, Silber und Bronze aufgetürmt. Die Männer erklärten Mose, dass sie mehr als genug Material für die in Auftrag gegebenen Arbeiten hätten; die Menschen bräuchten keine Spenden mehr zu bringen. Wie schön, dachte ich, dass das Volk mehr als genug für den König gegeben hatte! Der Vater freute sich sicherlich, als er den Herzens- und Sinneswandel seiner Kinder sah.

Mose nickte nur und kam auf mich zu. „Was ist deine Aufgabe, mein Kind?“, fragte er mich und klopfte mir auf die Schulter. Ich war etwas überrascht. „Welche Gaben hast du?“, wollte er jetzt wissen. „Was machst du gerne?“

Ich stammelte etwas: „Also ... mit Holz arbeite ich gerne.“

„Komm mit“, sagte er und stellte mich einem der Kunsthandwerker vor. „Du kannst ihm bestimmt zur Hand gehen“, sagte er mit einem Lächeln. Und schon hatte ich einen neuen Job gefunden!

Tag für Tag arbeitete ich mit Bezalel[1]. Ich mochte seine ruhige Art. Er arbeitete mit Weisheit und Verstand und zeigte mir geduldig die kniffligsten Handgriffe. Wir bauten die Bundeslade aus Akazienholz nach den Maßen, die ich oben auf dem Berg gelesen hatte. Dann überzogen wir alles mit Gold. Ich liebte es, die große Truhe mit dem verzierten Deckel anzuschauen. Sie war einzigartig und wunderschön, anders als alles, was ich je zuvor gesehen hatte.

Oben auf dem Deckel hatten wir Engel aus Gold angefertigt, die an beiden Enden saßen. Sie hielten ihre Flügel schützend und beschirmend über den Deckel, über die ganze Truhe. Während ich arbeitete, fühlte ich einen tiefen Frieden und summte eine leise Melodie. Als ich die beiden Engel, die Cherubim genannt wurden, polierte, hatte ich einen Moment lang das Gefühl, dass mich jemand

[1] Namensbedeutung: 2. Mose 35,30-32. Vgl. Worterklärung AT der Elberfelder Studienbibel #1225 (Bezalel): „Im Schatten Gottes“.

beobachtete. Ich schaute mich um, aber ich konnte niemanden in meiner unmittelbaren Nähe sehen. Ich dachte an Jeschua und fragte mich, wie es ihm ging. Welchen Auftrag hatte der Vater ihm gegeben? Ich trat einen Schritt zurück und betrachtete das vergoldete Holz, das von nun an die Tafeln des Gesetzes, das Buch des Bundes, tragen sollte.[2]

~~~~~~~

Auf dieser Reise hat sich so viel verändert. Ich habe gesehen, wie sich das Volk Israel verändert hat, und ich habe gespürt und erlebt, wie der Herr auch mich verändert hat. Der Weg vom Berg hinunter war dieses Mal so ganz anders als beim letzten Mal. Ich war definitiv vorsichtiger, wo ich hintrat. Ich achtete auf die Angriffe des Feindes, aber noch mehr hielt ich Ausschau nach Zeichen der Anwesenheit Gottes. Dieses Mal wollte ich den Adler als Zeichen seiner liebevollen Gegenwart nicht verpassen.

Bei dieser letzten Begegnung sah ich den Adler nicht mit meinen Augen, aber ich wusste trotzdem, dass Gott über mir und meinen nächsten Schritten wachte, und ich fragte mich, was diese nächsten Schritte sein konnten …

[2] Vgl. 2. Mose 40,20.
~~~~~~~

Wüstenblumen: Persönliche Schritte für dich

Gemeinschaft

Auf dem Weg nach unten spürte ich die Sehnsucht, andere Menschen zu treffen, in Gemeinschaft zu sein. Als ich sah, wie das Volk Israel das Zelt für den Herrn vorbereitete, war ich begeistert. Während ich durch das Lager ging, spürte ich, dass sie sich genauso verändert hatten wie ich. Gott stellte sein Volk wieder her! Sie kreisten nicht mehr um ein goldenes Kalb. Sie konzentrierten sich auf ihre Aufgaben, um die Pläne zu erfüllen, die Gott ihnen gegeben hatte.

Ich habe bereits erwähnt, dass ich, bevor Jesus mich von innen heraus veränderte, gedacht hatte, ich könnte als Christ allein, ohne christliche Gemeinschaft leben. Aber jetzt weiß ich, dass eine persönliche Begegnung mit dem Herrn in die Gemeinschaft führt. Als Christen repräsentieren wir den Leib Christi in der Welt. Jeder von uns ist Teil seines Leibes, wie der Apostel Paulus den Korinthern erklärt.[3] Wir brauchen uns alle gegenseitig. Der Herr ist dabei uns als seine Braut vorzubereiten. Er wird seine Gemeinde reinigen, und er beginnt mit jedem Einzelnen von uns.

Ich möchte dich ermutigen, dir eine Gemeinschaft zu suchen, mit der du unterwegs sein kannst, bis der Herr wiederkommt. Manchmal ist Gemeinschaft eine Herausforderung, aber das ist alles Teil unserer Vorbereitung. Einer nach dem anderen werden wir geläutert, geschliffen wie ein Diamant im Kontakt mit den anderen Diamanten.

Mehr als genug

Ist es nicht erstaunlich, dass das Volk Israel mehr als genug Material zusammentrug, um das Zelt und alles, was benötigt

[3] Vgl. 1. Korinther 12,27.

wurde, zu bauen? Wenn du die Menge an Stoff, Gold, Silber und Holz liest, die das Volk dem Herrn brachte, wirst du staunen. Das alles steht in 2. Mose 38. Ich denke, auch das ist ein Zeichen für den Herzenswandel des Volkes Israel.

Wenn wir dem Herrn etwas bringen, müssen wir es mit reinem Herzen bringen. Ich frage mich oft, was mein Herz motiviert, und darf den Herrn bitten, mein Herz zu reinigen und jedes falsche Verlangen zu entfernen. Wenn ich mich anstrenge und versuche, sein Gesetz zu erfüllen, ist mein Herz nicht wirklich frei, sondern immer noch an die Sklaverei gebunden, mit der ich meinen Schmuck der Selbstgerechtigkeit vor den Herrn bringe. Um ehrlich zu sein, möchte ich noch mehr lernen, ihm meine Gaben mit reinem Herzen und voller Freude zu geben, nicht um meine Gerechtigkeit zu verdienen oder Gesetzestreue zu beweisen. Alles, was er mir gegeben hat, hat er mir aus Liebe gegeben. Ich bete, dass der Herr mein Herz so verändert, dass ich ihm in reiner Liebe und wahrer Freude mehr als genug gebe.

Wenn du mit ähnlichen Problemen kämpfst, lade ich dich ein, mit mir zusammen zu beten, dass der Herr uns frei macht, um ihm das zu bringen, was ihm bereits gehört. Wäre es nicht erstaunlich, etwas Ähnliches wie Mose zu erleben?

Was ist deine Aufgabe, mein Kind?

Bei der Begegnung fragte mich Mose nach meinen Begabungen und Wünschen und gab mir eine Aufgabe. Ich arbeite gerne mit Holz, ich mag Kunst und die Arbeit mit meinen Händen. Was machst du leidenschaftlich gern? Wo ist Platz für deine Herzenswünsche und die Gaben, die der Herr in dich hineingelegt hat? Ich habe viele verschiedene Künste ausprobiert, bis ich meinen Herzenswunsch gefunden habe. Ich bin von Holzbearbeitung über Töpfern zur Malerei gegangen. Das war alles gut, eigentlich wunderbar, aber wenn ich schreibe, fühle ich mich am lebendigsten.

Gott hat uns einzigartig geschaffen und ein Stück von sich selbst in unser Herz gelegt. Ich möchte dich ermutigen, diesen

Ort in dir selbst zu finden. Ich möchte dich ermutigen, zu entdecken, was der Herr in dein Herz gelegt hat. Vielleicht hast du es schon entdeckt und lebst es schon. Vielleicht hast du diesen Ort in deinem Beruf, in der Physik oder in der Mathematik gefunden. Wir alle sind vom Herrn berufen, unsere Aufgabe zu erfüllen, wie Bezalel.[4] Es gibt einen Platz, den nur du ausfüllen kannst.

Bei der Begegnung spürte ich die Gegenwart des Herrn, als ich die Bundeslade baute. Während ich davon schrieb, las ich genau nach, wie sie gebaut wurde, und versuchte, die Maße umzurechnen. Es mag vielleicht ein bisschen verrückt klingen, aber ich versuchte, die Bundeslade als winzige Version nachzubauen. Ich malte sie von innen und außen golden an. Auf dem Deckel brachte ich zwei goldene Engel aus Holz an. Ich stellte meine kleine Bundeslade in meinem Wohnzimmer auf und fand einen kleinen Stein und schrieb nur ein Gebot darauf und legte ihn in meine kleine Lade: *„Jesus aber sprach zu ihm: ‚Du sollst den Herrn, deinen Gott, lieben von ganzem Herzen, von ganzer Seele und von ganzem Gemüt'"* (Matthäus 22,37).

Diese kleine Bundeslade wurde für mich zu einem Zeichen, das mich daran erinnert, was am wichtigsten ist bei allem, was ich tue: den Herrn, meinen Gott zu lieben.

Ich bete für dich und mich, dass wir bei allem, was wir tun, mit ganzem Herzen dabei sind und es für den Herrn tun. Und ihn über alles lieben!

[4] Vgl. 2. Mose 35,30-35.

Tag 40

Es ist vollbracht – Geh in dein Land der Verheißung

Wann hast du das letzte Mal die Stimme deines Navis sagen hören: „Sie haben Ihr Ziel erreicht“? Vielleicht bist du mit deinem Auto irgendwo hingefahren und hast einige Umwege gemacht, die dich von deiner Route weggeführt haben. Schließlich hörst du endlich die Stimme, die dir bestätigt, dass du dein Ziel erreicht hast. Endlich kannst du es mit deinen eigenen Augen direkt vor dir sehen.

Dieser letzte Tag fühlt sich ein bisschen so an, und ich möchte jetzt den letzten Teil meiner ersten Reise der Begegnungen auf dem Berg Horeb mit dir teilen.

Die letzte Begegnung

Ich wusste nicht, wie viel Zeit vergangen war, aber unsere Arbeit war endlich fertig. Die Stiftshütte des Vaters konnte eingerichtet werden. Ein wenig wehmütig beobachtete ich, wie Mose und Aaron die Lade zu dem bereits aufgestellten Zelt transportierten. Das war der Ort, an dem sich der König mit Mose treffen wollte. An diesem Ort wollte er mit ihm und seinem Bruder Aaron über seine Pläne sprechen.

In einiger Entfernung ließ ich mich auf dem Sandboden nieder und beobachtete, wie die Lade des Bundes im Inneren des Zeltes verschwand. Wieder wurde ich traurig. Es war die gleiche Traurigkeit, die ich empfand, als Jeschua sich von mir verabschiedete. Mose zog den Vorhang des Zeltes zu und dann legte sich eine Wolke über das Zelt der Stiftshütte. Ich kannte diese Wolke gut. Es war die Herrlichkeit des Herrn, die Herrlichkeit des Königs, die Herrlichkeit des Vaters. Er war in dieses Zelt eingezogen! Der Vater hatte sein Versprechen gehalten und war in der Mitte des Volkes, während es auf dem Weg war. Er zog ihnen voran ins Verheißene Land, um sie zur Ruhe zu bringen. Er war ihr Begleiter.

Ich wusste auch, dass Jeschua sein Versprechen an mich halten würde. Jetzt war es also an der Zeit, dass ich die Wüste hinter mir ließ und mit der Hilfe des Herrn mein eigenes verheißenes Land fand.

~~~~~~~

An diesem letzten Tag möchte ich mit dir ein paar Verse aus 2. Mose und danach die letzten drei Wüstenblumen teilen, die dich auf deiner Reise in dein verheißenes Land begleiten mögen.

> *Da bedeckte die Wolke das Zelt der Begegnung, und die Herrlichkeit des HERRN erfüllte die Wohnung. Und Mose konnte nicht in das Zelt der Begegnung hineingehen; denn die Wolke hatte sich darauf niedergelassen, und die Herrlichkeit des HERRN erfüllte die Wohnung. Sooft sich die Wolke von der Wohnung erhob, brachen die Söhne Israel auf, auf all ihren Wanderungen. Wenn sich aber die Wolke nicht erhob, dann brachen sie nicht auf bis zu dem Tag, an dem sie sich erhob. Denn die Wolke des HERRN war bei Tag auf der Wohnung, und bei Nacht war ein Feuer in der Wolke vor den Augen des ganzen Hauses Israel, solange sie auf der Wanderung waren* (2. Mose 40,34-38 ELB).

Wüstenblumen: Persönliche Schritte für dich

Die Wolke

Wenn ich lese, dass die Wolke der Herrlichkeit das Zelt bedeckte, fühle ich mich genauso, wie ich mich fühlte, als ich das erste Mal von der Begegnung mit Mose auf dem Berggipfel las. Versuch dir vorzustellen, wie die Herrlichkeit Gottes das Zelt der Begegnung bedeckte. Die Gegenwart des Herrn
~~~~~~~

war so schwer, dass Mose körperlich nicht in der Lage war, das Zelt zu betreten. Hast du die Gegenwart des Herrn jemals auf diese Weise gesehen oder gespürt? Ich kann es mir nicht vorstellen, aber ich spüre wieder diese Sehnsucht, die Mose auf dem Berggipfel ausdrückte, als er sagte: „Lass mich deine Herrlichkeit sehen, Herr."

Vielleicht bist du heute ein bisschen enttäuscht, dass wir den Berg Horeb verlassen müssen. Ich habe mich auch einmal so gefühlt, aber diese letzten Worte aus dem 2. Buch Mose, in denen der Herr seinem Volk die Verheißung gab, dass er mit ihnen gehen und sie in das verheißene Land führen würde, trösten mich sehr. Das ist ein Versprechen für uns alle: Der Herr wird mit uns sein und uns in unser gelobtes Land führen. Lasst uns unsere Herzen offenhalten, Gott von ganzem Herzen suchen und ihn bitten, uns seine Herrlichkeit zu zeigen, nicht nur auf den Berggipfeln, sondern auch in den Tälern unseres täglichen Lebens.

Morgen, wenn wir aufwachen, Herr,
lass uns deine Herrlichkeit sehen.
Wenn wir zur Arbeit gehen, Herr
lass uns deine Herrlichkeit sehen.
Herr, lass uns in unseren Familien
und wenn wir mit unseren Freunden zusammen sind
deine Herrlichkeit sehen.
Herr, leite uns und schenk uns Weisheit,
uns dann zu bewegen, wenn du dich bewegst,
und zu bleiben, wenn du bleibst.
Herr, leite uns mit deiner Gegenwart.
Ich möchte deine Herrlichkeit sehen, Herr.
Ich bete, dass ich in meinem Alltag so mit dir unterwegs bin,
wie wir auf dieser Wüstenreise zusammen unterwegs waren.
Amen.

Die Bundeslade

Gestern haben wir gelesen, wie die Bundeslade gebaut wurde. Ich bin sicher, dass bei diesem kunstvollen Vorgang Gott selbst und seine Engelheere dabei waren. Der letzte Satz in 2. Mose 40,33 (ELB) lautet: *„So vollendete Mose das Werk."* Diese Worte erinnerten mich an die letzten Worte, die unser Herr am Kreuz sagte, bevor er starb: „Es ist vollbracht."[1] Unser Herr Jesus Christus erfüllte den Auftrag, den der Vater ihm gegeben hatte. Es ist vollbracht.

Einmal im Jahr gehe ich in ein Kloster oder ein Gebetshaus. Ich genieße diese besonderen Zeiten der Nähe mit dem Herrn. Diese Zeiten geben mir einen Eindruck davon, wie sich Aaron und seine Söhne oder Mose und Josua gefühlt haben könnten, als sie im Zelt der Begegnung blieben. Es gab Momente, da fühlte ich mich von der Gegenwart Gottes überwältigt, wenn der Priester den kleinen Tabernakel öffnete und uns die Monstranz zeigte.[2] Als ich in der alten katholischen Kirche saß und still bete, liefen mir die Tränen über die Wangen. Ich liebe ihn so sehr, meinen kostbaren Freund Jesus, der so viel gelitten hat.

Wenn wir das Abendmahl, die heilige Kommunion feiern, kann ich seine Gegenwart schmecken und sehen. Im Kloster wird die Monstranz immer in den Tabernakel zurückgebracht. Und doch bleibt und lebt der auferstandene König in mir. Ich kann wahrhaftig sagen: Ich bin seine Bundeslade geworden, sein Tabernakel, weil der Heilige Geist in mir lebt.[3] Seine Gebote sind auf die Tafeln meines Herzens geschrieben[4] – wie auf die Steintafeln, die Mose trug. Heute möchte ich dich daran erinnern, dass der HERR in dir wohnt. Du trägst den Heiligen in dir. Wohin du auch gehst, er wird mit dir gehen.

---

[1] Vgl. Johannes 19,30.

[2] Eine Monstranz ist ein Gefäß, das z. B. in der katholischen Kirche für die Ausstellung der konsekrierten eucharistischen Hostie (das Brot oder die Oblate) während der eucharistischen Anbetung verwendet wird.

[3] Vgl. 1. Korinther 6,19-20 TPT.

[4] Vgl. 2. Korinther 3,2-3 TPT.

Es ist Zeit, in dein verheißenes Land zu gehen

Jetzt ist es an der Zeit, den Berg Horeb zu verlassen und sich nach dem Land auszustrecken, das der Herr für uns vorbereitet hat. Christus ist von den Toten auferstanden. Er lebt und regiert zur Rechten des Vaters. Gleichzeitig wohnt er auch durch seinen Geist in uns. Und wie wohnt er in uns? Er wohnt in uns mit seiner Auferstehungskraft! Eines Tages wird er uns in unser himmlisches Land der Verheißung mitnehmen, aber er lädt uns jetzt schon ein, bis dahin im unsichtbaren Land der Verheißung, in der unsichtbaren Realität, in seinem Königreich zu leben.

Wie sieht dein Land der Verheißung aus? Welche Bilder verbindest du mit den Worten „Land der Verheißung"? Vielleicht stellst du dir eine friedliche Landschaft oder eine Prärie mit einem fließenden Bach vor. Versuche, dein inneres Land der Verheißung zu entdecken. Beschreibe es und versuche dann, dieses Bild tief in deinem Herzen zu bewahren. Frage Gott, den Herrn, wie es aussieht und lass dir von ihm dein Land zeigen. Gehe mit ihm Tag für Tag durch dieses Land. Entdecke die Wege, die Früchte und die Grenzen des Landes.

Ich glaube, das Wort Gottes wird uns helfen, mehr von seiner Realität in unserem Leben zu entdecken. Manchmal werden Teile des verheißenen Landes für uns sichtbar sein, aber manchmal warten wir noch darauf, dass es sichtbar wird. Das verheißene Land, das wir betreten dürfen, ist ein Land der Ruhe. Selbst wenn alles um uns herum zusammenbricht, kann der Herr uns in dieses Land der Ruhe führen. Er ist der Weg, und er will mit uns dort sein.

Ich möchte gerne mit einem Gebet schließen:

Herr, ich bitte dich, uns in das Land zu führen,
das du für uns vorbereitet hast.
Bitte öffne unsere inneren Augen,
um das Land der Verheißung zu sehen.
Herr, wir wollen dir jeden Tag aufs Neue vertrauen,

dass wir in dir Ruhe finden werden.
Danke für deine Verheißung und deine Gegenwart.
Danke, Herr, dass du mehr bist,
als wir uns je vorstellen können.
Danke, dass du mit uns durch die Wüste gehst.
Danke, dass du uns zum Vaterherz führst.
Danke für deine ewige Liebe und Barmherzigkeit.

Sei gesegnet mit der Beschreibung des verheißenen Landes aus Hebräer 4,7-10 und 14-16 (TPT):

Denn Gott hat noch einen Tag für uns bestimmt, der „Heute" heißt. Denn erst lange danach wiederholte Gott es in Davids Worten: „Wenn ihr nur heute auf seine Stimme hören würdet und eure Herzen nicht verstocken würdet!"

Wenn diese Verheißung der „Ruhe" erfüllt worden wäre, als Josua das Volk ins Land brachte, hätte Gott später nicht von einer weiteren „Ruhe" gesprochen, die noch kommen sollte.

Daraus schließen wir, dass es noch eine vollständige Sabbatruhe gibt, die die Gläubigen erleben können. Wenn wir in Gottes Glaubensruhe eintreten, lassen wir von unseren eigenen Werken ab, so wie Gott seine vollendeten Werke feiert und in ihnen ruht.

Wir müssen also im Glauben an allem festhalten, von dem wir wissen, dass es wahr ist. Denn wir haben einen großartigen König-Priester, Jesus Christus, den Sohn Gottes, der für uns in den Himmel aufgestiegen ist und nun mit uns in unserer Schwachheit mitfühlt.

Er versteht die Menschheit, denn als Mensch wurde unser großartiger König-Priester genauso versucht wie wir und hat die Sünde besiegt.

So nähern wir uns nun frei und mutig dem Ort, an dem die Gnade thront, um den Kuss der Barmherzigkeit zu empfangen und die Gnade zu entdecken, die wir dringend brauchen, um uns in der Zeit der Schwäche zu stärken.

Liebe Leserin und lieber Leser, jetzt ist es an der Zeit, sich zu verabschieden. Ich hoffe, du hattest Spaß auf dieser Reise durch die Wüste mit Mose und mir. Ich wünsche dir eine gesegnete Weiterreise und Freude, dein Land der Verheißung zu entdecken. Der Herr ist mit dir!

Nachwort

Lieber Leser, liebe Leserin!

Danke, dass du mich auf meiner Reise durch die Wüste begleitet hast. Ich bin so dankbar, dass Jeschua dich und mich gefunden hat. Jeder Schritt mit ihm ist es wert, und selbst wenn es Berge auf dem Weg gibt, wird er uns tragen. Er führt uns in die höheren Regionen, wo wir ihn als Freund treffen und seinen liebenden Vater entdecken können.

Ich bete für dich, dass du deinen Weg durch die Wüste in dein Land der Verheißung findest. Ich bete, dass du nicht aufgibst zu suchen, zu fragen und zu glauben. Es gibt immer mehr. Er will dir nicht nur auf dem Berggipfel begegnen, sondern auch in deinem täglichen Leben.

Wenn dir dieses Buch gefallen hat, will ich dir ein Geheimnis verraten: Es gibt noch mehr – eine weitere Reise in eine andere Zeit, aber an denselben Ort. Ich hoffe, wir sehen uns beim nächsten Mal wieder, wenn ich mit Elia auf dem Weg zum Berg Horeb bin.

Danksagungen

Liebe Freunde & Familie!

Danke, dass ihr mit mir gemeinsam durch die Wildnis des Lebens gereist seid. So viele von euch habe ich wie Wüstenblumen auf meinem Weg gefunden, die wunderschön blühen und mich zum Lächeln bringen. Ihr seid wertvoll für mich und noch mehr für Gott, der euch gepflanzt hat.

Danke an meine Freunde, die mich mit ermutigenden Worten und Gebeten unterstützt haben: Beate, Manu, Rita, Renate, Antonia, Anneliese, Chris & Jojo, Claudia und in liebevoller Erinnerung Wilma.

Danke an meine Mutter Marlies, dass sie mir das Leben geschenkt hat, und an meine Brüder Martin und Georg mit ihren wunderbaren Familien, dass sie einen wichtigen Teil des Lebens mit mir geteilt haben.

Danke an meinen Mädelshauskreis, der mich im Gebet durchgetragen hat, und an meine „Writer's Tea"-Freunde, die mit mir zusammen unterwegs sind. Besonderen Dank an Manu für das Korrekturlesen meines allerersten Entwurfs.

Seid reich gesegnet.

Lieber Jeschua!

Ich danke dir und dem himmlischen Vater,
du warst immer für mich da,
du hast mich hindurchgetragen
an dunklen, schweren Tagen.
Es liegt nicht an meiner Kraft oder Stärke,
es sind allein deine Werke.
Danke, dass du meine Hand hältst,
mit mir zusammen die Worte wählst,
beim Schreiben führst du meinen Stift,
dieses Buch ist von dir und für dich.
Du bist mit mir durch die Wüste gegangen,
hast mich gefunden, geheilt, befreit und aufgefangen.
Alle Ehre gebührt dir, du bist der Anfang und das Ende;
ich empfange dieses Buch und lege es zurück in deine Hände.
Jeschua, mein treuer Freund, Ich liebe dich für immer,
du bist mein Licht, mein Leben, mein Hoffnungsschimmer.

Über die Autorin

Ella Legan ist eine deutsche Dichterin und Schriftstellerin. Sie lebt als Single mit ihrer Katze im Schwarzwald. Tag für Tag geht sie mit Jesus durch die Höhen und Tiefen des Lebens und des Waldes. Sie wünscht sich, andere Menschen in die heilende Gegenwart des liebenden Gottes zu bringen. Mit ihrer eigenen Wüstenreise möchte Ella andere müde Wanderer ermutigen, mit Gottes Gnade Schritt für Schritt weiterzugehen, bis sie Gottes Angesicht sehen. Es gibt Hilfe, Hoffnung und immer mehr von Gott zu entdecken. Er nimmt unser Wandern durch die Wüste auf sein Herz.

Weitere Produkte von GloryWorld-Medien

„Himmlische Bücher für die Erde“

Julie Meyer, Die Bibel singen

Wie jeder Christ Durchbrüche, Hoffnung und Heilung erleben kann; 176 S.; Pb

Das Wort Gottes singen kann jeder, und es hat in jeder Situation enorme Auswirkungen. Das ist die Erfahrung von Julie Meyer, über die sie in diesem Buch berichtet.

Dabei geht es nicht darum, musikalisch oder in einem Lobpreis-Team zu sein. Das Singen der Bibel ist ein mächtiges geistliches Instrument, das jeder persönlich anwenden kann, das aber auch in Gemeinschaft wirkungsvoll ist.

Julie Meyer berichtet sowohl von ihren persönlichen Durchbrüchen als auch von dramatischen Veränderungen der Atmosphäre an öffentlichen Plätzen, die sie durch das Singen der Bibel erlebt hat.

Jonathan Welton, Die Schule der Seher

Eine praktische Anleitung, wie man ins Unsichtbare hineinsehen kann; 224 S.; Pb.; Vorwort von Randy Clark

Viele Christen haben angefangen, übernatürliche Phänomene zu erleben: Träume, (offene) Visionen, Engel oder Dämonen. Aber es mangelt ihnen an solider biblischer Lehre und sie sind zu dem geworden, was man als *Seherwaisen* bezeichnet: Sie suchen verzweifelt nach jemandem, der sie trainiert, ermutigt und freisetzt.

Das Ziel von Jonathan Welton war deshalb, ein praktisches Handbuch herauszubringen, das den Leib Christi mit den Informationen ausrüstet, die notwendig sind, um in der Dimension des Prophetischen bzw. des Sehers zu wachsen und im Leben im Übernatürlichen Reife zu erlangen.

Dr. Charity Virkler-Kayembe / Dr. Mark Virkler
Höre Gott durch deine Träume

Gottes Reden in der Nacht verstehen; 288 S., Pb.

In der Bibel finden wir sehr viele Beispiele für Gottes Reden durch Träume. Auch heute möchte er uns durch Träume wichtige Botschaften zukommen lassen. Doch beachten wir sie oft wenig oder wissen nicht, wie sie zu deuten sind.

Diesem Missstand möchte dieses Buches abhelfen. Die Autoren haben sehr viele Erfahrungen im Umgang mit Gottes Reden gesammelt. Das Buch ist ein praktischer, leicht verständlicher und biblischer Leitfaden, um die Sprache zu verstehen, die Gott in unseren Träumen benutzt.

Bill Johnson / Randy Clark, Berufen zu heilen I

Grundlagen und Praxis des Gebets für Kranke, 240 S., Pb.
Jeder Christ kann von Gott gebraucht werden, um anderen Heilung zukommen zu lassen. Das ist das Anliegen der beiden Autoren. Dazu berichten Sie, wie Gott sie in den Heilungsdienst hineinführte, und legen anschließend klare biblische Grundlagen für das Heilungsgebet. Im umfangreichsten Teil gehen sie auf verschiedene Aspekte ein, die für eine Heilung förderlich sind, erläutern, wie seelische und körperliche Krankheiten zusammenhängen und stellen dann ein in der Praxis bewährtes Modell für das Gebet um Heilung vor, das für alle Christen leicht anwendbar ist.

Blake K. Healy, Durch den Schleier sehen
Eine Einladung in die unsichtbare Welt; 176 S. Paperback
Blake K. Healy sieht Engel und Dämonen seit seiner Kindheit – und zwar so klar wie natürlich sichtbare Dinge. Er sieht zum Beispiel Engel in Anbetungsgottesdiensten tanzen und Ermutigungsworte in die Ohren von Menschen flüstern, doch genauso sieht er auch Dämonen, die sich an Leute heften und so Abhängigkeiten, Lügen und Bitterkeit in deren Herzen und Gedanken aufrechterhalten.

In diesem Buch erzählt er einige dieser Begegnungen und wie er in dieser Gabe reifte und dabei die Angst und Verwirrung über die Dinge, welche er sah, überwand. Und ebenso, und wie er lernte, die Gabe des Sehens zu Gottes Verherrlichung zu nutzen und andere darin zu lehren.

„Ich wollte nicht, dass dieses Buch jemals endet!" (Bill Johnson)

Blake K. Healy, Unzerstörbar

Führe deine geistlichen Kämpfe aus der Perspektive des Himmels; 192 S., Pb.
Welche Fallen und Taktiken wenden Dämonen an, und wie können wir diese meiden?

Dieses Buch fasst zusammen, was Blake K. Healy in über dreißig Jahren über die Pläne des Feindes und ebenso die des Himmels gelernt hat.

Wir lernen, wie wir die Komplotte, Pläne und Lügen des Feindes aufdecken und abwehren können und gleichzeitig die Pläne des Himmel vorantreiben können.

Sein Hauptanliegen ist dabei, dass wir den geistlichen Kampf nicht aus eigener Kraft, sondern aus der Perspektive des Himmels führen, und ein Leben aufbauen, das unzerstörbar ist.

Dann können wir in unserem Umfeld – unserem Wohnviertel, unseren Schulen, Städten und Ländern – zu einem Leuchtfeuer der Herrlichkeit Gottes werden.

Beni Johnson, Der glückliche Fürbitter

Mit Gott die Welt bewegen, ohne die Freude zu verlieren

Vorwort von Bill Johnson; 180 S., Paperback

Beni Johnson (die Frau von Bill Johnson) nimmt uns mit auf ihre Reise von einer schüchternen Person zu einer kühnen, aber glücklichen Fürbitterin. Gott offenbarte ihr einen Weg, wie sie aus seiner Gegenwart und seiner Liebe heraus in Einklang mit seinem Herzen effektiv beten kann.

Fürbitte muss nicht dazu führen, dass uns die Anliegen, für die wir beten, unter Druck bringen oder emotional beeinträchtigen. Den Himmel auf die Erde zu holen, kann sogar regelrecht Spaß machen. Unmögliches wird plötzlich möglich – ob es dabei um „kleine" Dinge in unserem persönlichen Umfeld geht oder um die Veränderung des geistlichen Klimas über unseren Städten und Nationen.

Erica Willis, Kühn glauben

Wie einfaches, zuversichtliches Gebet das Übernatürliche freisetzt; 216 S.; Paperback

Lange Zeit dachte Erica Willis, die ganzen übernatürlichen Erfahrungen, wie Prophetie, Heilung, Wunder usw., seien nur etwas für „Superchristen".

Bis Gott ihr einen Weg zeigte, wie sie trotz ihres Eingespanntseins in Familie, Beruf und Gemeinde ihre Beziehung zu ihm so vertiefen konnte, dass diese Erfahrungen ganz natürlich zu einem Teil ihres Lebens wurden.

In diesem Buch erzählt sie auf kurzweilige Art ihre Geschichte und Erlebnisse. Entstanden ist eine praktische Anleitung für alle, die sich nach einer tieferen Beziehung zum Heiligen Geist sehnen.

James Goll
Die Gaben des Heiligen Geistes freisetzen

216 S., Paperback

Der Heilige Geist demonstriert Gottes übernatürliche Kraft durch seine Gemeinde heute, indem seine Herrlichkeit auf globaler Ebene freigesetzt wird. Alle Gaben Gottes sind immer noch voll funktionsfähig, und jeder einzelne Gläubige ist dazu bestimmt, im Fluss Gottes zu leben und seine Bestimmung zu erfüllen.

James Goll zeigt auf, wie der Heilige Geist durch die neun bekanntesten Geistesgaben wirkt und wie wir sie unter Gottes Leitung für die Erfüllung des Missionsbefehls einsetzen können.

Anhand vieler anschaulicher Beispiele aus der Bibel und aus der Gegenwart lernen wir, wie geistliche Gaben in der Praxis funktionieren. Aber es geht in diesem Buch nicht nur darum, wie man seine geistlichen Gaben entdeckt oder empfängt, sondern wie man sie freisetzt und weitergibt!

Michele Perry, Liebe hat ein Gesicht

Abenteuer mit Jesus im Krisengebiet des Sudan – auf einem Bein!; Vorwort von Heidi Baker; 220 S., Paperback

Ohne linke Hüfte und linkes Bein geboren, ist es für Michele Perry „normal", das Unmögliche zu erleben. Als Gott ihr den Auftrag gab, in den vom Krieg verwüsteten südlichen Sudan zu gehen und dort ein Waisenhaus zu eröffnen, hielten sie alle für verrückt. Aber sie erlebte Gottes Treue wie nie zuvor: Er führte sie in einen entspannten Lebensstil des Geliebtseins hinein, in dem alles möglich wird und Wunder zum Alltag gehören, ob es um seelische oder körperliche Krankheiten, mangelnde Ressourcen, Bedrohungen durch Kriminelle oder ihre eigenen Unzulänglichkeiten geht.

Rebecca Weisser, Die vier Gesichter des Vaters

Wie sich Gottes Charakter in seinen Söhnen und Töchtern entfaltet; 120 S., Paperback

Im Buch Hesekiel und in der Offenbarung werden die vier „lebendigen Wesen" vor dem Thron Gottes beschrieben, deren Gesichter denen eines Löwen, eines Adlers, eines Stiers und eines Menschen gleichen. Sie sind in ständiger Anbetung und spiegeln verschiedene Charaktereigenschaften von Gott, dem Vater, wider.

Rebecca Weisser untersucht diese Eigenschaften Gottes, führt uns aber darüber hinaus in praktischen Übungen selbst vor den Thron Gottes, wo wir mit diesen Wesen zusammen unseren Gott anbeten können, sodass sein Charakter auf uns übergeht.

Frank Krause, Die neun Schleusen des Herzens

160 S., Paperback

Wie geschieht es, dass die Verheißung Jesu, dass aus unserem Innern Ströme von lebendigem Wasser fließen werde, wenn wir an ihn glauben, zu unserem normalen Erleben wird? Dass andere uns als Quelle und nicht als Zisterne, als Oase und nicht als Wüste wahrnehmen?

Als Frank Krause diese Frage vor Gott bewegte, ließ dieser ihn im Geist sein eigenes Herz sehen und durchwandern. Er zeigte ihm, dass unser Herz neun „Schleusen" hat, entsprechend den neun Aspekten der Frucht des Geistes.

Diese Schleusen wollen in uns geöffnet und freigesetzt werden, damit der Geist mit ganzer Kraft durch uns strömen kann und wir mit seiner Frucht überfließen. Nun können wir auch anderen helfen, diese Fülle zu erleben, sodass in der Folge echte Gemeinschaften der Heiligen entstehen.

Henk Bruggeman

Das Herz des Vaters entdecken

Unsere Identität als Söhne und Töchter Gottes empfangen

200 S.; Paperback

Gott sehnt sich mehr denn je danach, seinen Kindern sein Vaterherz zu offenbaren. Er möchte, dass wir ihn nicht nur mit dem Kopf, sondern vor allem mit dem Herzen kennenlernen. Statt einer Distanziertheit soll eine innige Vertrautheit unsere Beziehung zu ihm prägen. Darüber hinaus möchte er uns aber eine neue Identität schenken: die Identität der Sohnschaft. Wir entdecken mehr und mehr, wie wir als echte Söhne und Töchter Gottes leben können.

Wayne Jacobsen, Geliebt!

Tag für Tag in der Zuneigung des himmlischen Vaters leben

240 S., Paperback

Jeden Tag ein Leben zu führen, in dem wir völlig sicher sind, dass wir bedingungslos von Gott geliebt sind – ist das wirklich möglich, und wie sieht das konkret aus?

Wayne Jacobsen bringt uns Schritt für Schritt nahe, wie tief die Liebe Gottes zu uns tatsächlich ist. Wir entdecken dabei, dass wir nicht zu Sklaven, sondern zu Söhnen und Töchtern berufen sind. Die liebevolle Zuneigung unseres Vaters im Himmel gilt uns in allen Umständen. Wir erfahren eine lebendige Beziehung zu ihm, die uns von der Qual der Scham befreit und uns so verändert, dass wir als seine Kinder leben können.

Luc Niebergall, Eine zeitlose Reise

Wie ich den Himmel erkunden und meine Identität empfangen durfte; 144 S., Paperback

Ab dem Alter von 16 Jahren wurde Luc Niebergall eine unglaubliche „Reise" in die Herrlichkeit der Person Jesu zuteil. Durch prophetische Begegnungen durfte er den lebendigen Gott erfahren.

Nach acht Jahren Visionen, Träumen und himmlischen Begegnungen hatte er den Eindruck, Gott wolle, dass er einiges von dem, was er ihm gezeigt hatte, in Form von Geschichten in einem Buch niederschreibt.

Dieses Buch ist ein Aufruf an die Söhne und Töchter Gottes, ihr volles Erbe zu empfangen, das darin besteht, in einer ewigen, intimen Beziehung zu Gott selbst zu leben.

Begegnen wir der intimen Liebe Gottes, des Vaters, fällt die falsche Identität der Waisenschaft von uns ab. Wir werden zu siegreichen Söhnen und Töchtern, welche den Nationen Heilung und Wiederherstellung bringen.

James Goll

Geistlich wahrnehmen und unterscheiden

Wie wir Offenbarungen empfangen, prüfen und anwenden können; 216 S.

James Goll erklärt, dass jeder Nachfolger Jesu geistliche Offenbarungen empfangen und prüfen kann, auch wenn einige als Propheten besonders begabt sind. Er legt präzise dar, wie wir unsere Sinne dem Heiligen Geist hingeben können, damit wir geistlich wahrnehmen können.

Und er erläutert, wie wir Offenbarungen prüfen, anwenden und letztlich verinnerlichen können, damit die Menschen sie nicht nur hören, sondern in uns sehen.

Für das vertiefte Studium ist ein Arbeitsbuch erhältlich.

Matthias Hoffmann

Gemeinschaft der Erwartungsvollen

Exodus und Metamorphose der Gemeinde Jesu in unseren Tagen; 176 Seiten, Paperback

Die Gemeinde Jesu befindet sich derzeit in einer Phase der Verwandlung. Weltweit verlassen Tausende ihre bisherigen kirchlichen Strukturen. Sie wollen nicht weg von Jesus, sondern suchen nach authentischer geistlicher Gemeinschaft. Der Autor nennt das die „Gemeinschaft der Erwartungsvollen".

Das Buch ist eine Einladung, dem nachzuspüren, was der Geist Gottes den Gemeinden heute dazu sagen will. Und der Autor ist sich gewiss, dass jeder, der sich Gott mit offenem Herzen und hungrigem Geist nähert, eine Antwort des Himmels bekommen wird.

Danny Silk, Erziehung mit Liebe und Vision

Herzensbeziehungen eingehen, statt Machtkämpfe austragen

Vorwort von Bill Johnson; 170 S., Pb.

Danny Silk fordert uns in unserem bisherigen Denken über Liebe, Disziplin und Respekt, ja in unserer generellen Vorstellung von Kindererziehung heraus. Er stellt eine Denk- und Lebensweise vor, die eine Leichtigkeit und Frieden in unsere familiären und sonstigen Beziehungen bringt.

Unser Herz spielt dabei die zentrale Rolle. Das Herz der Eltern und das Herz der Kinder. Wenn beide Seiten verstehen, wie sich ihr jeweiliges Verhalten auf das Herz des anderen auswirkt, werden die Herzen geschützt und Beziehungen können gedeihen.

Barry & Lori Byrne, Liebe in der Ehe

Eine tiefere geistliche, emotionale und körperliche Einheit erleben; Vorwort von Bill Johnson; 334 S., Klappenbroschur

Gott möchte, dass die Ehe ein Ort echter Liebe und Vertrautheit ist. Dafür brauchen wir die Hilfe des Heiligen Geistes. Mit ihm können wir die Ursachen unserer Konflikte erkennen und überwinden. Unsere Ehe kann Heilung und Wiederherstellung erfahren, egal, wie der momentane Zustand ist.

Mit klarer biblischer Lehre und vielen praktischen Hilfen packen die Autoren die wichtigsten heißen Eisen an. Viele ermutigende Erfahrungsberichte verdeutlichen die dramatische Heilung und Intimität, die mit Gottes Hilfe möglich ist.

Ruthmarie Moldenauer, Weites Land

Den Weg des Vertrauens gehen; 168 Seiten, Paperback

„Lebe von ganzem Herzen ...", waren die Worte, die Ruthmarie Moldenhauer eines Morgens von Gott hörte. Die Folge: Echte Begegnung mit Gott, mit seiner Liebe und Güte, die sie veränderte und immer besser seine Stimme hören ließ.

Gott eröffnete ihr ein „Weites Land", und trotz vieler Höhen und Tiefen durfte sie erfahren: Gott ist immer gut! Eine starke Ermutigung, unsere eigene Reise ins „Weite Land Gottes" anzutreten.

Dr. Larry Richards

Die volle Waffenrüstung Gottes

Gut geschützt gegen die Angriffe des Bösen; 208 Seiten, Pb.

Die Bibel macht deutlich, dass ein Großteil unserer Unsicherheiten, Ängste und Zweifel auf den Machenschaften böser Mächte beruhen. Deshalb ist es so entscheidend, dass wir sowohl die Strategien kennen, die Satan benutzt, um uns anzugreifen, als auch die Rüstung, die Gott uns zur Verfügung stellt, um uns dagegen zu schützen.

Eine biblische Dämonologie, Hilfen zum Umgang mit dem Bösen in der Seelsorge sowie Lektionen für „Lebe-frei-Selbsthilfegruppen" runden das Buch ab.

Bestellen Sie im Buchhandel oder direkt beim Verlag (versandkostenfrei in D):

GloryWorld-Medien | Beit-Sahour-Str. 4 | D-46509 Xanten
Fon: 02801-9854003 | Fax: 02801-9854004 | info@gloryworld.de

Aktuelles, Leseproben, Downloads & Shop: **www.gloryworld.de**